説話社 占い選書 9

女神からの愛のメッセージ

小惑星占星術

芳垣 宗久

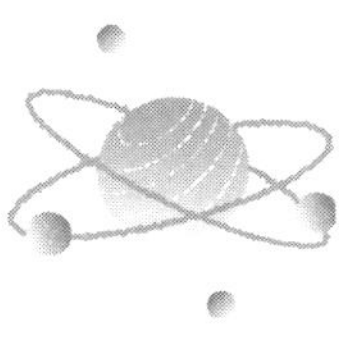

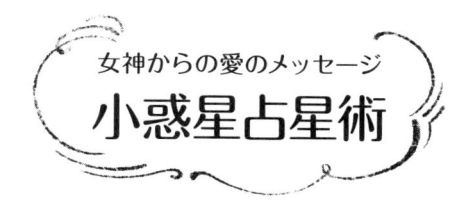

はじめに

私が占星術の世界に足を踏み入れたのは、今から25年ほど前のことになります。勉強を始めてからほどなくして、太陽や月、水星や天王星といった惑星以外にも、小惑星を使った占星術があることを知りましたが、特別に関心を持つことはありませんでした。

プロとして本格的に活動を始めた20年ほど前に、米国の著名な小惑星占星術家、デメトラ・ジョージの書いたテキストを書店で手に取った時も、単なる変わり種という印象しか持たなかったことを覚えています。従来の占星術で使われてきた10個の惑星を解読するだけでも大変な思いをしているのに、それ以上星の数を増やしたらどうなってしまうのだろうか？　不安とも違和感とも取れる感情が湧いてきました。

しかし、そのテキスト『アメリカ占星術教科書・第6巻／小惑星占星学』（魔女の家BOOKS）の巻末にある、監修者の青木良仁氏のあとがきに、私は大変興味をそそられました。小惑星には熱海のような地名のついた天体も存在するというのです。近い将来、占星家は小惑星アタミを使った占いで、顧客に温泉旅行を勧める時が来るかもしれない……。青木氏の結びの言葉に、私は思わず吹き出してしまった一方で、これを使って私的なメールマガジンに載せるジョーク記事を書くというアイデアも浮かびました。そして、実際にアタミの軌道を計算する暦を作り、「アタミ占星術」という遊びを始めたのです。

ところが、私の小惑星に対する態度は軽率でした。熱海に縁のある人々と小惑星アタミの関係を調べるうちに、それが本当に「働いている」ことがわかったからです。目に見えない無数の星くずのような天体も、他の大きな惑星と同じように、私たち人間にメッセージを送っている！　そう実感した私は、小惑星と真剣に向き合う決心をしました。

その後、私はクライアントから相談事を持ちかけられるたびに、その人のプロフィールや悩み事に関連する小惑星をリストアップして、占いの情報源として活用し続けてきました。子育ての問題に直面している人にはギリシアの大地母神の名を持つ小惑星セレスを、情熱的な恋に一心不乱になっている人には愛の神の名を冠された小惑星エロスを……という具合にです。そして、小惑星が従来のホロスコープの解釈をより深めてくれたり、時には問題の本質をずばりと突いてしまうという場面に何度も遭遇するうちに、小惑星は私の仕事になくてはならない協力者となったのです。

この本は、私がこれまでに親しんできた小惑星のうち、特に興味深い五つをピックアップして、そのメッセージをより詳細に伝えるために書きました。手に取ってくださった読者の皆様が、小惑星占星術の豊かな世界に触れ、私と一緒に楽しんでいただけることを願っています。


本書は2007年に刊行された『開運ブックス　愛の小惑星占星術』(説話社)に巻末の暦を追加をして再編集したものです

目次

第1章
小惑星占星術とは

1 小惑星占星術とは何か

小惑星占星術とは、文字通り「小さな惑星」を使った星占いのことです。

今では皆さんの間でもすっかりおなじみとなった西洋占星術は、紀元前3千年頃のバビロニア文明でその原型が誕生して以来、太陽、月、水星、金星、火星、木星、土星の七つの惑星（占星術では、恒星である太陽も衛星である月も、便宜的に「惑星」と呼んでいます）の運行を基にして、私たち人間の運勢を判断してきました。

その後、18世紀末に発見された天王星を皮切りに、海王星や冥王星などの新惑星が次々と発見されていき、現代の占星術は合計で10個の惑星（天文学分類では、冥王星は「準惑星」になります。295ページ参照）を使う占いに進化しました。

しかし、私たちが住む太陽系には、他にも数え切れないほどたくさんの小さな星があることも、天文学の発達によって明らかとなってきました。それが小惑星です。占星術が主張するように、惑星が私たちの心の動きと密接に関わっているとしたら、それら星くずのような天体にも、やはり何らかの影響があるのでしょうか?

小惑星に関心を持ち、忍耐強く研究を続けてきた占星家たちは、その問いに一つの結論を出しました。アメリカの小惑星研究のパイオニアであるレーマン博士の言葉を借りれば、小惑星には「研究に値する占星術的な影響力」が認められたのです!

この本は、数ある小惑星の中から、エロス、アモル、ジュノー、セレス、パラスの５天体をピックアップして、特に女性が人生で体験する問題に対し、これまでの占星術にはなかった角度から光を当てていきます。しかしその前に、天文学者の懸命な努力によって明らかになりつつある小惑星の科学的な分析と、占星家がそれら太陽系の小さな仲間たちのメッセージをどのようにして解読してきたのかについて、ここでお話しさせていただきたいと思います。

もちろん、早く小惑星を使った占いをしてみたいという方は、この章を飛ばして読み進んでいただいても構いません。それでも、小惑星が生み出す豊かなイマジネーションの世界を体験し、彼らが一体何もので、何のために私たちの前に姿を現したのかについて興味を持たれたら、ぜひまたここへ戻ってきていただければと思います。

2 小惑星のルーツとユニークな形

「小惑星（マイナー・プラネット）」とは、太陽を中心とした軌道を持つ無数の小天体の総称で、英語では「アステロイド（星のようなもの）」と呼ばれてきました。そのほとんどは、火星と木星の軌道の間にある「小惑星帯」と呼ばれるエリアに集中していますが、なかには地球のすぐ近くを通過するものもあれば、冥王星とほぼ同じ軌道を持つ「エッジワース・カイパーベルト天体」と呼ばれるグループに属するものもあります。

多くの小惑星は、１００キロメートル程度の大きさしかありませんが、なかには１０００キロメートル以上の巨大なものも存在します。しかし、太陽系に存在するすべての小惑星を集めても、その質量は月にも満たないといわれているのです。

小惑星の起源についてはさまざまな説が提唱されていますが、代表的なものに、かつて火星と木星の間を周回していた複数の天体が存在し、それらが衝突してできた残がいであるとか、太陽と木星の重力の綱引きにより、惑星になり損ねてしまった物質のなれの果てであるといった説があります。この二つの説を裏づけるかのように、小惑星のほとんどは、まるでジャガイモのようにいびつな形をしており、表面には無数のクレーターが見られます。なかにはピーナッツや犬の骨にそっくりの、ユニークな形のものも見つかっています。

3 現在47万個、これから百万個以上に!?

火星と木星の軌道の間に未知の天体が存在しているという説は、小惑星の発見以前から一部の天文学者の間で唱えられていました。なかでも有名なのが、18世紀に発表された「チチウス・ボーデの法則」で、それは太陽から土星にいたるまでの惑星同士の距離が、ある幾何学的な比率に当てはまるという発見でした。その経験的な法則によれば、火星と木星の距離は、他の惑星間に比べて不自然なまでに広く開いており、そこには未知の惑星が存在するのではないかというのです。

その後、土星の外側に天王星が発見されたことで触発された天文学者のチームが、火星と木星の間に未知の惑星を発見するべく、大規模な調査を始めました。しかし、彼らが求めていた成果は、全く無関係の研究をしていた老学者によって、あっさりと先取りされてしまいます。

19世紀の幕開けである1801年の1月1日、イタリアの天文学者ピアッツィによって、小惑星第1号が発見されたのです。ピアッツィは、故郷のシシリー島の守護神にちなんで、その新天体に「セレス」という名前をつけました。そして、セレスは惑星と呼ぶにはあまりにも小さかったため、改めて「小惑星」という天体のカテゴリーが設けられたのです。その後、パラス、ジュノー、ヴェスタといった小惑星が次々と見つかり、19世紀も終わる頃になると、300個以上もの天体の存在が確認されました。

20世紀に入り、高性能の望遠鏡による天体観測に、写真撮影とコンピューターの技術まで導入されるようになると、小惑星の発見数は想像を絶するスピードで増加していきます。2016年8月の時点では、軌道が正確にとらえられた小惑星は、実に47万個以上にもなりました。この加速ぶりは、かつては一本釣りのようなものだった地道な作業が、現在は底引き網漁法に変化したと表現すればわかりやすいかもしれません。

そして、現在もその数は増え続け、最終的には百万個以上の小惑星の存在が確認されると予想されているのです。

4 小惑星に名前がつけられるまで

天文学の世界では、宇宙は人類共通の財産であり、個人が所有してはならないという共通認識があります。そのため、新しく発見された天体に、誰かが勝手に名前をつけることは、国際的に禁止されているのです。しかし、彗星や超新星とは異なり、小惑星に限っては、その発見者や軌道の計算者などに好きな名前を「提案」する権利が与えられています。小惑星にバラエティー豊かな名称がつけられているのは、そのような事情があるからです。

新小惑星を発見した天文家は、まずはＩＡＵ（国際天文学連合）に対して「こんな名前をつけてほしい」という提案書を送付します。それが小天体命名委員会という機関の審査をパスすれば、学問的に正式な名称としてめでたく採用されることになるのです。

自由に考えてよいといっても、アルファベットで16文字以内であること、明確に発音できること、公序良俗に反しないものであることといった、ある程度のルールは決められています。

他にも、天体をコマーシャルや売名行為に使われることを防ぐために、企業名や商品名、あるいは存命中の政治家や宗教家の名前は採用しないという方針もあるようです。

もちろん、小惑星に名前をつける権利を、金銭によって授受することもできません。さらには、自分のペット、アニメのキャラクターなどの名前も、原則として受けつけないとか。それでも一部の小惑星には、ルール違反の名前がつけられている例がいくつも存在しており、要はその時に審査を担当した天文学者の裁量に、かなりの程度で任されているというのが現状のようです。

5 神話の神さまからキャラクターまで千差万別

これまでに軌道が確認された47万個の小惑星のうち、正式に名前が決定されているのは２万個程度にすぎません。先述した通り、近年ではあまりにも多くの小惑星が短期間で発見されるようになったため、命名作業が追いつかなくなってしまったのです。現在のところ、毎年数十個単位の命名が続けられていますが、他のすべてのものに正式名称を与えることは不可能に近いことかもしれません。

小惑星が発見され始めた頃は、デメテルやアルテミス、オデュッセウスといった、ギリシア・ローマ神話の神々や英雄にちなんだ名前をつけることが慣例化していました。しかし、小惑星の数が予想以上に増えてきたため、あっという間に「ネタ切れ」となってしまいます。

そこで、天文家はオーディン（北欧）やイシス（エジプト）、シヴァ（インド）といった、他の文化圏の神話のキャラクターも積極的に採用するようになり、さらにはシャーロック・ホームズのような架空の人物、アンネ・フランクなど歴史上の有名人、モスクワやトウキョウ、アフリカといった地名などを使うことも珍しくなくなりました。

また、ノスタルジア（郷愁《きょうしゅう》）やメランコリア（憂鬱《ゆううつ》）といった、ある種の概念を表す言葉の他、ウォンバットやゴンドラなどの固有名詞なども盛んに用いられています。以前、日本の天文イベントで、小学生から小惑星の名前を募り、タコヤキやシジミ、キボウ（希望）といった命名がなされたというニュースを覚えていらっしゃる方もいるかもしれません。

しかし、現在、圧倒的な割り合いを占めているのは、やはり天文学の関係者やその家族にちなんだ名前のようです。奥さんや子供の名前を自分が見つけた星につけるとは、実にロマンチックなプレゼントではありませんか！

6 小惑星は「女性性」を細密に占える？

既にお話しした通り、古代から中世にいたるまでの占星家は、肉眼で見ることができる七つの惑星の運行によって、国家の命運や自然環境、そして人々の個人的な運勢などを判断してきました。しかし、数千年もの間続いてきたその伝統に、革命的な変化が起こります。

1781年、イギリスの天文家ハーシェルによって、天王星が発見されたのです。土星の外側に未知の惑星があることなど想像もしていなかった当時の占星家は、この新惑星の登場に大変なショックを受けましたが、やがてはそれを人類の新しい時代の幕開けを象徴する天体として解釈するようになります。そして、続いて発見された海王星や冥王星については、ほとんど抵抗もなく占星術に受け入れられ、20世紀中頃からは、10個の惑星（冥王星は準惑星になります）で占うスタイルが、占星術のスタンダードになったのでした。

それでは、小惑星についてはどうだったのでしょうか？　19世紀末のイギリスで発行された『モダン・アストロロジー』という占星術の雑誌には、既にセレスやパラス、ジュノー、ヴェスタの四つの小惑星をホロスコープに導入する試みが発表されましたし、20世紀に入ったばかりの頃にも、何人かの占星家がその重要性を説いたことがありました。それでも、大変残念なことに、占星術の世界で小惑星に特別な関心が払われることはありませんでした。

研究者は天王星や海王星、冥王星といった新惑星の研究の方でよほど忙しく、その他の小さな天体に構っている時間などなかったのです。

そのように、文字通りのマイナーな存在だった小惑星ですが、20世紀も最後の四半世紀になって、やっと日の目を見る時がやってきます。

1973年、米国のエレノア・バッハは、最初に発見された四つの小惑星、すなわちセレス、パラス、ジュノー、ヴェスタの天文暦と、その占星術的な解釈を発表すると同時に、占星術に関わる人々に次のように呼びかけました。

「女性たちは、ただの快楽の道具でも、風見鶏のように移り気でもなく、もはや月経のサイクルに支配されてもいないと言われています。私たちの機知、生産性、器用さ、効率の良さ、養育の精神、献身性、人間性はどうでしょうか？」

バッハは、従来の占星術で使用されてきた10個の惑星のうち、女性原理を表すものが月と金星の二つしかなかったことに不満を表明し、占星術に4人の女神（小惑星）を取り入れることで、より多様な女性性の表現について考えようと呼びかけたのです。折しも、欧米では多様な性のあり方を追求しようとした第二波フェミニズムと呼ばれる社会運動が盛り上がっていたこともあり、バッハのメッセージは多くの占星家に好意的に受け止められ、小惑星に対する関心も、がぜん高まりを見せるようになりました。

その後、バッハの研究に触発されたジッポラー・ドビンズやエマ・ベル・ドナス、デメトラ・ジョージ、J・リー・レーマンといった優秀な占星家たちの努力によって、小惑星の解釈はより深化させられ、現在では人生の機微を占うための有効なツールとして、世界中で認められるようになったのです。

7 小惑星の名前は意味のある偶然

ところで、新しく発見された小惑星の占星術的な影響力を、私たちはどのようにして知ることができるのでしょうか？　星の言葉を解釈するのが占星家の仕事ですが、霊能者のようにその声を聞くことができるわけではありません。それでは何を根拠に？

その最大の手がかりとなるのが、それぞれの小惑星につけられた名前です。不思議なことですが、天文学者が気まぐれでつけたはずの小惑星の名前が、そのままその占星術的なシンボリズムに対応するという現象が、これまでの研究によって明らかにされたのです。

例えば、ジュノーはローマ神話に登場する結婚の女神ですが、実際に小惑星ジュノーをたくさんのホロスコープに書き込んで調査してみると、それが人々のパートナーシップに対する意識と関連があることが判明するのです。神話以外に名前の由来を持つ小惑星でも同様で、歴史的な有名人にちなんだ名前を持つ小惑星なら、その人物の記録をヒントにすればよいことになります。

このような研究方法は、占星家にとっては特別に新しいアイデアではありませんでした。皆さんがよくご存知の12星座の性格も、もともとは天空に壮大な神話世界を投影していくことによって、その性質を類推したものだったのです。

このような偶然の一致を、現代の多くの占星家は、心理学者のユングが提唱した「シンクロニシティー（共時性）」という概念で説明しようとします。科学者による小惑星の命名はただの気まぐれではなくて「意味のある偶然」である、つまり必然性があってのことだと考えるのです。

もちろん、小惑星が発見されたこと自体も、人知を超えた大いなる意志が働いた結果である、ということになるでしょう。その一方では、私たち日本人の間で古くから伝えられている言霊《ことだま》という概念も、この問題に関連しているかもしれません。それは、一つひとつの言葉には特有の生命力が宿っているため、人間が何かに名前を与えるという行為は、その対象に命を与えることに等しいという考え方です。

もともとそういう性質だから、ふさわしい名前がつくのか？　それともある名前がついたことで、それにふさわしい性質を持つのか？　いずれにしても、占いに合理的な説明などできるはずもありませんから、謎は謎のままでもよいのかもしれません。

私たちにとって重要なことは、小惑星占星術という新しいツールによって、忘れ去られつつある古代の神々や過去の偉人、あるいはシャーロック・ホームズのような小説の主人公からさえも、個々に当てられたメッセージを受け取れるという素晴らしい事実だけなのです。

さあ、ではこれから神話に登場する神々の名がつけられた五つの小惑星を用いて、あなたの人生で表現すべき、さまざまな愛のかたちを占っていくことにいたしましょう。

第2章
エロスが示す「恋愛」

Eros

【発見年】1898年

【発見者】G・ウィット（ドイツ）

【大きさ】22km

【公転周期】1.76年

【名称の由来】ギリシア神話の「性愛の神」

【記号の由来】魔法の矢につらぬかれた心臓

1 小惑星エロスとは

神話……運命を翻弄する愛の魔力の物語

小惑星エロスの名称は、ギリシア神話の性愛の神に由来します。エロスの母は、愛と美の女神アフロディーテ。エロスは背中に翼がある細身の青年で、常に魔法の弓矢を携えています。そして、その黄金の矢で射られた者は、必ず誰かに激しい愛情を持つようになり、鉛の矢で射られた者は、逆に憎しみの感情に支配されるのでした。エロスはいたずら心や復讐《ふくしゅう》心から矢を放つことが多く、数え切れないほどの人々を悲恋に陥れました。

その魔力で人生を狂わされた者の代表者としては、ヒッポリュトスという青年が挙げられます。彼は純潔の女神アルテミスを崇拝し、決して女性と交わらないどころか、アフロディーテをみだらで危険な神として遠ざけていました。その態度に怒ったアフロディーテは、彼に恐ろしい罰を与えるよう、息子のエロスに命じます。あろうことか、エロスの黄金の矢は、ヒッポリュトスの義理の母パイドラの胸をつらぬき、息子に欲情させたのです。しかし、ヒッポリュトスが義理の母の誘惑など受け入れるはずもなく、誇りを傷つけられたパイドラは、夫宛に「息子が私に不義を働いた」という遺書を残して自殺してしまいます。そして、その話を真に受けたヒッポリュトスの父は、息子に呪いをかけて殺してしまったのでした。

また太陽の神アポロンも、エロスによって苦しい思いをさせられた一人です。アポロンは大変な美男子で、頭脳も明晰な上、優れた弓の名手でもありましたが、少々高慢な性格でもありました。ある日のこと、アポロンはエロスの持つ小さな弓矢を指して「私の弓に比べれば、君のはおもちゃみたいなものだ」と言ってからかいました。その言葉に怒ったエロスは、アポロンには黄金の矢を、川の神の娘ダプネには鉛の矢を撃ち込みました。当然、アポロンはダプネのとりこになり必死で彼女を追いかけますが、ダプネはアポロンが嫌いでなりませんから、ひたすら逃げ回ります。そして、ついにアポロンに捕まってしまったダプネは、父親に願って月桂樹に変身させてもらいました。嘆き悲しんだアポロンは、せめて自分の聖樹になってほしいと彼女に頼み、以後は額に月桂樹の冠を着けるようになったということです。

象徴するもの……情熱、創造力

ギリシア神話におけるエロスの役割から想像できるように、小惑星エロスは私たちをロマンチックラブに駆り立てる衝動を象徴しています。実際、ホロスコープの中でエロスが強い配置にある人々を観察すると、恋をするために生きているかのような印象を受けることが多く、とても惚れっぽい性格か、異性に対するセックスアピールの強いタイプであったりするのです。

その一方では、エロスは恋愛の悲しさや恐ろしさについても同時に表現している小惑星です。米国の占星家J・リー・レーマン博士は、エロスに「情熱」というキーワードを当てはめていますが、その劇的な感情が向けられる対象は、相手である人間そのものよりも、幻想という主観的なイメージに向けられていると定義しています。

また、エロスは恋愛という快楽を追求すると同時に、恋人に対する病的な執着心や所有欲を引き起こすとも、博士は解説しています。

愛の神の魔法の矢に射られた者は、無上の生きる喜びを味わうと同時に、さまざまな心理的葛藤《かっとう》も経験することになるわけです。それでは、小惑星エロスは、私たちにとってベネフィック（幸運の星）なのでしょうか？　それともマレフィック（不運の星）なのでしょうか？　神話学の世界では、物語の筋を予想外の方向に突然変えてしまう、気まぐれでいたずら好きなキャラクターのことを「トリックスター」と呼びますが、エロスはまさにそれに当たります。しかし、トリックスターの存在なくして神話は成り立たないといってもよいほど、それはとても重要な存在であり、決して取るに足らない脇役ではないのです。事実、エロス自身が「あらゆる神々より、もっと年寄り」と述べている通り、彼こそは大地母神ガイアと共に生まれた原初の神であり、他の神々が恐れおののくような強大な力を持っていたという伝承もあります。その力とは、この宇宙のすべてを生み出した生殖の力、つまり創造力であり、エロスの存在なくしては、この世には何も起こらないというわけです。

私たちもエロスのいたずらで恋に落ちた時、確かに病的な意識状態となり、高揚と失望を繰り返してしまいます。しかし、それは決して虚しいだけの体験ではないでしょう。恋をすることで、私たちは根源の神エロスの創造力にリンクし、より素晴らしい人間へと成長していく機会を与えられるからです。

この章で占うこと

巻末の小惑星運行表を使って、小惑星エロスのいる星座を調べてください。

最初は、あなたが最も魅力的でクリエイティブな状態でいられるような理想の恋愛イメージを占っていきます。また、いつも同じパターンで恋に敗れてしまう人々のために、その解決のヒントも差し上げたいと思います。

次に、あなたの理想の恋人像を太陽星座別に紹介してあります。

これらを読んだあなたが、トリックスターが仕掛けたいたずらを、こちらから楽しんでやろうというくらいの気持ちになっていただければ幸いです。

Eros

エロスが
牡羊座

好きな異性に対しては
自己を熱烈にアピールする

恋愛の勝ちパターン

野性的な本能を象徴する牡羊座にエロスを持つあなたの恋は、情熱のままに突っ走る劇的な展開を見せるでしょう。実際、あなたは誰かを好きになると、その気持ちを伝えることに何のためらいも感じないはずです。

特に若い頃は、相手の気持ちや立場などお構いなしに、ストレートな愛の告白をしてしまうことが多いのではないでしょうか？　あなたは自分の意志で選んだ異性に対して、その愛を自由に表現する時に、最も大きな恋の喜びを感じるタイプなのです。

その一方では、あなたは何も特別な努力をしていないのに、異性から熱烈に愛されてしまうこともしばしばあるでしょう。それは、あなたが一般的な基準からみた魅力を備えているからではなく、あなたがあなた自身であることによって、異性を惹きつけているからなのです。

もちろん、異性から好かれたいという気持ちは、あなたも人並みに持っています。でもそれは、どちらかというと自分のありのままの個性を認めてもらいたいという欲求に近いもの。好きになった異性に有り余るエネルギーをぶつけて、本当の自分を受け入れてもらうことこそ、あなたの恋の勝ちパターンであるといえるのです。

恋が上手くいかない理由

あなたがいま一つ恋愛を楽しめないでいるとしたら、それは異性に対していつも主導権を握ろうとしていることが原因でしょう。

牡羊座のエロス意識が十分に成熟していないと、自分の気持ちをアピールすることだけに意識が集中してしまい、恋人に一方的な態度で接しがちになってしまいます。そして、彼が自己主張をするものなら、まるで自分の存在を否定されたかのように感じてしまい、急に不機嫌になってしまうのです。

場合によっては、少しでも交際が自分の理想通りに進まないと感じられるたびに、あっさり別れてしまうというパターンを繰り返す可能性もあるでしょう。

幸せな恋愛をするために

あなたがより満足できる恋を経験するためには、まずは恋人の言葉にじっくりと耳を傾ける姿勢が必要です。

実際、相手が何を経験し、どう感じているのかがわかるようになってくると、あなたの恋人に対する好奇心はどんどん強くなっていき、積極的に話を聞きたくなるはずです。もちろん、あなたの自己主張の強さも相変わらずですから、結果的には活発な会話のキャッチボールが成立することになります。

そうして、互いの素直な感情や意思を交換していけば、一方的に気持ちをぶつけるだけでは感じられなかった、大きな恋の喜びを知ることができるでしょう。

♈ 牡羊座生まれ

あなたに合うのは、積極的で思いついたことをすぐに実行するタイプ。あなたに負けないくらい情熱的なので、互いの人生に強い刺激を与え合います。意見を衝突させるのは構いませんが、怒りを長く持ち越さないように。

♉ 牡牛座生まれ

あなたの理想の恋人は、物静かでミステリアスな雰囲気の人です。考えが読めないため、あなたは恋を通じて相手の心を洞察する習慣を持つようになります。信頼関係を保ちたいなら、何でも白黒つけないようにしましょう。

♊ 双子座生まれ

独自の考え方と他者への寛容さを併せ持つタイプが、あなたの理想の相手です。あなたが価値観をぶつけても「君は君、オレはオレ」と受け流されがち。互いの自由を保ちながら、つき合うセンスを学ぶつもりで接しましょう。

♋ 蟹座生まれ

あなたには、恋愛に慎重なタイプが合うでしょう。彼は女性に対して責任感を持ち、社会の目を気にするので、二人の恋愛観にはギャップがありそうです。でも、互いに欠けている要素を補い合う関係と考えれば気が楽になります。

♌ 獅子座生まれ

あなたに合うのは、エネルギッシュで挑戦的な人生を生きる人。興味のあることに全力投球するので、大恋愛になるかもしれません。あなたは、仕事や趣味、友人関係など、恋以外にも情熱を捧げることを許容する必要があります。

♍ 乙女座生まれ

あなたの理想の恋人は、旺盛な生命力を秘めたエロチックなタイプです。恋をすると激しく燃え上がり、濃厚な愛情関係を体験させてくれます。独占欲がエスカレートする傾向があるので、交際の初期から適度な距離を保って。

♎ 天秤座生まれ

どんな相手とでも平和で友好的な関係を求めるタイプが、あなたの理想の相手でしょう。あなたが特別扱いを求めると、彼は他の人との平等を強調するかもしれません。彼の家族や友人と良い関係を持つことが、恋の成功条件です。

♏ 蠍座生まれ

あなたには、細かいところに気がつく世話好きタイプが合うでしょう。彼はあなたをフォローしてくれますが、頼り切るのも考えもの。交際が進むにつれて、口うるさくなりがちですが、それは愛情が深まっている証拠でしょう。

♐ 射手座生まれ

あなたに合うのは、自信家でポジティブな人生観を持つタイプです。交際すると、あなたは大胆な生き方ができるようになります。しかし、互いに人から認めてほしい気持ちが強いので、ライバル意識にとらわれないよう注意して。

♑ 山羊座生まれ

あなたの理想の恋人は、感情に敏感に反応する繊細なタイプです。人生を静かに温かく見守ってくれるのですが、その気持ちに甘えすぎると、あなたの可能性が制限されることも。交際は微妙なバランスを保つよう心がけましょう。

♒ 水瓶座生まれ

頭の回転も行動面もスピーディーなタイプが、あなたの理想の相手でしょう。打てば響く反応をする人なので、つき合いに飽きることはなさそうです。ケンカをしても忘れてくれますが、あなたからも歩み寄る姿勢を見せること。

♓ 魚座生まれ

あなたには、穏やかで地に足の着いたタイプが合うでしょう。何事もじっくり検討してから行動するので、じれったく感じるかもしれません。あなたもそのスローペースに慣れる時が来ますから、息の長い交際を目指しましょう。

Eros

エロスが

牡牛座

与えて包むスタンスで愛を育みじっくり味わう

恋愛の勝ちパターン

永久不変の楽園のような精神を象徴する牡牛座にエロスを持つあなたにとって、恋愛とは一人の異性との愛情を、時間をかけて育てていくことにほかなりません。実際、あなたはとても深くて安定した感情を持つ女性で、一度、誰かを好きになると、その気持ちは驚くほど長続きするはずです。たとえ愛する人に多くの欠点があったとしても、嫌悪や失望を感じるどころか、ますます愛情が強くなってしまうことが多いでしょう。

また、あなたは異性から求められれば、どんなものでも与えようとする母性的な性質も強く持っています。しかし、必死になって異性の気を引こうとするような悲壮感はまるでありません。あなたが異性を夢中にさせる魅力は、どれだけ分け与えても決して尽きることのない、豊かな愛から生まれるものなのです。

そのため、あなたは「気楽につき合える恋人」というイメージを異性に与えますが、彼らのわがままな欲求に応えることは、結果的にあなたが求める安定した愛情関係の維持につながるのです。そうして、愛する人を大地のように包み込み、その関係をじっくりと味わっていくことが、あなたの恋の勝ちパターンであるといえるでしょう。

恋が上手くいかない理由

あなたがいま一つ恋愛を楽しめないでいるとしたら、それはあなたの心が独占欲に支配されていることが原因でしょう。

牡牛座のエロス意識が十分に成熟していない人は、恋人の気持ちが少しでもあなた以外の誰かに向かっていると感じると、まるで自分の存在価値を否定されたかのようにとらえてしまうところがあります。そして、嫉妬《しっと》の感情を過激な、あるいはひねくれたかたちで表現することで、彼のあなたに対する誠実な愛情までも台無しにしてしまうのです。

また、孤独や欲求不満を紛らわすために、過食や買い物依存といった不健康な行動に走る可能性もあるでしょう。

幸せな恋愛をするために

あなたが心から満足できる恋をするためには、まずは自分自身の内面の世界を豊かにする必要があります。

特に、独りでも楽しく時間を過ごすことのできる趣味を持つことや、同性の友人関係を活発にすることが重要です。そのような恋愛以外の関心事さえあれば、恋人と離れていても心を充実させることができて、不安や怒りを無用に増大させるようなことはなくなるはずです。

そうして、恋人があなたのいないところで個人的な楽しみに時間を割くことが許せるようになると、たとえ相手がどんなに浮わついたタイプの異性でも、必ずあなたの元へ戻ってくるようになるでしょう。

♈ 牡羊座生まれ

あなたの理想の恋人は、一途《いちず》なタイプ。互いに受け身な性質ですが、スローペースの交際がかえって強い信頼関係を作ることにつながりま す。ケンカはめったにないものの、時には意見をぶつけ合うことも必要な愛のステップです。

♉ 牡牛座生まれ

負けず嫌いなタイプが、あなたの理想の相手でしょう。波乱万丈のような激しい生き方をしていても、実は、恋愛だけは穏やかであってほしいと願っている人です。あなたが包容力を発揮すれば、彼の願いはきっと叶うでしょう。

♊ 双子座生まれ

あなたには、運命や仲の存在を信じるようなスピリチュアルな恋人が合うでしょう。一見、頼りなさそうですが、愛する人のためなら驚くほどの勇気と行動力を発揮します。あなたが裏切らない限り、愛情を注いでくれるでしょう。

♋ 蟹座生まれ

あなたに合うのは、自由と平等をモットーとする人です。あなたの価値観やセンスを許容しますが、彼は決してあなたの影響を受けません。束縛には強く反発するので、少なくとも友達づき合いは自由にさせることが必要です。

♌ 獅子座生まれ

あなたの理想の恋人は、安全で信頼できる人間関係を求めるタイプでしょう。彼は、大切にしたい関係ほど折り目正しく慎重に進めようとします。猜疑心が強い傾向もありますが、時間をかけて誠意を証明するしかないでしょう。

♍ 乙女座生まれ

いつも面白いことを求めているタイプが、あなたの理想の相手です。危なっかしい彼に見えるかもしれませんが、交際が長く続けば、あなたも刺激を楽しむようになります。良い関係を維持するには、性的な冒険にもつき合って。

♎ 天秤座生まれ

あなたには、強い自我意識と情念を兼ね備えたタイプが合うでしょう。彼は濃厚な愛情を注ぎますが、あなたを自分好みに染めようとする点に反発を感じるかも。その傾向は、あなたから彼の良い面を積極的に見習うと収まります。

♏ 蠍座生まれ

あなたに合うのは、恋愛を一種の芸術と考えるような審美的なタイプです。容姿やファッション、ムードの演出にも気を使うので、ロマンチックな恋を体験させてくれます。誰にでも優しい面にはあまり嫉妬しないことが肝心です。

♐ 射手座生まれ

あなたの理想の恋人は、誠実で控えめなタイプでしょう。真面目な人柄に惹かれ合い、気がつくと恋人同士というパターンが多いかもしれません。理屈っぽさが鼻につく時もありますが、賢い意見がもらえるので感謝するべきです。

♑ 山羊座生まれ

傍若無人なタイプが、あなたの理想の相手でしょう。自我が強く価値観が対立しがちですが、結果的にはあなたが気持ちを抑えてしまうかもしれません。しかし、あなたが進んで譲る立場を取ると、彼は案外と素直になるようです。

♒ 水瓶座生まれ

あなたには、親密な人間関係の中に安住するタイプが合うでしょう。恋に一途な面では似た者同士ですが、彼の気分の変わりやすさには辟易《へきえき》する可能性もあります。甘えたり甘えられたりと、臨機応変の対応を心がけましょう。

♓ 魚座生まれ

あなたに合うのは、臨機応変な知性を持つフレキシブルなタイプです。追いかけると逃げるところがありますが、どっしりと構えた異性には頼りたがる傾向も。あなたが聞き役に徹することが、関係を長続きさせるコツでしょう。

Eros

エロスが
双子座 Ⅱ

さまざまな恋を経験しながら
自立した関係を築いていく

恋愛の勝ちパターン

多様性を求める双子座にエロスを持つあなたにとって、恋愛とはバラエティー豊かな異性経験を楽しむためにあるようなものです。実際、あなたは可能な限り多くの異性と出会い、交流したいと望んでいるでしょう。そして、さまざまなタイプの異性を知れば知るほど、あなたの恋はより楽しくなっていくのです。

また、あなたはつき合う異性の欠点や過ちにとても寛大ですが、それは人間のマイナスの側面も、あなたが他者に求めている多様性の一部にすぎないからです。そのようなフレキシブルな傾向は、多くの異性にとってなじみやすい印象を与えるので、あなたは数多くの恋のチャンスに恵まれるでしょう。

その一方では、あなたはどんなに好きになった相手でも、自分の心に深く入り込まれたり、相手の生活に巻き込まれたりすることを、可能な限り避けようとするかもしれません。だからといって、あなたが恋愛をゲームのように考え異性と真剣に関わらないわけではありません。決して依存し合わないこと、そして一途な恋に陥ることなく、互いに真実の姿をさらけ出していくことが、あなたにとって理想的な愛のかたちなのです。

恋が上手くいかない理由

あなたがいま一つ恋愛を楽しめないでいるとしたら、それは言葉によるコミュニケーションにこだわっていることが原因かもしれません。

双子座のエロス意識が十分に成熟していない人は、自分がどれほど愛されているのかを、いつでも恋人の言葉によって確認しようとしますが、結局のところは何を聞かされても満足することができません。そして、電話やメールで四六時中連絡を取ろうとして、好きな人に迷惑をかけてしまうことがあります。

あるいは、せっかく恋人から愛情のこもった言葉をもらうことがあっても、その真意を疑ってばかりいて、勝手に失望や怒りを感じてしまうところもあるでしょう。

幸せな恋愛をするために

あなたがより満足できる恋を経験するためには、言葉による直接的なコミュニケーション以外の手段でも、恋人と心を通い合えるようにならなければなりません。

特に、しぐさや表情を含めた行動全体に着目して、心の動きをとらえる練習をすると、今まで見えていなかった相手の気持ちも明らかになってくるはずです。また、あなた自身も、落ち込んでいる恋人のために何も言わずに手料理を作ってあげるといった、さりげない行動による自己表現を工夫しましょう。

そうすれば、あなたは表面的な言葉に振り回されることなく、深い感情的なレベルで愛を確かめられる人になれるでしょう。

♈ 牡羊座生まれ

あなたの理想の恋人は、多様な愛情関係を求めるタイプです。刺激的なコミュニケーションが成り立つので、基本的には楽しい恋が経験できます。二人は同時期に人生に迷うことが多いので、できれば第三者の助言を求めましょう。

♉ 牡牛座生まれ

何事もじっくりと腰を据えて取り組む人が、あなたの理想の相手です。愛情も時間をかけて育てようとするので、せっかちなあなたは少々もどかしい思いをするかも。コミュニケーションは答えを急がせないようにしてください。

♊ 双子座生まれ

あなたには、走り出したら止まらない一本気なタイプが合うでしょう。追いかける恋を好む人なので、あなたのクールな態度は彼の情熱に火を注ぐかもしれません。長い交際にしたければ、恋愛以外に関心事を持つとよさそうです。

♋ 蟹座生まれ

あなたに合うのは、愛する人に尽くす献身的なタイプです。一見、あなたが影響を与える立場にいるようでも、実際に影響を受けるのはあなたです。恋を通じて誰かと深い絆《きずな》を作っても、心は自由でいられることを学びましょう。

♌ 獅子座生まれ

あなたの理想の恋人は、明確な個性と幅広い人脈を併せ持つ人。相手を束縛しない恋愛を理想とする点で意気投合しますが、友達に近い曖昧《あいまい》な関係になりやすい傾向も。少なくともあなたが望んでいる関係は明らかにしましょう。

♍ 乙女座生まれ

常に人間性の向上を目指すストイックなタイプが、あなたの理想の相手でしょう。愛情問題も反省と努力で乗り越えようとするので、あなたは重たく感じるかもしれません。しかし、行動で愛情を証明しようとする点は見習うべき。

♎ 天秤座生まれ

あなたには、強い好奇心と行動力を持つ恋人が合うでしょう。自由を愛するタイプなので、ベッタリした関係にはなりませんが、その方が深い愛情が育まれるようです。知的な会話を心がければ良い関係になれます。

♏ 蠍座生まれ

あなたに合うのは、エネルギーとアクの強い個性的なタイプでしょう。口数が少なく感情を表に出さない人であるほど、つき合いが長くなるにつれて好奇心が刺激されます。コミュニケーション手段としてセックスを充実させて。

♐ 射手座生まれ

あなたの理想の恋人は、協調性があり平和で友好的な人間関係を求めるタイプ。頭の回転は速いのですが、他人の意見に流されがちかもしれません。あなたはイニシアチブを期待されるので、応えられるかどうかがカギになります。

♑ 山羊座生まれ

器用で細部に気がつくタイプが、あなたの理想の相手でしょう。自立した生き方を志す傾向はあなたと同じですが、人の役に立つことに生きがいを見い出す点は見習うべき。愛情を深めるためには議論も有効な手段になるでしょう。

♒ 水瓶座生まれ

あなたには、ノリが軽く人生を面白くすることを考える恋人が合うでしょう。遊び上手でユーモアのセンスもあるので、好奇心は十分満足させてもらえそうです。互いに悪い意味での幼児性を引き出しやすい傾向には注意が必要。

♓ 魚座生まれ

あなたに合うのは、親密な関係を求める一途なタイプ。情緒的なつながりを避けようとするあなたの態度は、相手を誤解させ傷つけてしまう可能性があります。自由と信頼関係の両面を保つことを常に考えながら交際しましょう。

Eros

エロスが蟹座

恋人に求めるのは親近感
結婚を意識した恋愛傾向に

恋愛の勝ちパターン

母子間の情愛を象徴する蟹座にエロスを持つあなたにとって、恋愛とは、ほとんど親子関係に近いような、親密で安心できる異性関係を持つことにほかなりません。何が起こるかわからないスリリングな異性関係にドキドキワクワクすることよりも、愛する人とどれだけ共感し合い、互いに思いやりを持って接していけるかどうかが、あなたにとっては重要な問題であるはずです。

そのため、あなたは恋人選びに関してはとても慎重であり、大抵は自分自身やあなたの親兄弟と共通点の多い、親近感のある異性に惹かれやすいという傾向があるでしょう。そうでなくとも、好きになった人の考え方やライフスタイルに、あなたの方から積極的に染まっていき、結果的に似た者同士のカップルになることも多いかもしれません。

もちろん結婚願望は他の人よりも強く、たとえ口には出さなくても、その時の恋人と結婚する可能性があると感じていなければ、それはあなたにとって恋愛とは認められないでしょう。

いずれにしても、あなたにとっての最高の恋とは、あなたと愛する人の間にある心のバリアーが自然と洗い流され、一心同体となっていくような体験なのです。

恋が上手くいかない理由

あなたがいま一つ恋愛を楽しめないでいるとしたら、それは恋人と二人だけの世界に閉じこもろうとしていることが原因かもしれません。

蟹座のエロス意識が十分に成熟していない人は、恋人が積極的に共感してくれたり世話を焼いたりしてくれない場合、自分は愛されていないと思い込んでしまう傾向があります。そして、愛する人の気を引くために仮病などを使って弱者を装ったり、あるいは嫉妬深く支配的な態度で恋人の家族や友人との関係を否定したりして束縛しようとするのです。

これらの行為は、結果的には彼の愛情と信頼を失い、かえって孤独を深めることになってしまう可能性があるのです。

幸せな恋愛をするために

あなたがより満足できる恋を経験するためには、恋人以外の人間関係を充実させることが必要になってきます。

特に、家族と過ごす時間は大切で、両親や兄弟姉妹に優しくすればするほど、あなたの情緒は安定し、孤独にさいなまれることが少なくなるでしょう。また、親密な同性の友人を持つことも、あなたが恋愛で成功するための必須条件です。同じ女性として共感しつつも、時には客観的な意見もくれるような友達がいれば、あなたは恋人に過剰に依存することがなくなるはずです。

そして、与える愛に大きな喜びを感じられるようになり、結果的に異性関係が安定するようになるでしょう。

♈ 牡羊座生まれ

親密な感情で結ばれた関係を求めるタイプが、あなたの理想の相手です。初めからツーカーな仲になることが多く、交際を深めるうちにますます似た者同士になっていきます。彼に依存しすぎないように注意した方がよいでしょう。

♉ 牡牛座生まれ

あなたには、知的好奇心が旺盛で興味がコロコロ変わるタイプが合うでしょう。落ち着かない雰囲気がある彼ですが、良い意味での子供っぽさが愛しく思えます。束縛するとストレスが溜まり、ケンカや浮気を誘発するので注意。

♊ 双子座生まれ

あなたに合うのは、のんびりしたタイプの恋人でしょう。彼は世話を焼かれるのは好きでも、気を遣わないのが玉に傷。しかし、恋愛になると、人を愛する気持ちは長続きします。共通の趣味や目的があれば上手くいくでしょう。

♋ 蟹座生まれ

あなたの理想の恋人は、いつでも人の一歩前を走るリーダータイプです。恋には情熱的ですが、異性にイニシアチブを取れないと不機嫌になる傾向も。いずれはあなたに頼る面も増えるので、なるべく花を持たせてあげましょう。

♌ 獅子座生まれ

周囲に対する思いやりに溢れた心優しいタイプが、あなたの理想の相手でしょう。助けたり助けられたりしながら、互いになくてはならない存在になるのが恋愛パターンです。彼は優柔不断なので、重要な決断はあなたの役割に。

♍ 乙女座生まれ

あなたには、感情を表に出さないクールなタイプが合うでしょう。同性と異性、友人や恋人に関わらず公平に接するので、あなたは愛されているか不安かもしれません。しかし、彼が博愛の人であることを理解してあげましょう。

♎ 天秤座生まれ

あなたに合うのは、野心的でシビアな人生観を持つタイプでしょう。誠実な気持ちがあっても愛情表現が苦手なので、あなたは欲求不満に陥ることも。しかし献身的に尽くせば、彼は必ず何らかのスタイルで応えてくれます。

♏ 蠍座生まれ

あなたの理想の恋人は、外向的で細かいことにこだわらないタイプ。彼は恋愛に積極的ですが、他にも関心を持つので、いつも構ってくれるとは限りません。あなたも別のことに興味を持てば、良い関係が保てるでしょう。

♐ 射手座生まれ

愛情欲求が強く独占欲の強いタイプが、あなたの理想の相手でしょう。感情的な一体感を求めるところが似ていますが、彼は猜疑心が強いため、信頼を築くのに時間がかかる傾向。相手の内面に急激に入り込まないことが必要です。

♑ 山羊座生まれ

あなたには、スマートで優雅な人間関係を求めるタイプが合うでしょう。彼は友人が多いので、あなたも交流を楽しめなければ行き詰まってしまうかもしれません。彼の影響を受けて、社交的で洗練された人に変身しましょう。

♒ 水瓶座生まれ

あなたに合うのは、人の感情の変化にすぐに反応する繊細なタイプです。互いに感情を内に秘めやすいのですが、言葉がなくても愛を感じ高め合うことができます。二人で悩みを抱えるとマイナス思考から脱出できないので注意。

♓ 魚座生まれ

あなたの理想の恋人は、自己表現欲の強い目立ちたがり屋です。一見、自信たっぷりですが、内心ではあなたの評価を気にしています。あなたが勇気づける役割を果たしてあげれば、寛大で魅力的な彼でい続けてくれるでしょう。

Eros

エロスが獅子座

他者を愛すれば愛するほど
あなたは自分を
もっと好きになる

恋愛の勝ちパターン

自己表現の欲求を象徴する獅子座にエロスを持つあなたにとって、恋愛は自分を主人公とした、壮大でロマンチックなドラマです。特に、若い頃は恋愛至上主義になりやすく、生活のすべてが愛する人との関係を軸に展開していくかもしれません。それでも、あなたは恋を通じて人間的にも立派に成長し、人生を創造的にすることができるのですから、決して、ただの恋多き人ではないのです。

実際、あなたは誰かを好きになるだけで、内面から自信が溢れてきて、優雅で寛大、魅力的な人になることができます。そして、恋人に対してはとても忠実で、何があっても愛する人を支持するという気持ちも出てくるはずです。

そのような傾向は、あなたの愛情が自尊心と深く結びついていることから生まれます。つまり、あなたは人を愛すれば愛するほど、自分自身も愛するようになるのです。また、あなたは自分から好きになった異性に対しても、下手に出るようなことはなく、その立場が逆であっても、尊大で支配的な態度を取ることもありません。

それぞれの個性が光り輝き、共に対等なヒロインとヒーローでいられる関係こそ、あなたにふさわしい最高の恋愛物語なのです。

恋が上手くいかない理由

あなたがいま一つ恋愛を楽しめないでいるとしたら、それは自分の見栄えを良くしてくれるといった目的で恋人を選んでいることが原因かもしれません。

獅子座のエロス意識が十分に成熟していない人は、人間として尊敬できる人というよりも、自分のコンプレックスを覆い隠してくれるような相手を選ぼうとする傾向があるのです。しかし、それでは恋人の存在によって常に劣等感を刺激されるため、恋愛をすればするほど、かえって自信を失っていくことになります。

もしあなたが選んだ彼が、内心であなたに優越感を持っているようなら、その傾向はますます強くなるでしょう。

幸せな恋愛をするために

あなたが心から満足できる恋愛を経験するためには、まずは自分が見栄っ張りな性格であることを自覚して、それを意識して改めようとしなければなりません。

そのためには、周囲の人々の評価などは一切無視して、あなたが心から尊敬できる人間性を持ったパートナーと交際することが一番です。表面的な印象ばかりに気を使うような異性を避けて、等身大の自分で堂々と生きている人とつき合えば、あなた自身もどんどん自信が持てるようになって、いつしか他人の目など全く気にならなくなってしまいます。

そして、自分が選んだ異性こそ世界一の恋人だと、心から誇れる女性になれるでしょう。

♈ 牡羊座生まれ

あなたには、エネルギッシュで天真爛漫《てんしんらんまん》、永遠の少年のようなタイプが合うでしょう。互いに子供のような気持ちになれるので、恋愛の癒し効果は高いはず。ただし、一方が甘えるばかりの関係は、いずれ無理が出るので改めて。

♉ 牡牛座生まれ

あなたに合うのは、詩人のような心を持つセンチメンタルな人。何でも言い合える仲になれますが、彼は傷つきやすいので言葉は慎重に選ぶべきです。また、人の影響を強く受けますが、流されやすさも個性のうちと考えましょう。

♊ 双子座生まれ

あなたの理想の恋人は、ノリが軽く楽しいことが大好きなタイプです。人生は遊ぶためにあるというポリシーが共通し、スポーツやレジャーを通じて盛り上がるでしょう。あなたがリーダーシップを取った方が上手くいきます。

♋ 蟹座生まれ

ライフスタイルにこだわりを持つタイプが、あなたの理想の相手でしょう。彼は自分のセンスは決して譲らないところがあります。そのため細かい点で衝突しますが、互いに噛めば噛むほど味の出る仲として尊重し合えるでしょう。

♌ 獅子座生まれ

あなたには、自分にも他人にも正直に生きる潔いタイプが合うでしょう。彼もストレートな愛情表現をしますが、あなたほどロマンチックなムードにはこだわりません。あなたが素を出せば出すほど、高く評価してくれるでしょう。

♍ 乙女座生まれ

あなたに合うのは、気が優しく周囲への思いやりを欠かさないタイプです。彼にリーダーシップは期待できませんが、常にそばにいてくれます。愛情さえあれば、かわいいわがままで振り回すくらいの態度の方が喜ばれるでしょう。

♎ 天秤座生まれ

あなたの理想の恋人は、何事にもクールなすまし屋タイプです。彼は恋愛にのめり込むのは格好悪いと考えていますが、実際はあなたの影響を受けることもしばしば。あなたが自分の世界をしっかり持つほど愛されるはずです。

♏ 蠍座生まれ

ドライで競争意識の強い野心家タイプが、あなたの理想の相手です。あなたは夢見がちで自由奔放、彼は優等生で頭が固そう。しかし、あなたが向上心さえ持てれば、互いに学び合いながらそれぞれの生活を活性化していけます。

♐ 射手座生まれ

あなたには、高い知性と抜群の行動力を持つタイプが合うでしょう。彼は恋愛においては、あなたにイニシアチブを取ってもらいたいようです。社交的で異性の友人も多い彼ですが、干渉しすぎると反感を持たれるので注意して。

♑ 山羊座生まれ

あなたに合うのは、強い意志と忠実な愛情を持つ人でしょう。彼は独特の価値観があり、容易に意見を譲りませんが、だからこそ尊敬し合える関係になれます。妥協が必要な場合、双方が納得する必要があると心得ておきましょう。

♒ 水瓶座生まれ

あなたの理想の恋人は、美意識の強いロマンチックなタイプ。彼は恋愛に強い幻想を抱いており、映画や小説を地でいくようなラブストーリーが展開します。恋に恋する状態から脱却できれば、長続きする関係でしょう。

♓ 魚座生まれ

真面目で謙虚さを美徳とする清廉潔白タイプが、あなたの理想の相手です。あなたは彼の優等生的な雰囲気に惹かれますが、それでも自分の自由奔放さを抑圧する必要はありません。ありのままのあなたを愛してもらいましょう。

Eros

エロスが乙女座

時間をかけてゆっくりと
恋人との愛を築いていく

恋愛の勝ちパターン

他者への旺盛なサービス精神を象徴する乙女座にエロスを持つあなたにとって、恋愛とは愛する人の望みに応えていくことと、ほとんど同義かもしれません。実際、あなたは他の同世代の人と比較しても、自己中心的なところは少なく、誰かを世話したり思いやったりすることに、大きな生きがいを感じるのではないでしょうか？

特に、一度ある異性を好きになると、その人を喜ばせるためならば、どんなものでも見つけ出したり、用意したりすることでしょう。

そのような傾向から考えても、あなたが複数の異性と同時並行で愛情を育てていくことは、非常に困難であるはずです。あなたはたった一人の異性に対してでも、非常に細かい気配りをするタイプなので、結果的に一途な恋しかできないのです。

また、あなたはただでさえ不安定で理性的に対応することが難しい恋愛というものに対して、可能な限り長期的で知的なアプローチを試みる人でもあります。まるで安全で快適な家を建てる時のように、十分な時間をかけて慎重に土台を作り、細かい技巧を凝らしながら作り上げていってこそ、あなたが心から求める理想の愛情関係が実現するのです。

恋が上手くいかない理由

あなたがいま一つ恋愛を楽しめないでいるとしたら、自分がどんな人間であるかよりも、何をしたかによって、異性に愛されると信じていることが原因かもしれません。

乙女座のエロス意識が十分に成熟していない人は、自己価値を過小評価する傾向があるのです。そのため、なぜ恋人が自分のことを愛してくれるのかが理解できません。そして、自分が愛する彼の力になれないことがわかると、見捨てられるのではないかと不安になり、余計に自己犠牲的になります。

しかし、それは恋人の心に負担をかけることになり、かえって関係が冷めてしまうことになるのです。

幸せな恋愛をするために

あなたが心から満足できる恋愛を経験するには、他者を愛するのと同じくらい、自分を愛することを学ぶ必要があります。

具体的には、現在恋人のために割いている時間とエネルギーが、少しでも自分自身の方に向けられるように意識するとよいでしょう。また、恋人に対しては、あなたの力になろうとするチャンスをもっと与えてあげることも重要です。二人の間の心理的な貸し借りが、持ちつ持たれつの絶妙なバランスになれば、互いに驚くほど楽でいられるようになるはずです。

そして、その思いやりのキャッチボールを続けていけば、奉仕は愛される条件ではなく、愛の表現にすぎないことも自然と悟るでしょう。

♈ 牡羊座生まれ

あなたには、女性に対する細かい気配りができるタイプが合うでしょう。彼は尽くすことで愛情を示そうとするので、あなたからもある程度は要求を出していくべきです。互いに警戒心が強いので、恋のスタートは慎重。

♉ 牡牛座生まれ

あなたに合うのは、何事もオープンでざっくばらんなタイプでしょう。異性に警戒心を抱きがちなあなたも、彼の寛大さに触れると自己開示できるようになります。あまり気が利かない人なので、細かい気配りは期待しないこと。

♊ 双子座生まれ

あなたの理想の恋人は、人懐っこくて思いやりもある人情家タイプ。世話好きな反面、異性から親切にされることも期待します。依存的な態度が気になる時もありますが、甘えも一種のコミュニケーションととらえましょう。

♋ 蟹座生まれ

話し好きで頭の回転も速いお笑い芸人タイプが、あなたの理想の相手です。軽くて調子の良い印象がありますが、愛情と信頼さえ高まれば、良き理解者となります。あなたの世話焼きが彼のストレスになる時もあるので注意。

♌ 獅子座生まれ

あなたには、スローペースで着実な人生を歩むタイプが合うでしょう。容易に他人となれ合わない彼ですが、あなたのことは例外的に信用してくれます。独自の価値観を認めてあげれば、意外と寛容な態度に変化するでしょう。

♍ 乙女座生まれ

あなたに合うのは、積極性とバイタリティーを持つ体育会系な人。頼りがいはありますが、恋愛にもスピーディーな展開を望むので、ついていけなくなる心配が。なるべくあなたのペースに合わせてもらえるように頼みましょう。

天秤座生まれ

あなたの理想の恋人は、ナイーブでピュアな感性を持つタイプでしょう。彼もあなたも尽くし型なので、助けたり助けられたりしながら愛情を高めます。ただ彼にはルーズなところもあるので、時には教育する必要もありそうです。

蠍座生まれ

ユニークな発想力と感性を持つタイプが、あなたの理想の相手でしょう。彼は、あなたの前だと想定外の言動が目立つかもしれません。何を望んでいるのかわからない時もありますが、純粋に個性を楽しむとよいでしょう。

射手座生まれ

あなたには、現実的で何事も計画通りに進めようとするタイプが合うでしょう。彼は愛情に不信感を持ちやすいのですが、あなたなら時間をかければ着実に信頼を勝ち取れます。言葉よりも実際の行動で誠意ある愛を示して。

山羊座生まれ

あなたに合うのは、気持ちが大らかで自由を愛するタイプでしょう。あなたの細かな性格を嫌がるかもしれませんが、大抵は許容してくれます。過剰な世話焼きを嫌うのは、自立志向が強いからなので、愛情がないと誤解しないこと。

水瓶座生まれ

あなたの理想の恋人は、責任感が強く、約束を守るタイプです。一途で自己犠牲的な彼ですが、その分、恋人に対する要求も多い傾向。細かいオーダーが多くて辟易《へきえき》する時もありますが、努力していれば認めてもらえます。

魚座生まれ

平和な人間関係に喜びを求めるタイプが、あなたの理想の相手でしょう。人の立場や感情を思いやる点で似た者同士ですが、彼はあなたよりアバウトです。しかし恋愛関係では、彼の緩さを見習ってみるのもよいでしょう。

Eros

エロスが
天秤座

お互いに持ちつ持たれつを繰り返す
愛情関係の揺らぎを楽しんで

恋愛の勝ちパターン

意識のバランスを象徴する天秤座にエロスを持つあなたにとって、恋愛とは愛する人とのシーソー遊びのようなものかもしれません。あなたは自分と恋人の関係をいつでも対等なものにしようとしていますが、それは単純に協調していくというよりも、押したり引いたりを繰り返していると表現した方が適切です。

実際、ある時はあなたが彼に尽くし、考え方も影響されているかと思うと、急に強い自己主張を始めるというように、あなたの愛情関係における態度は、絶え間なく変化しているでしょう。

しかし、あなたの真の狙いは、そのようなパートナーシップの様変わりを起こすことによって、自分と愛する彼の感情を揺さぶり続け、恋愛をより創造的にしていくことにあるのです。そのようなあなたの愛情表現に、初めはすっかり混乱していた彼も、大抵はその刺激的なコミュニケーションにはまってしまうはずです。そして、いつしか臨機応変のリアクションを取ることを楽しむようになるでしょう。

そのような動的なスタイルこそ、あなたの愛情関係の調和を保つ手段であり、理想の恋愛パターンなのです。

恋が上手くいかない理由

あなたがいま一つ恋愛を楽しめないでいるとしたら、それは人間の表面的な美しさにこだわりすぎていることが原因かもしれません。

天秤座のエロス意識が十分に成熟していない人は、恋人の容姿やファッション、あるいはデートの優雅さばかりに気持ちを取られてしまい、見た目に美しくなければ、それは恋ではないと思い込んでしまいます。そして、自分自身も若く美しくあることに心血を注ぎながら、結果的に中身のない異性ばかりと関わってしまい、いつも心に満たされない感情を抱えることになるのです。

そのような状態では、本来のあなたが求めるクリエイティブな恋の喜びは、いつまでたっても知ることができないでしょう。

幸せな恋愛をするために

あなたが心から満足できる恋を経験するためには、物事の美と調和を見い出す優れたセンスを、内面的なレベルにも適用していく必要があるでしょう。

まずは、あなたのメガネにかなわない異性でも、人間的な魅力を感じ取る時間を持つようにしてください。そうすれば「王子さまを手に入れるにはカエルを探すべき」という童話の言葉が真実であると、誰よりも納得する時が来るはずです。

また、交際が始まったら、あなたのプライベートな面を早めに公開してしまうことをおすすめします。素顔を魅力的だと感じてくれる相手を選んでこそ、あなたは真に美しい恋を知ることができるでしょう。

♈ 牡羊座生まれ

あなたに合うのは、粋でスマートに恋をたしなむ知的なタイプでしょう。恋の駆け引きを楽しみながら、価値観の差異を乗り越えられます。ただし、真に豊かな交際にするためには、早めに素の部分を見せ合えるようにすること。

♉ 牡牛座生まれ

あなたの理想の恋人は、清潔で健康的なライフスタイルを好むタイプです。あなたの美意識にかなう彼ですが、性格的に真面目すぎる面も。折り目正しいつき合いを心がければ、少々のわがままなら許してもらえるでしょう。

♊ 双子座生まれ

遊び好きで派手なライフスタイルを好むタイプが、あなたの理想の相手でしょう。ノリが良いので楽しい彼ですが、実は頑固で容易に異性を信用しない傾向も。彼の心の奥にある大きな夢を理解できれば、本気モードの恋愛になります。

♋ 蟹座生まれ

あなたには、内気で自己表現があまり得意ではないタイプが合うでしょう。恋愛に心の安らぎを求める点は、あなたと正反対です。なれてくれば言いたいことを言い合えるカップルになるので、初めから挑発しすぎないように注意。

♌ 獅子座生まれ

あなたに合うのは、ユーモアとウィットに富んだ人です。刺激的なコミュニケーションができるので、長くつき合っても飽きません。あなたよりも頭の回転が速いので、有利な立場に立とうとして下手な駆け引きをしないこと。

♍ 乙女座生まれ

あなたの理想の恋人は、何事にも真心を込める誠実なタイプです。恋にも一途な彼なので、あなたの移り気な態度は不信感を持たれがち。共通の趣味や芸事などに親しむことで、新鮮な気持ちと安定感を両立させるとよいでしょう。

♎ 天秤座生まれ

夢に向かってまっしぐらのアクティブなタイプが、あなたの理想の相手でしょう。彼は恋愛に刺激を求めますが、器用ではないので人間関係のバランスが取れません。彼の行動パターンは単純なので、よく研究して交際しましょう。

♏ 蠍座生まれ

あなたには、虚弱な雰囲気で母性本能をくすぐるタイプが合うでしょう。放っておけない彼ですが、甘えられっぱなしでもあなたはストレスを感じます。急に突き放すと傷つくので、ときどきソフトに距離を作って自立を促しましょう。

♐ 射手座生まれ

あなたに合うのは、理知的で自分の価値観や考え方に自信を持っているタイプ。彼とは建設的な意見交換ができ、たとえ挑発しても感情的になることはありません。ただ、一貫性のない態度は軽蔑《けいべつ》されるのでほどほどにしましょう。

♑ 山羊座生まれ

あなたの理想の恋人は、謙虚で自分を飾りつけることを嫌う質実剛健タイプです。あなたとしては退屈に感じられる彼かもしれません。しかし、内面に強く美しい人生観があることを知れば、心から尊敬できるようになるでしょう。

♒ 水瓶座生まれ

フランクで人を差別することのない心の広いタイプが、あなたの理想の相手でしょう。情熱的な恋ができますが、ロマンチックなムードやオシャレのセンスは期待薄。交際を盛り上げるためには、彼の冒険につき合うのが一番です。

♓ 魚座生まれ

あなたには、全身全霊で恋に打ち込むタイプが合うでしょう。誠実かつ情熱的な彼ですが、あなたは束縛される不安やストレスを感じることも。しかし、思い切り真剣に向かい合えば、意外なほど変化に富んだ刺激的な恋になります。

Eros

エロスが蠍座

表現力を超える想いの深さで
恋人との一体感を深めていく

恋愛の勝ちパターン

男女の精神の完全なる結合を象徴する蠍座にエロスを持つあなたにとって、恋愛は人生上で最もディープで力強い感情体験となるでしょう。実際、あなたの異性に対する愛情傾向は、全か無かといってもよいほど極端なもので、一度恋に落ちると、他の何を失ってでも愛する人との関係を優先するのではないでしょうか？　我を失うような状態に達しない限り、あなたは人を愛する喜びを感じられませんし、恋をしたという実感も持てないのです。

それでも、あなたは恋人に対して、自分の情熱を言葉に表すことが得意ではありません。それは、あなたの愛情があまりにも深くて複雑なものだからです。当然、あなたは恋人の口から出てくる言葉のみでは、その想いを信じることができません。あなたが恋人と愛を証明し合うためには、言葉を超える直感力と、それなりの時間が必要になるのです。

結果的に、あなたはあまり派手な男性遍歴を持つことはありませんが、数多くの相手と関わるよりも、一人のパートナーとの濃厚な関係を通じてこそ、恋愛の醍醐《だいごみ》味を味わい尽くすことができるのです。

恋が上手くいかない理由

　あなたがいま一つ恋を楽しめないでいるとしたら、それは自分のエゴのままに恋人をコントロールしようとしている時でしょう。

　蠍座のエロス意識が十分に成熟していない人は、自分の欲求を恋人がすべて受け入れることを、愛情の証明だと思い込んでしまうことがあります。そして、心理的なプレッシャーや性的な魅力によって異性の心を支配することで、自己満足に浸ってしまうのです。

　しかし、それではいつも未熟で頼りない人間を恋の相手に選ぶ必要があるため、あなたの心はいつまでたっても満たされることがありません。さらに、あなた自身の価値まで貶《おとし》めることになってしまうのです。

幸せな恋愛をするために

　あなたが心から満足できる恋を経験するためには、恋人を思い通りに動かそうとコントロールするよりも、自分自身が変化することを目指さなければなりません。

　まずは、何でも言うことを聞きそうなつまらない相手ではなく、自分もこのようにありたいと思えるほどの、素晴らしい個性を持つ異性をパートナーに選びましょう。そうすれば、愛する人にふさわしい女性になろうという意志があなたの内面に芽生え、実際に日々魅力的な人間に生まれ変わっていくはずです。

　あなたが変化すれば、恋人を支配することもされることもなく、共に愛し合える関係があるという事実を確信することができるでしょう。

牡羊座生まれ

あなたの理想の恋人は、恋愛に莫大《ばくだい》なエネルギーを注ぐ熱狂的なタイプです。生活のすべてが異性関係を軸に回転しているような彼ですが、あなたに気持ちを受け止めてもらえれば、バランスの良い生き方ができるようになります。

牡牛座生まれ

異性の感情に理解があるタイプが、あなたの理想の相手です。彼は洞察力があるので、言葉にできない深い愛も必ず気づいてくれます。自身はなかなか本音を話さないのですが、あなたになら徐々にオープンになっていくでしょう。

双子座生まれ

あなたには、何事も最後までやり通す完全主義者が合うでしょう。恋愛に誠実に向き合い、自分を磨いていく点では、あなたとよく似ています。しかし彼は防御本能も強いため、強引な態度に出ると心を閉ざすので要注意。

蟹座生まれ

あなたに合うのは、目立ちたがり屋で派手な自己アピールを好むタイプ。愛情をオーバーに表現しますが、それが彼にとっては普通なので、いたずらに気持ちを疑わないことが肝心です。あなたもノリの良さを発揮することが必要。

獅子座生まれ

あなたの理想の恋人は、他人の感情に敏感に反応するデリケートなタイプです。彼は親密な関係を強く求めますが、あなたの強烈な愛情に動揺してしまう可能性も。素朴な触れ合いの中でゆっくりと気持ちを確かめていきましょう。

乙女座生まれ

一時でも黙っていられないおしゃべりなタイプが、あなたの理想の相手です。調子の良い発言が多いことは確かですが、それは愛情から出たサービス。あなたが聞き上手に徹すれば、次第に深いレベルの会話ができるでしょう。

♎ 天秤座生まれ

あなたには、温かい感情と頑固な意志を併せ持つタイプが合うでしょう。彼は恋をすると優しくなりますが、自分の価値観を変えることはありません。彼を成長させるとしたら、短所に目をつぶって、長所を伸ばしていきましょう。

♏ 蠍座生まれ

あなたに合うのは、素朴でストレートな自己表現を好むタイプです。彼は嘘が嫌いなので信頼できますが、不器用さからあなたを傷つけてしまうおそれもあります。あなたから素直に感情表現して、相互理解を深めていきましょう。

♐ 射手座生まれ

あなたの理想の恋人は、内面に繊細かつ豊かな感情を持つタイプです。彼は一見、軟弱なイメージですが、あなたの愛情で心を満たされていれば、強くて賢い側面も発揮できます。不用意な言葉で傷つけないように注意してあげて。

♑ 山羊座生まれ

知的で自立した意志を持つクールなタイプが、あなたの理想の相手でしょう。彼は人の影響を受けるのを嫌うので、内面には容易に踏み込めません。無理してプライベートに迫るよりも、彼の自然な自己開示を待ちましょう。

♒ 水瓶座生まれ

あなたには、真面目で強い責任感を持つ指導者タイプが合うでしょう。彼は頼られることが生きがいなので、適度に甘えることが関係を深める最善策。保守的な面もありますが、筋の通った意見なら聞いてもらえるでしょう。

♓ 魚座生まれ

あなたに合うのは、何ものにもとらわれない心を持つタイプでしょう。彼は追うと逃げるところがありますが、手のひらで遊ばせる気持ちでいれば、甘えてくるようになります。セックスも大切なコミュニケーションと考えて。

Eros

エロスが射手座

お互いに刺激し合い
高め合う恋愛を
日常の中で実践していく

恋愛の勝ちパターン

魂の成長と発展を象徴する射手座にエロスを持つあなたにとって、恋愛とは未知の世界への冒険の旅かもしれません。実際、あなたはおとなしいタイプの異性には興味がなく、非凡でチャレンジ精神の旺盛な恋人を持つ傾向があるでしょう。そうでなくとも、恋人の精神をあの手この手で揺さぶっては、エキサイティングな交際になるように仕向けます。そうして、常に二人の世界を新しい次元へと進めていきながら、互いの可能性を引き出し合うことが、あなたにとっての恋愛の醍醐味なのです。

そのため、あなたは二人でひっそりと時間を過ごすだけの単調なデートを繰り返すことはなく、仕事や芸術、スポーツといった恋愛以外の領域で、恋人との愛情と信頼関係を築こうとするかもしれません。

また、あなたは自分が感じたことを恋人に隠すことはほとんどありませんが、かといって特別に恋人への要求が多いということもないでしょう。なぜなら、相手の細かい過ちや弱点にとらわれているようでは、あなたが求める自由で開放的な愛の喜びを引き出すことができないと、本能的に知っているからなのです。

恋が上手くいかない理由

あなたがいま一つ恋愛を楽しめないでいるとしたら、それはあなたが内心では異性との深い関わりを避けようとしていることが原因かもしれません。

射手座のエロス意識が十分に成熟していない人は、恋愛によって自由を奪われることに過剰な恐れを抱く傾向があります。そのため、恋人に対しても無意識のうちに精神的な距離を取ろうとしてしまうのです。

そして、二人の関係が少しでも難しくなるとすぐに解消したり、恋愛をゲームのようにもてあそんだりすることで、その価値を否定し続けますが、結局、心の中にどこか満たされない感情を残しているのです。

幸せな恋愛をするために

あなたが心から満足できる恋を経験するためには、自分と恋人の愛情の力を信頼し、二人の出会いという運命の流れに身をゆだねるチャレンジが必要です。

まずは、恋愛に冷めているフリをするのはやめにして、好意を持った異性と気持ちを通わせることを素直に楽しんでください。そして、理性を失うことを恐れる気持ちを振り切って、思い切り恋の病に陥ってしまいましょう。

恋愛に没入するような体験をすれば、本気モードの恋愛が、あなたが恐れているほど不自由なことではないばかりか、互いの魂を解放していく関係にすらなり得ることを、心から確信するにいたるでしょう。

♈ 牡羊座生まれ

ポジティブで知的好奇心に溢れたタイプですが、あなたの理想の相手です。二人で行動すると、大胆な性質が強くなるので、一緒に冒険の旅に出ることも。強がりな面もありますが、あなたから弱点をさらけ出せば、力が抜けるでしょう。

♉ 牡牛座生まれ

あなたには、内面に豊かな感情と強い意志を秘めるタイプが合うでしょう。彼は一見するとクールですが、実際は表現できないほどの情熱があります。あなたに徐々に心を開いていけるように、大らかな態度で待ってあげましょう。

♊ 双子座生まれ

あなたに合うのは、社交的で洗練された魅力を持つ人です。未知の体験に飛び込む勇気もある彼ですが、あなたが背中を押す必要があります。二人の愛情関係を刺激的で充実したものにするためには、多くの友人を共有すること。

♋ 蟹座生まれ

あなたの理想の恋人は、パートナーへの純愛をつらぬく誠実なタイプです。彼はあなたの人間性と可能性を信じ、いろいろな面で力になってくれます。しかし、あなたも同じくらい尽くす姿勢を見せないと、愛情を疑われるので要注意。

♌ 獅子座生まれ

恋愛に非日常的な感動を求めるロマンチストタイプが、あなたの理想の相手でしょう。ノリの良さも手伝って楽しい交際になります。恋に恋する状態に陥りやすいのですが、嘘さえつかなければより成熟した関係になるでしょう。

♍ 乙女座生まれ

あなたには、人の気持ちに共感する人懐っこいタイプが合うでしょう。彼は心の支えになってくれますが、あなたからも積極的にフォローしないと、傷ついたり孤独に悩んだりします。なるべく二人で静かに過ごす時間を設けて。

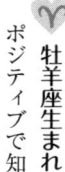

♎ 天秤座生まれ

あなたに合うのは、臨機応変な行動力とコミュニケーション能力を持つ知的なタイプ。彼は冒険に喜んでつき合ってくれますが、すぐに興味の対象が変化する面も。ユーモアにはユーモアで応えれば、交際自体は長続きするでしょう。

♏ 蠍座生まれ

あなたの理想の恋人は、生活の安定を求める、のんびりしたタイプです。出不精で変化を嫌う傾向はありますが、その堅実かつ上質なライフスタイルには学ぶべきところも多いはず。彼の価値観を尊重すれば自由も保障されます。

♐ 射手座生まれ

常に課題に取り組もうとするチャレンジ精神の旺盛なタイプが、あなたの理想の相手でしょう。彼は恋愛することでますます行動的になりますが、近視眼的になりやすいので注意が必要。互いに別々の関心事を持つとよさそうです。

♑ 山羊座生まれ

あなたには、恋人と深い感情的な一体感を求めるタイプが合うでしょう。あなたの淡白な態度は誤解されやすいので、意識して労わりの気持ちを表現すべき。彼は心に安らぎさえあれば、自由に創造性を発揮できるでしょう。

♒ 水瓶座生まれ

あなたに合うのは、公私とも頻繁に環境を刷新したがるタイプ。彼は「恋人とは将来の可能性を探求するためのパートナー」と考えるので、あなたも恋愛を通じて転機が訪れます。恋人と友人の境界が曖昧なままで進まないこと。

♓ 魚座生まれ

あなたの理想の恋人は、社会常識や伝統を大切にする保守的なタイプです。彼はあなたの大胆な行動に待ったをかけますが、感情的な束縛はしません。基本的なルールさえ遵守すれば、十分に自由を与えてもらえるでしょう。

Eros

エロスが山羊座

尊敬の念を抱ける相手とそれぞれ果たすべき役割を確認すること

恋愛の勝ちパターン

成熟した社会性を象徴する山羊座にエロスを持つあなたにとって、恋愛とは健全で地に足の着いた人格を形成していくことと同義かもしれません。実際、あなたは自分より人生経験が豊富で、世間のさまざまな事情に通じている異性に惹かれてしまう傾向があるのではないでしょうか? そして、自分が世の中と上手く折り合っていけるように、恋人が導いてくれることをとても歓迎するでしょう。

その一方では、あなたは自ら恋人にとっての指導的な役割を引き受けて、自分自身の誇りと責任感を育てていこうとする可能性もあります。いずれにしても、あなたの恋愛感情は、恋人と尊敬したり尊敬されたりする関係の中で強化され、満たされていくものなのです。

そのような力関係が歴然とした異性関係は、ある意味では抑圧的かもしれませんが、たとえ恋愛関係で表面的な平等を徹底しても、必ずしも幸福になれるとは限らないことを、あなたはよく知っているのです。明確な役割分担と、お互いの違いを納得して収まっているパートナーシップこそ、あなたに愛情と信頼をリアルに感じさせ、異性と愛し合う喜びを与えてくれるでしょう。

恋が上手くいかない理由

あなたがいま一つ恋愛を楽しめないでいるとしたら、それはあなたが恋人に対して一方的に厳しすぎる欲求を突きつけてしまうことが原因かもしれません。

山羊座のエロス意識が十分に成熟していない人は、恋人の気持ちよりも、あなたのために何をしてくれたかという基準だけで、愛情を評価してしまう傾向があります。そして、恋人が期待通りの役割を果たさなかった時に、「なぜ応えてくれないの?」と失望し、一方的に怒りをぶつけたり、簡単に別れたりすることを繰り返すのです。過剰な期待を押しつけられる恋人としても、その息苦しさから、あなたとの関係を解消したいと思い詰めてしまいます。

幸せな恋愛をするために

あなたが心から満足できる恋愛を経験するためには、異性の良いところを積極的に見つけていこうとする、加点方式の姿勢を心がける必要があります。悪いところには目をつぶり、相手の良いところだけを見るようにするのです。

そうすれば、恋人のささいな欠点が気にならなくなるどころか、「あばたもえくぼ」のように、欠点すら愛おしく思えてくるはずです。また、恋人もあなたのポジティブな評価を受けることで、さらに魅力的な人間になろうという意欲も自然と出てくるというもの。

そうして、あなたは人間に生まれつき与えられた価値を信じることが、異性を理想の恋人に育てていく最善の方法であると確信するでしょう。

♈ 牡羊座生まれ

あなたには、向上心と責任感を持って恋愛に臨むタイプが合うでしょう。彼は男女の役割や年齢差などにこだわるので、少々堅苦しい交際になる可能性も。しかし、互いに弱点を補い合っていくことで、対等な関係ができるでしょう。

♉ 牡牛座生まれ

あなたに合うのは、何ものにもとらわれない自由を愛するタイプ。彼は性別や年齢にこだわらない関係を築こうとするので、あなたの型にはまった恋愛パターンは崩れていきます。互いに対等な立場で支え合う交際になるでしょう。

♊ 双子座生まれ

あなたの理想の恋人は、愛する人に人生を捧げようとする情熱的なタイプです。彼は自分に厳しく責任感も強いので、交際は真剣になる傾向。自己表現が苦手なため、言葉よりも行動で愛情を示していることを理解してあげて。

♋ 蟹座生まれ

抜群の対人センスで人間関係を楽しむタイプが、あなたの理想の相手です。彼は欠点にこだわらないので、穏やかな恋愛になります。しかしあなたのストイックな向上心は理解されないので、力の抜き加減を学ぶようにしましょう。

♌ 獅子座生まれ

あなたには、人間関係に節度と責任感を持って臨む生真面目なタイプが合うでしょう。折り目正しく安定した関係を築けるので、交際は長期的になる傾向。彼はあなたの役に立ちたいと思っているので、相談や頼み事をしましょう。

♍ 乙女座生まれ

あなたに合うのは、個性的で堂々とした人生を生きる誇り高いタイプでしょう。彼はリーダー気質なので、主導権を預けると上手くいきます。あなたの賞賛が彼に勇気を与えますが、過剰に肯定するとしらけてしまうので注意を。

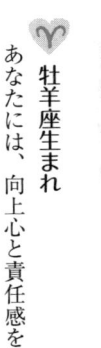

♎ 天秤座生まれ

あなたの理想の恋人は、人の世話を焼くことに生きがいを感じるタイプです。彼とは親子関係のような交際になりますが、親と子の役割が固定しないよう注意が必要です。甘えたり甘えられたりしながらバランスを取りましょう。

♏ 蠍座生まれ

柔軟な精神を保ち続ける子供のようなタイプが、あなたの理想の相手でしょう。彼といると、まるで生徒に接する教師になったような錯覚に陥るでしょう。小言は言っても束縛はしないことが、彼との交際を長続きさせるコツです。

♐ 射手座生まれ

あなたには、堅実かつ文化的な生活運営力のあるタイプが合うでしょう。彼は地に足が着いていて、フィーリングが一致します。ただ、向上心や責任感はあまり期待しない方がよさそう。彼のペースに慣れる必要があるでしょう。

♑ 山羊座生まれ

あなたに合うのは、自分の能力と運命を信じて行動する直感的なタイプです。彼は恋愛で主導権を握りたがりますが、無責任な言動に辟易させられるかも。振り回されないように注意しながら、彼の行動もセーブしてあげて。

♒ 水瓶座生まれ

あなたの理想の恋人は、愛情の中で安住することを夢見るタイプです。甘えたい気持ちが強い彼ですが、その分、献身的でもあり、表面的には保護者の役割を果たそうとします。ロマンチストなのでムードを壊さないように注意。

♓ 魚座生まれ

誰にもまねのできない生き方をしようとするユニークなタイプが、あなたの理想の相手でしょう。彼は男女の役割を意図的に無視するので、対応に戸惑うかも。あなたは、誠実で自立した友人という役割を果たせばよいでしょう。

Eros

エロスが

水瓶座

男と女という性差はなく
人間として平等かつ
自由な関係を望む

恋愛の勝ちパターン

友情のネットワークの中で未来を創造する水瓶座にエロスを持つあなたの恋愛は、最も信頼できる異性との発展的な友情関係であると定義してよいかもしれません。実際、あなたは恋人に対してでも、親しい友人の一人であるかのように接しますが、それは互いに自由で平等であることが、真実の愛をつらぬく最善の方法であると信じているからです。そのため、恋人の性格がどうあれ、あなたは自分の個性的なものの考え方や感じ方を尊重してもらえることを強く望みますし、相手に対しても同じ態度で関わっていくでしょう。自分と恋人との関係性がフェアであればあるほど、あなたの恋愛はより親密さを増していくものです。

また、あなたの本質的な人格は、恋愛を通じて根本的に変化することはありませんが、その表現スタイルには、交際する異性の個性に応じてさまざまなバラエティーが生まれます。愛する人と精神を刺激し合いながら、全く新しい未来のあり方を創造することこそ、あなたにとっての最大の恋の醍醐味なのです。

そして、あなたがあなたであることを放棄する必要がない限り、その限りなく友情に近い愛情は続いていくことになるでしょう。

恋が上手くいかない理由

あなたがいま一つ恋愛を楽しめないでいるとしたら、刺激的な経験を得ることだけを恋愛の目的としているからかもしれません。

水瓶座のエロス意識が十分に成熟していない人は、何か目新しいところや、他の人々と違うところを持っていることが、異性の価値であると考えてしまう傾向があります。そして、わざと奇をてらっているだけの目立ちたがり屋を恋人に選ぼうとしたり、複数の異性と同時進行でつき合ったりして、エキサイティングな恋を演出しようとするのです。

しかし、いつまでたっても理想の恋人に出会うことはなく、結局、彼らは友達ですらなかったことに気づくのです。

幸せな恋愛をするために

あなたが心から満足できる恋を経験するには、一人の特別なパートナーの真の価値を知ることに、これまで以上に時間と集中力を使うことが必要です。

また、あなたがどんなに個性派を自認していても、結局は多くの人間の中の一人にすぎないことを忘れないようにしましょう。そして、一見、どこにでもいそうな平凡な異性に出会った時でも、腹を割ってじっくり話をする機会を作ってみてください。

その結果、あなたは相手の内面に驚くほどユニークな人間性を発見することができるはずです。予想外の相手と恋に落ちる楽しみを知ることもできるでしょう。

♈ 牡羊座生まれ

あなたに合うのは、フェアで自由な関係を好むタイプです。彼とならユニークな恋愛を実践できますが、気分的に停滞すると別れたくなる傾向も。具体的な人生目標や幅広い友人関係などを共有すれば、交際は長続きするでしょう。

♉ 牡牛座生まれ

あなたの理想の恋人は、誠実で折り目正しい関係を求めるタイプでしょう。彼は、常識にこだわる面はあるものの、親しき仲にも礼儀ありという原則さえ守れば、リラックスして交際できます。異性の友人は疑惑を持たれるので注意。

♊ 双子座生まれ

情熱の赴くままに生きる快楽追求型が、あなたの理想の相手です。彼は自由で刺激的な恋愛を求めるので、リラックスして楽しめる恋が実現します。ただし、強い絆を作るためには、何らかの夢や目標を共有することが必要です。

♋ 蟹座生まれ

あなたには、愛する人と感情的な深い一体感を求めるタイプが合うでしょう。彼は、あなたの自由への欲求が理解できないので、言動には注意を払う必要あり。まずは相手の気持ちを受け止めて、安心させることが肝心です。

♌ 獅子座生まれ

あなたに合うのは、外交的で人間関係をポジティブに楽しめるタイプです。他者に対する理解力と寛大さはあなたに引けをとらないので、信頼関係はスムーズ。ただし、イニシアチブを取るのはあなたの役割だと心得て。

♍ 乙女座生まれ

あなたの理想の恋人は、鋭い観察力と旺盛なサービス精神を併せ持つタイプでしょう。彼は鋭いツッコミを入れますが、それも愛情表現の一つ。あなたの夢を具体的な面でサポートしてくれるので、感謝の気持ちを忘れないこと。

♎ 天秤座生まれ

誇り高く創造的な意志を持つタイプが、あなたの理想の相手でしょう。根拠のない自信とノリで生きる彼ですが、その思い込みが現実を動かします。あなたのクールな一言でせっかくの熱意に水を差さないように注意。

♏ 蠍座生まれ

あなたには、情が深く愛する人の気持ちに敏感なタイプが合うでしょう。彼は人の影響を受けやすいですが、その順応性も個性ととらえてください。特別扱いを愛の証と考えるので、彼への対応は他と差別化する必要があります。

♐ 射手座生まれ

あなたに合うのは、才気に溢れ、変化に富んだ人生を好むタイプ。彼は友達感覚の恋愛を理想とするので、自由で刺激的な交際ができます。ただし彼は一貫したポリシーを持たないので、それを前提にしないと失望するでしょう。

♑ 山羊座生まれ

あなたの理想の恋人は、頑固なポリシーを持つ人でしょう。温厚でも、価値観はめったに譲らないタイプです。あなたなら彼の個性を十分に楽しめますが、考え方を改めるよう説得すると、ますます態度が硬化するので要注意。

♒ 水瓶座生まれ

挑戦的でエキサイティングな人生を志向するタイプが、あなたの理想の相手でしょう。彼はありのままで向き合ってくれるので交際しやすいのですが、協調性に欠ける面も。二人で乗り越えるべき課題があれば上手くいく関係です。

♓ 魚座生まれ

あなたには、自他の境界線が曖昧で感受性の豊かなタイプが合うでしょう。彼はあなたに深く共感し優しくケアしてくれる一方で、依存的になりやすい傾向もあります。あなたの誠実な愛情で、少しずつ自立させてあげましょう。

Eros

エロスが魚座

愛とは何よりも尊いもの
愛することで
生きるエネルギーとなる

恋愛の勝ちパターン

聖なるものへの信仰を象徴する魚座にエロスを持つあなたにとって、恋愛とは異性への絶対的な献身を通じて魂を浄化する、一種の宗教的な行為かもしれません。実際、あなたは何の見返りを受けられなくても、愛する人に最大限の奉仕をすることに、何よりも生きがいを感じているでしょう。独りでいるととても弱気になり、何のために生きているのかさえわからなくなってしまうあなたですが、愛する人の存在さえあれば、驚くほど強くて活動的な女性でいられるのです。

また、あなたは恋人に深く感情移入する能力があり、彼が言葉に表現していない奥深い願望も、繊細なフィーリングで理解することができます。そして、やはり無言のうちに、その願いを叶えてあげようと全力を尽くすのです。

このようなあなたの自己犠牲的な異性関係の傾向は、愛がすべてを救うという信念から生まれていますが、他の多くの人々は、それは幻想にすぎないというでしょう。それでも、あなたはお金や社会的な地位などが人間を幸福にするとは、どうしても信じることができません。誰かに恋をしたという純粋な事実だけが、生涯にわたってあなたに生きる喜びを与えてくれるのです。

恋が上手くいかない理由

あなたがいま一つ恋愛を楽しめないでいるとしたら、それはあなたが尽くす価値のない異性ばかりを恋愛相手に選んでいることが原因かもしれません。

魚座のエロス意識が十分に成熟していない人には、自らの孤独を慰めるために、一方的に自己犠牲を強いる自己中心的な異性と関わってしまう傾向があります。そして、絶えず相手の姿を理想化しながら、いつまでも奴隷のように扱われてしまう可能性があるのです。

もちろん、それで幸せな時もあるかもしれませんが、いずれはどこか自分に嘘をついていることに気がつき、結果的に独りで葛藤を抱え込んでしまうことになるのです。

幸せな恋愛をするために

あなたが心から満足できる恋を経験するためには、自分と同じように他者を愛し、その痛みに深く共感できる人物であることを、恋人選びの絶対条件とする必要があります。

まずは、彼に対するロマンチックな感情に浸り切る前に、相手の人間性をシビアに観察する習慣をつけるようにしてください。特に、家族や友人を大切にしているか、さらに、弱者を装って同情を引くたぐいの人間ではないかをチェックするのです。それは、相手に問い質すよりも、日頃の言動をじっくり観察していくことが大切です。

そうすれば、あなたの優しさを倍にして返してくれるような、素晴らしい恋人を見つけることができるでしょう。

♈ 牡羊座生まれ

あなたの理想の恋人は、異性関係にスピリチュアルな価値観を持ち込むタイプです。彼は恋愛を神聖視するので、極めて真剣で発展性のある交際になる傾向。ただし、互いに相手を理想化してしまう点には注意してください。

♉ 牡牛座生まれ

すべての人と平等に関わろうとする博愛主義者が、あなたの理想の相手です。彼は親切で自立した精神の持ち主。そのため、あなたが世話を焼きすぎると、疎ましく思われてしまいます。彼には自由を与えてあげましょう。

♊ 双子座生まれ

あなたには、感情を表に出さないストイックで寡黙なタイプが合うでしょう。あなたの優しさに対し、彼は誠実な態度で応えようとします。細かい気配りやムード作りは下手でも、愛情がないと誤解しないようにしましょう。

♋ 蟹座生まれ

あなたに合うのは、愛の本質を解き明かそうとする哲人タイプです。彼は情熱と冷静さを併せ持つので、時にはあなたのロマンチックな感情に水を差すことも。あなたが賢い人を目指す時に、彼は共に成長してくれるでしょう。

♌ 獅子座生まれ

あなたの理想の恋人は、好きな相手には命がけで尽くすタイプでしょう。彼は愛する人を絶対に裏切らない、理想的なパートナーです。しかし、嫉妬心も強いので、誰にでも優しくするあなたの癖は自粛する必要があるでしょう。

♍ 乙女座生まれ

スマートで心地良い人間関係を築く外交的なタイプが、あなたの理想の相手です。彼は人を傷つけたくないために本音を隠しがちですが、その傾向は徐々に解消されます。ケンカしても必ず仲直りできるカップルを目指しましょう。

♎ 天秤座生まれ

あなたには、思慮深く責任感の強いタイプが合うでしょう。彼は、交際が長くなると批判的な発言が増えますが、それはあなたへの愛情と信頼が高まっている証拠。彼はロマンチックムードを好むので、演出を心がけてあげましょう。

♏ 蠍座生まれ

あなたに合うのは、夢やロマンを徹底的に追求するタイプです。彼はエネルギッシュで行動範囲が広いので、あなたはついていくのが大変かも。しかし、そっと見守っているだけでも、あなたの愛は十分に理解されるでしょう。

♐ 射手座生まれ

あなたの理想の恋人は、ロマンチックな恋愛を好む、想像力豊かなタイプでしょう。彼は、愛する人に尽くすことに喜びを感じます。愛情におぼれてだらしなくなる傾向もあるため、互いに甘えすぎないよう注意しましょう。

♑ 山羊座生まれ

いつまでも軽快でしなやかな心を持つ子供のようなタイプが、あなたの理想の相手です。彼は感情が移ろいやすいですが、結局はあなたのところに戻ってきます。彼の、問題から逃避しがちな点は、一緒に改めるようにしましょう。

♒ 水瓶座生まれ

あなたには、穏やかでスローペースの恋愛を好むタイプが合うでしょう。彼は人を信用しませんが、あなたとなら愛情と信頼を育んでいけるはず。あなたが何でも受け入れてしまうと、彼は独善的になりがちなので注意しましょう。

♓ 魚座生まれ

あなたに合うのは、恋をすると周囲が見えなくなるほど情熱的なタイプです。彼はデリカシーに欠けるところがありますが、あなたなら不器用さも許容できるはず。互いの弱さやいたらなさをカバーし合う関係を目指しましょう。

Column 1

エロス的女の人生

マドンナ

1980年代半ばに「マリリン・モンローの再来」というキャッチコピーで登場して以来、マドンナは常にスキャンダラスな言動で世界を挑発しながら、名実ともに史上最も成功した女性アーティストとなりました。

彼女が持つ多情で背徳的なイメージは、意図的に作り上げられといわれていますが、ホロスコープを見る限り、エロチックな感情に溢れた女性であることは確かなようです。

マドンナの小惑星エロスは、「野生的な本能」を象徴する牡羊座にあり、占星家が「セックスの家」と呼ぶ第8ハウスにも位置しています。これは、深く激しい性愛のエネルギーが、彼女の内面で渦巻いていることを示しています。現実に、彼女はプライベートでも数々の浮き名を流してきた恋多き女性ですが、世界のセックスシンボルを演じるという仕事によっても、エロスのパワーを見事に昇華してきたといえるでしょう。

しかも、マドンナの楽曲には、牡羊座にエロスを持つ女性らしく、男性によるコントロールを拒絶して、自らの意志で愛と性の喜びを追求するコンセプトがはっきりと歌われています。

聖母マリアの名を借りつつ、娼婦のようないでたちで舞い踊る彼女こそ、抑圧された女性のエロスを解放するために現れた、20 世紀最大のトリックスターの一人だったといえるでしょう。

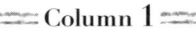

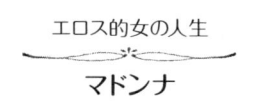

第３章
アモルが示す「友愛」

Amor

【発見年】1932 年

【発見者】E・デルポルテ（ベルギー）

【大きさ】1km

【公転周期】12.66 年

【名称の由来】ローマ神話の「愛の神」

【記号の由来】二つに分割された心臓

1 小惑星アモルとは

神話……神と人間の一途な純愛物語

小惑星アモルとは、ローマ神話の愛の神です。ここでは、古代の詩人が残した、アモルとその恋人プシュケの物語を紹介しましょう。

ある国にプシュケという美しい王女がいました。美の女神ウェヌスは、自分より美しいという評判のプシュケに嫉妬し、彼女を悲恋に陥れるようにと、息子のアモルに命じます。アモルは人々に恋心を起こさせる魔法の弓矢を持っていたので、そのような仕事は朝飯前でした。ところが、彼はプシュケの美貌に見惚れるうち、うっかり自分の指を矢で傷つけてしまいます。たちまちプシュケのとりこになったアモルは、母の命令に逆らい、彼女との結婚を決意します。

その後、プシュケの両親に「娘を山に置き去りにせよ」という神託が下りました。そうすれば、神々さえ恐れるほどの男が現れ、彼女を妻にするというのです。神の命令に従い、山頂に取り残されたプシュケは、不思議な風に運ばれて宮殿に導かれました。そして、本当に夫が現れ、何不自由のない生活が始まったのです。そこには「妻が夫の顔を見てはならない」という奇妙な決まりがあったものの、プシュケは夫の愛に包まれて充実した毎日を過ごしました。

そんなある日、妹の幸福を妬んだプシュケの姉たちが「お前の夫は怪物に違いない」と意地悪を言いました。不安になったプシュケは、禁を破って夫の姿を見ることにします。ベッドの上でランプの明かりに照らされた夫が、アモルであったことに驚いたプシュケは、うっかりランプの油を夫の背中にこぼしてしまいます。そして、アモルが目を覚ました瞬間、プシュケの目の前からは、夫の姿も宮殿も、跡形もなく消え去ってしまいました。

プシュケは夫の行方を尋ねるために、勇気を出してウェヌスの元に出かけますが、彼女は女神に嫌われていたので、かえって酷いいじめに遭う羽目になります。それでも、プシュケは夫に会いたい一心で、姑の仕打ちに耐え続けました。

その後、火傷が治ったアモルが再びプシュケの前に現れ、二人の関係を認めるよう、神々に熱心に訴えました。さすがのウェヌスも、彼らの一途な気持ちに根負けして、ついに結婚を許したということです。

象徴するもの……純粋な愛情、思いやり

実は、ローマ神話のアモルは、ギリシア神話でエロスと呼ばれる神と同一の存在です。古代ローマ人は、自ら征服したギリシアの文化から大きな影響を受けたのですが、それは神話についても同様だったのです。エロスとアモルは、どちらも背中に生えた翼で自由に天を飛び回り、魔法の弓矢を乱射して回りました。しかし、この二人には違いがあります。それは、そのまま小惑星のエロスとアモルの意味の迷いとして考えることができます。

古代の芸術家たちが残した文学や絵画の中で、エロスのイメージがアモルに引き継がれていく過程を観察すると、そこには興味深い変化が見られます。もともと青年の姿だったエロスが、時

代を追うごとに年が若くなり、ローマでアモルになった頃には、すっかり幼児化しているのです。この変身の過程を象徴的にとらえると、小惑星エロスが激情や性衝動を伴う愛欲の象徴である一方で、アモルはもっと素朴で無邪気な愛情を表す天体であると解釈できます。

先に紹介した物語でも、かつては人々の心をもてあそんでいた性悪な神が、自ら恋に落ちたことで、人を愛することの喜びと苦しさを身をもって体験しています。そして、魂を意味する名前のプシュケが、神と人間の境界を越えて天界でアモルと結ばれるという結末は、いわゆるソウルメイト（魂の友）の出会いを象徴していると思われるのです。

小惑星研究の第一人者デメトラ・ジョージは、小惑星アモルに「他者への好意や思いやり」というキーワードを当てはめ、それは「恋に落ちる」のと対照的な「愛している」という状態を表すと説明しています。実際、ホロスコープの中でアモルの位置を観察すると、私たちが誰かに親密な感情を持つ時に、この小惑星が働いているケースが多いのです。その一方で、アモルの記号が「分割された心臓」であることにも注目してください。占星家ラング＝ウェスコットの言葉を借りれば、アモルの記号を左右に分かつそのラインは、人々が愛や受容を求めると同時に、自分の心を他者からの攻撃や支配、依存といったものから守るために、精神的な「境界線」を必要としている矛盾を示しているのです。プラトニックな愛は、純粋であるがゆえに汚れたり傷ついたりしやすいというわけです。

この章で占うこと

巻末の小惑星運行表を使って、小惑星アモルのいる星座を調べてください。

最初は、あなたが他者を愛し、ポジティブな関係を作っていくための理想のスタイルを占っていきます。また、あなたが陥りがちなネガティブな人間関係のパターンも分析し、その解決のヒントも差し上げます。

次に、あなたのソウルメイトというべき親友のイメージを太陽星座別に紹介してあります。なお、ここでは便宜的にアモルの愛を友人関係の中で働いているように解説していますが、もちろん恋人や配偶者、あるいは両親や子供といった関係でも、普遍的な愛が育まれる可能性があります。ソウルメイトとは、性別や社会的な立場とも無関係に結ばれる、純粋に精神的なリンクだからです。

Amor

アモルが

牡羊座

変化と刺激で日常生活に
新たな風を起こしたい

理想の友人関係

未知の可能性を切り開くチャレンジ精神を象徴する牡羊座にアモルを持つあなたにとって、友人とは会うたびに自分の生活をフレッシュにしてくれるような、刺激的でクリエイティブな存在でしょう。

あなた自身も、何かを思い立ったらすぐに行動に移すタイプかもしれませんが、その傾向は、心を許した仲間と共にいる時に、最も顕著に現れるのではないでしょうか?

実際、あなたが好んで交際する友人には、極めて個性的でエネルギッシュな人が多く、仕事やプライベートにおけるさまざまなシチュエーションで、自分の未知の可能性を追求しているはずです。時には派手な失敗も犯しますが、少なくとも、変わり映えしない毎日に不満を漏らすようなことはありませんから、つき合っていてとても気持ちがよいのです。

場合によっては、仲間たちと新しいコンセプトや目的意識を掲げてグループを作り、周囲の人々をびっくりさせるような先駆的な行動を起こすかもしれません。特に、あなたと実力を認め合い、互いの言動によってチャレンジ精神を刺激し合える友人がいるとしたら、それこそがあなたの無二の親友であると考えてよいでしょう。

友人作りの問題点

あなたが友人関係に恵まれていないとしたら、誰かに自分の存在を認めてもらうことだけに意識を向けているのが原因でしょう。

牡羊座のアモル意識が十分に成熟していない人は、どうしても自己愛的な傾向から脱し切れず、友人は自分の価値を証明するために存在すると思い込んでしまいます。そして、少しでも自分より優れた才能や功績を持つ人や、自分に反対意見を述べる人などを敵視して、目の前から排除しようとするのです。

その結果、周りには誰もいなくなるか、何の見どころもないつまらない人間だけに囲まれる生活となってしまいます。人生に進歩がなく、自分のことすら愛せなくなってしまうでしょう。

真の友情を育むために

あなたが真の友情を持ちたければ、この世界に他者が存在することに、感謝の気持ちを持つ必要があります。

まずは、誰かとの競争に勝つことを目的化するのはやめて、その旺盛なファイティングスピリットを自分自身との戦いに振り向けてください。意識のベクトルが自己の限界に挑むという方向に変化すれば、友人たちとつまらないことで張り合う気持ちはなくなるばかりか、とても優しくできるようになるはずです。

そうすると結果的にあなたは、人生に意欲的になり、なおかつ人を受け入れる度量もあるリーダー的な存在として、たくさんの人望を得ることになるでしょう。

♈ 牡羊座生まれ

あなたの親友となる人は、負けず嫌いでいつも誰かと張り合っているようなタイプです。あなたとはライバルとして出会う可能性が高いのですが、やがて篤《あつ》い友情で結ばれます。ケンカをしても恨みを残さないようにしましょう。

♉ 牡牛座生まれ

あなたに必要な友は、世のため人のために人生を捧げるタイプです。エゴを捨てて身を粉にして働く姿は、私利私欲に走りがちなあなたに転換を迫ります。相手はお人よしで他人に利用されやすいので、注意してあげましょう。

♊ 双子座生まれ

あなたが友情を育む相手は、時代の最先端を走る革新的なタイプでしょう。アイデアが爆発的に豊富なので、あなたの試みに協力してもらえれば、成果が上がります。あなたのスタンドプレーは反感を持たれるので控えましょう。

♋ 蟹座生まれ

あなたには、いつでも上を目指して努力するハングリータイプが親友にふさわしいでしょう。相手の物事を最後までやり遂げる地味さと、責任感は見習うべき。あなたの夢を現実にする知恵を貸してくれるので大切にしましょう。

♌ 獅子座生まれ

あなたの親友には、開放的で根っからポジティブ思考の人がよさそうです。相手は人生の意義を真剣に考えるので、すぐに意気投合できるはず。あなたは近視眼的になりやすいので、幅広い人生の選択肢を教えてもらいましょう。

♍ 乙女座生まれ

あなたの親友となる人は、頑固で自己主張もあるアクの強いタイプです。相手とは意見の衝突もありますが、優れた洞察力であなたの潜在能力を発揮してくれます。信頼関係を保つには、二人の間にある秘密を絶対に守りましょう。

♎ 天秤座生まれ

あなたに必要な友は、自立した精神と他者への配慮を兼ね備えたタイプです。特に同じ目的があればベストコンビになれるはずです。相手の、人々の立場や感情を考えつつ行動する部分は、あなたの方から進んで見習いましょう。

♏ 蠍座生まれ

あなたが友情を育む相手は、実力で世の中を渡り歩く一匹狼タイプでしょう。そのような人とならば、尊敬し合いながら付かず離れずの関係を続けることができるはず。理屈っぽいお小言も、貴重なアドバイスとして受け止めましょう。

♐ 射手座生まれ

あなたには、夢に向かってひたすら突き進む、ロマンに溢れた人が親友にふさわしいでしょう。相手の情熱に共感し、切磋琢磨《せっさたくま》し合えます。ただ、ささいなことで張り合って、双方の進歩が止まることもあるので気をつけましょう。

♑ 山羊座生まれ

あなたの親友には、他者を思いやるハートフルな人がよさそうです。相手は、仲間を助けるという目的さえあれば、積極的に動くタイプです。共通点は少ないものの、いざとなったら頼りになる友人なので大切にしましょう。

♒ 水瓶座生まれ

あなたの親友となる人は、頭脳明晰で好奇心も旺盛な情報通タイプです。相手は挑戦意欲をそそる話題を持っていて、とても刺激的なつき合いが続きます。ただし、当人は「言ってみただけ」が多いので、行動まで期待しないこと。

♓ 魚座生まれ

あなたに必要な友は、優れた直感力と豊かな感性を兼ね備えたタイプでしょう。二人一緒なら大胆かつ慎重な行動ができます。相手は成果主義なので、チャレンジに意義があるというあなたの発想は通じないため注意しましょう。

Amor

アモルが

牡牛座

感性と楽しみを共有しながら
時間をかけて理解していく

理想の友人関係

物質世界への豊かな感受性を象徴する牡牛座にアモルを持つあなたにとって、友人とは感覚的な楽しみを共有しながら、人間性をより洗練させていく存在と定義してよいでしょう。実際、あなたが好んで交際している友人たちは、審美的で五感が発達しており、モノの価値を理解できるタイプが多いのではないでしょうか? そして、仲間と一緒に芸術やグルメに親しんだり、ファッションの話題で盛り上がったりすることが、あなたにとって何よりも楽しく充実した時間となるはずです。

しかし、あなたはそんな友人関係の中で、ただ物質的な快楽に浸っているわけではありません。文化的な生活の中で、快適さや感動を分かち合っていくことが、他者と心を近づけ、魂のレベルでの交流すら可能にすることを、あなたはよく知っているのです。

その一方で、あなたが心から信頼できる友人は、比較的少数かもしれません。その代わり、いったん誰かと親しくなると、その交際はとても濃厚で、長続きする傾向があります。噛めば噛むほど味の出るような、深い人間性を持つ友人が一人でもいるとしたら、それこそあなたの無二の親友なのかもしれません。

友人作りの問題点

あなたが友人関係に恵まれていないとしたら、それは自分の好みやセンスを絶対的な基準にして生きていることが原因かもしれません。

牡牛座のアモル意識が十分に成熟していない人物は、偏った美意識にとらわれることで、自分が感覚的に違和感を感じる人のことを「人間としての価値も低い」などと決めつけてしまう傾向があります。それが極端化すると、自分の世界は自分しか理解できないし、別に他人からも理解してもらう必要はないとすら思い込むようになってしまうのです。

そうして、「特別な人間」であるあなたの周りに見えない壁ができることで、結局、誰もいなくなってしまうでしょう。

真の友情を育むために

あなたが真の友人関係を持つためには、人々の多様な感性や価値観に対し、もっと寛容な態度を取ることです。

まずは、自分とはセンスが異なる人に出会った時に、反射的に距離を取ろうとする癖を改めて、相手の魅力を見つけて少しでも味わう意志を持つようにしてください。そうすると、自分が食わず嫌いだったことに気づき、生活の楽しみが意外な方向に広がっていくという経験をすることができるはずです。

さらには、たとえ趣味を共有できない相手であっても、互いのユーモアや知性、情熱といった人間性に触れ合っていくことで、友情を結べるようにもなれるでしょう。

♈ 牡羊座生まれ

あなたが友情を育む相手は、屈託のないあっけらかんとしたタイプでしょう。感覚的な楽しみを徹底して追求する人なので、一緒に過ごすと心身が満たされます。ただし、怠惰や現実逃避などの傾向も互いに誘発しやすいので注意。

♉ 牡牛座生まれ

あなたには、生活に変化を求めるタイプが親友にふさわしいでしょう。相手が趣味を変えたり、引っ越しを繰り返したりするのは、発展志向の表れ。あなたまでかき乱されますが、それをきっかけに人生の楽しみ方がわかるはずです。

♊ 双子座生まれ

あなたの親友には、想像力豊かで芸術センスに溢れた人がよさそうです。相手は、名誉や富に関心のないタイプで、経済的には恵まれないかもしれません。しかし、生きる喜びをわかり合える貴重な友なので大切にしましょう。

♋ 蟹座生まれ

あなたの親友となる人は、ユニークで優れた先見性を持つタイプです。相手の生活方針には一貫性がないかもしれませんが、こだわりのなさが未来の可能性を切り開きます。あなたが行き詰まった時は、相手から刺激を受けましょう。

♌ 獅子座生まれ

あなたに必要な友は、古き良き伝統に高い価値を感じるタイプです。一昔前の生活習慣やレトロな道具などを好む相手の影響を受け、あなたも流行に流されない生き方を確立できます。相手の堅実さは見習うべきでしょう。

♍ 乙女座生まれ

あなたが友情を育む相手は、エネルギッシュで文化的にも洗練されたタイプでしょう。趣味人でもある相手に、あなたがついていくのは大変かも。しかし、積極性を身につけるために、マイペースでもよいのでつき合ってみましょう。

♎ 天秤座生まれ

あなたには、人に誠実なタイプが親友にふさわしいでしょう。相手が気を許すのに時間がかかりますが、信頼関係を築けば一生涯の友となってくれます。価値観が真逆でも、それを前提にしていれば意外と楽につき合えるでしょう。

♏ 蠍座生まれ

あなたの親友には、シンプルかつ美しい自己表現ができる魅力的な人がよさそうです。相手は幅広い人脈を持つので、あなたにも人間関係を広げるチャンスを与えてくれます。意外とシャイなので、時間をかけて親密になりましょう。

♐ 射手座生まれ

あなたの親友となる人は、清潔で機能的な生活環境を好む質素なタイプです。誠実で自分を飾ることがないので、肩肘張らずにつき合えそう。気が合いすぎて、二人の世界に安住して発展性がなくなる傾向には注意しましょう。

♑ 山羊座生まれ

あなたに必要な友は、ゴージャスで遊び心に満ちたライフスタイルを実践する人でしょう。生活を楽しくドラマチックに演出するセンスは、あなたの価値観に良い影響を与えます。ただし、浪費癖だけはまねしない方がよいかも。

♒ 水瓶座生まれ

あなたが友情を育む相手は、日常に風情を見い出す感性豊かな人でしょう。快適なライフスタイルを追求する相手の影響で、あなたの生活も豊かになります。世話焼きが鬱陶《うっとう》しい時もありますが、感謝の気持ちは忘れないこと。

♓ 魚座生まれ

あなたには、好奇心旺盛で新しいもの好きなタイプが親友にふさわしいでしょう。相手は物知りで多芸多才なので、あなたの生活に新しい風を吹き込んでくれます。悪意のない饒舌《じょうぜつ》には、ユーモアで切り返す心の余裕が必要です。

Amor

アモルが双子座

話術が巧みで話題も豊富
理知的なトークを楽しみたい

理想の友人関係

変化の激しいフレッシュな環境を好む双子座にアモルを持つあなたにとって、友人とは自由で刺激的な時間を共有していける仲間だと定義してもよいでしょう。実際、あなたは幅広い交友関係を持っていますが、それはどんな話題にでもついていけるような、当意即妙のコミュニケーション能力を備えているからです。そして、バラエティー豊かな個性を持つ友人に囲まれて、ウィットに富んだ会話を心置きなく楽しんでいる時に、あなたは最も友情の素晴らしさを感じるのです。

そんなあなたの友情は、特別な目的意識や感情的なしがらみなどによって作られることはまずありません。なぜなら、あなたを活発な社交に向かわせているものは、打算や身の安全への欲求ではなく、それぞれの友人が持つ人間性への純粋な好奇心だからです。あなたが友情に何らかの見返りを求めるとしたら、それは硬直した魂を揺さぶり、その潜在的な可能性を引き出してくれるような、知的な刺激にほかなりません。

互いの話に積極的に耳を傾け、ユーモアにはユーモアで対応し合えるような友人が、もし今のあなたにいるとしたら、それこそ無二の親友であると考えてもよいでしょう。

友人作りの問題点

あなたが友人関係に恵まれていないとしたら、それは人前で表面的な言葉のパフォーマンスに終始しているような時でしょう。

双子座のアモル意識が十分に成熟していない人物は、自分の知性を人々に認めさせることだけに意識を取られているため、他者の話に興味を持つことができません。そのため、一見、会話を楽しんでいるようでいて、友人の言葉の意図を正確に理解していないので、結果的に話題がすれ違ってしまうのです。会話が通じないあなたと話をしても、友達は面白いはずがありません。

そして気がつくと、「自分の話しかしない人」というレッテルを張られ、誰からも相手にされなくなってしまうのです。

真の友情を育むために

あなたが真の友人関係を持つためには、対話をする相手が持つ世界観を理解して、その独自性を積極的に楽しもうとする気持ちを持つ必要があります。

まずは、少しでもよいので自己顕示欲をセーブして、意識して周囲の人々との会話で聞き手に回ってみてください。そうすると、あなたは他者のユニークな考え方を知ることの楽しさを身をもって理解できるはずです。

また、他者のユーモアに触れることを通じて知性が磨かれ、あなた自身にも本物の機知と会話センスが身につきますから、楽しくて有意義な話ができる友人たちが自然とあなたの周りに集まってくることでしょう。

♈ 牡羊座生まれ

あなたの親友には、好奇心旺盛で生活に変化と刺激を求めるタイプがよさそうです。出会ってすぐに意気投合し、時が経つのも忘れて会話に没頭する仲となります。ただし、あなたが自分の話ばかりすると離れていくので注意。

♉ 牡牛座生まれ

あなたの親友となる人は、独自の人生観とライフスタイルを持つ、わが道を行くタイプです。変化を嫌う人ですが、個性的なセンスと価値観で、楽しい交際ができるはず。シャレや冗談が通じないので、言葉には注意してください。

♊ 双子座生まれ

あなたに必要な友は、個性的で自分を偽ることをしないタイプです。相手は考えをそのまま口に出すので、時には気分を害されることもありますが、不思議と憎めません。心を広く持って、議論を楽しめる仲になりましょう。

♋ 蟹座生まれ

あなたが友情を育む相手は、環境の変化に敏感で繊細なタイプです。相手は口数が少ないのですが、深い洞察力で世の中を観察していることがわかるはず。傷つきやすい人なので、正論でも批判はオブラートに包んで伝えましょう。

♌ 獅子座生まれ

あなたには、反常識的な発想を生み出すユニークな人が親友にふさわしいでしょう。相手は面白いネタを提供してくれるので、話題には尽きません。しかし、あなたが時と場合で意見を変えると、信頼を失うので注意しましょう。

♍ 乙女座生まれ

あなたの親友には、思慮深くて嘘偽りを嫌う真面目なタイプがよさそうです。心を許し合えば、離れていても友として変わらず交際できるでしょう。寡黙な人ですが、慎重に言葉を選びながら話す姿勢は見習いましょう。

♎ 天秤座生まれ

あなたの親友となる人は、柔軟でスピーディーな思考力を持つタイプです。相手は知識欲が旺盛でユーモアのセンスもあるので、刺激的な交際ができます。しかし、悪口を嫌う人なので、毒舌を吐くのは控えた方がよいでしょう。

♏ 蠍座生まれ

あなたに必要な友は、深い洞察力で人の心を見抜く心理学者タイプでしょう。相手はあなたの話や心情を理解してくれるので、いろいろな気づきを与えてくれます。秘密主義者でもあるので、ここだけの話は外部に漏らさないように。

♐ 射手座生まれ

あなたが友情を育む相手は、公正でスムーズな人間関係を作るタイプでしょう。相手は主張と受容のバランスが取れているので、あなたの対人姿勢によい影響を与えてくれます。ただし、優柔不断なので重要な決断を強いないこと。

♑ 山羊座生まれ

あなたには、真面目で物事の細部に気を配るタイプが親友にふさわしいでしょう。器用でサービス精神も旺盛な人なので、困った時には頼りになります。鋭い批判は耳が痛いかもしれませんが、友情の証であると理解すること。

♒ 水瓶座生まれ

あなたの親友には、遊び好きで楽しいことを探しているタイプがよさそうです。相手とはユーモアを交えた交際で、信頼と創造力を高めることができるでしょう。頑固な人なので、意見が衝突した時は、あなたが折れてください。

♓ 魚座生まれ

あなたの親友となる人は、親密で安定した人間関係を求めるタイプです。内気な人ですが、心を許すと多弁になり、自己主張もします。人に甘える傾向もありますが、コミュニケーションの一環なので、ある程度は受け入れましょう。

Amor

アモルが蟹座

家族同様につき合える
勝手知ったる仲になる

理想の友人関係

母が子に与える無条件の愛を象徴する蟹座にアモルを持つあなたにとって、友人とは言葉がなくても親密さを確認し合えるような、家族と同様の存在に違いありません。実際、あなたが親しく交際している友人は、みな温かい思いやりに溢れていて、一緒にいるだけでもほっとできるようなタイプでしょう。そして、何か困難に直面した時に、助けたり助けられたりしながら、その絆を強化していくはずです。

また、あなたの交友関係は、生まれや育ちに共通点の多い、似た者同士が集まるという傾向があります。しかし、あなたは決して閉鎖的で発展性のないつき合いをしているのではありません。あなたはごく日常的なレベルの感情を共有できる友人に囲まれることで、本来の個性や才能が自然と引き出され、自分らしく生きられるようになるからです。そして、いつでも帰ることができる心のよりどころさえあれば、あなたはより多様な価値観を持つ人々に積極的にアプローチして、幅広い友情の輪を広げていくでしょう。

いずれにしても、その人間関係のコアとなるような、無条件に信頼できる友人がいるとしたら、それこそあなたの無二の親友なのかもしれません。

友人作りの問題点

あなたが友人関係に恵まれていないとしたら、それは自分が愛されることだけを求めているのが原因でしょう。

蟹座のアモル意識が十分に成熟していない人物は、友人と共に成長していくことを忘れてしまい、甘えの感情だけを肥大させてしまう傾向があります。そのため、虚弱で傷つきやすい自分のことを、「友達ならば手を差し伸べて助けてくれるのが当たり前のはず」だと思い込んでしまう可能性があるのです。

そして、事あるごとに不安定な感情を友人たちに表現し、自分のことを気遣うように無言の要求を繰り返しますが、結局、その自己中心性が疎んじまれ、人々は去っていくのです。

真の友情を育むために

あなたが真の友人関係を持つためには、その旺盛な感情のエネルギーを、他者を思いやることに向ける必要があります。

まずは、積極的に周囲の人々の気持ちに共感し、その幸福を願って行動するようにしてみてください。自らの意志で弱い人を守ったり、孤独な人を慰めたりしていくのです。そうして、誰かのために力を使うことを続けていると、あなたは日増しに強い人間へと成長していき、すぐに人に頼ろうとする幼児的な感情も、いつの間にか消えていくはずです。

その結果、あなたは親切で頼りがいのある友人として、多くの仲間に囲まれ慕われるようになるでしょう。

♈ 牡羊座生まれ

あなたに必要な友は、人懐っこくて甘え上手なタイプです。相手には、人を利用しようとする悪意がないため、つい世話を焼きたくなりそう。でも、あなたに頼ると成長できないため、時には相手を突き放すことも必要でしょう。

♉ 牡牛座生まれ

あなたが友情を育む相手は、自由でこだわりのない生き方をする人でしょう。あなたと微妙な距離を保とうとするのは、人に束縛されることを嫌っているから。付かず離れずの関係を維持しながら、親密な関係を続けましょう。

♊ 双子座生まれ

あなたには、温厚な気質と度胸を兼ね備えた人が親友にふさわしいでしょう。似た者同士なので、相手の気持ちは手に取るようにわかるはず。しかし、感覚的な好みは譲らないので、無理してすべてを合わせようとしないこと。

♋ 蟹座生まれ

あなたの親友には、自立心旺盛なタイプがよさそうです。仲間と群れることを好まない人ですが、あなたと交流するうちに純粋で愛情深い面も見せます。人に頼られることで自信がつくので、時には適度に甘えてあげましょう。

♌ 獅子座生まれ

あなたの親友となる人は、他者の心の痛みに敏感で、困っている人を見ると助けずにはいられないタイプです。面倒見が良いのですが、気持ちが優しすぎて利用されやすい面も。結果的にあなたが守ってあげる必要があるでしょう。

♍ 乙女座生まれ

あなたに必要な友は、個性的で自主独立の生き方をつらぬく人です。相手の人当たりは淡白ですが、実は人間に対する理解力と博愛精神を持っています。あまり相手のプライベートに干渉しない方が、良い関係を続けられるでしょう。

♎天秤座生まれ

あなたが友情を育む相手は、真面目で責任感も強い、常識人タイプでしょう。あなたには誠実な態度で接してくれますが、なかなか打ち解けにくい傾向も。本音で語り合えるには時間はかかりますが、良い人なので大切にしましょう。

♏蠍座生まれ

あなたには、楽天的でチャレンジ精神も旺盛な人が親友にふさわしいでしょう。行動範囲がずば抜けて広い人なので、あなたの世界観も広がるはず。積極的に交際すべきですが、相手は依存されるのが嫌いなので注意してください。

♐射手座生まれ

あなたの親友には、運命的な人間関係を信じるスピリチュアルな人がよさそうです。相手とは特別な縁を感じ合い、交際も長く続くでしょう。しかし、未熟さゆえに衝突することも多いので、常に二人で成長する意志を持ちましょう。

♑山羊座生まれ

あなたの親友となる人は、人の感情や立場への気配りを忘れないタイプです。あなたのことも気遣ってくれますが、ともすると相手にわがままを言いがちになりそう。甘えてばかりいないで、時には積極的に協力してあげましょう。

♒水瓶座生まれ

あなたに必要な友は、人のためになることで生きがいを感じるタイプです。人の役に立つことで自信を持つため、あなたから積極的に頼み事をしてみてください。お説教話も多いのですが、アドバイスとして受け止める余裕を。

♓魚座生まれ

あなたが友情を育む相手は、目立ちたがり屋で人の賞賛を求めるタイプです。子供っぽい自己顕示欲も、あなたにとっては魅力の一つとして映るはず。個性を認めてあげれば次第に落ち着き、あなたに忠実な友となるでしょう。

Amor

アモルが
獅子座

それぞれの個性を尊重し刺激し合って盛り上がる

理想の友人関係

子供のような無邪気な遊び心を象徴する獅子座にアモルを持つあなたにとって、友人とはありのままの個性をクリエイティブに表現していく仲間であると定義してもよいでしょう。実際、あなたが交際している友人たちは、みな独特のキャラクターを持っていて、何らかの創造的な活動で忙しく動き回っているのではないでしょうか？　そして、会うたびに感動的な出来事を報告し合ったり、新しいアイデアを交換したりしながら、互いの意識を盛り上げていくのです。

それでも、あなたと友人の価値観やライフスタイルは、必ずしも似ていないばかりか、全く異質であることも少なくありません。しかし、個人個人が自分らしく振る舞いながら、なおかつ協力体制が作れるというところに、あなたの交友関係の特徴があります。あなたたちに確実に共通しているものは、人生をいかにして面白おかしく生きていくのかというテーマであり、その創造的な過程が共有できることが、あなたにとっての真の友情の証となるのです。

特に、何の損得勘定もなく、ただ互いの生き方を楽しみ合っていける友人がいるなら、それこそあなたの無二の親友なのかもしれません。

友人作りの問題点

あなたが友人関係に恵まれていないとしたら、それは自己顕示欲に支配されてしまっている時でしょう。

獅子座のアモル意識が十分に成熟していない人物は、自分の人生の味気なさを誤魔化《ごまか》すために、常に周囲からの注目を集めようとする傾向があります。そして、自分に関する問題をいつも大げさに表現して、それに取り合ってくれる人々だけを真の友人だと思い込むのです。

しかし、その派手な演出に一時的に引きつけられてきた人々も、結局のところはあなたが自分を実際以上のものに見せかけようとしているだけだと気づきます。真の友人だと思っていた人たちは、みな離れていってしまうでしょう。

真の友情を育むために

あなたが真の友人関係を持つためには、自分が多くの人間の中の一人にすぎないことを悟り、そこから人間関係を再びスタートさせる必要があります。

まずは、人生を心から楽しんでいる人々と出会い、彼らと遊びながらワクワク感を共有しましょう。そうすれば、自分自身の生き方に満足している人間こそが、最も魅力的であることに気づくはずです。また、あなた自身もナチュラルな個性を表現する喜びを知ることができるはずです。自然体でよいということがわかるのです。

その結果、それこそ人に自慢したくなるような個性派の友人たちと、友情の輪を広げていくことになるでしょう。

♈ 牡羊座生まれ

あなたには、良くも悪くも子供がそのまま大人になったような人が親友にふさわしいでしょう。一緒にいると心が解放され、生き方もポジティブになります。しかし、互いの高慢さや無計画さが助長される心配もあるので注意して。

♉ 牡牛座生まれ

あなたの親友には、デリケートで感受性の豊かな人がよさそうです。相手は引っ込み思案で、いつもあなたに追随する印象がありますが、創造力は秀逸です。相手のアイデアをあなたが実行するという役割分担が理想的でしょう。

♊ 双子座生まれ

あなたの親友となる人は、ノリが良くてユーモアの精神に富むタイプでしょう。相手は生活に刺激と変化を求めるので、新しい遊びが開拓できます。ただし、悪知恵や危険な賭けへの興味を吹き込まれることもあるので要注意です。

♋ 蟹座生まれ

あなたに必要な友は、ハイレベルの趣味嗜好《しこう》を持つ文化的なタイプです。人生を楽しむセンスが優れているので、あなたの心も豊かになります。文化志向と経済観念にギャップがありますが、節約の習慣は見習うべきでしょう。

♌ 獅子座生まれ

あなたが友情を育む相手は、意志が強くチャレンジ精神に溢れた人でしょう。一緒にいると人生は間違いなく創造的になるはず。ただ、目的意識のズレに気づかないまま動き出す傾向もあるので、意識して計画性を持ちましょう。

♍ 乙女座生まれ

あなたには、幼少時の夢を忘れないロマンチストタイプが親友にふさわしいでしょう。根っから無邪気な人なので、あなたを童心にしてくれます。一緒に創造的な活動をする時は、スタートも仕上げもあなたが主導してください。

♎ 天秤座生まれ

あなたの親友には、自由でエキセントリックな感性を持つ個性派タイプがよさそうです。豊富なアイデアと幅広い人脈で、あなたの生活を刷新してくれるでしょう。ただ相手はスタンドプレーを快く思わないので注意してください。

♏ 蠍座生まれ

あなたの親友となる人は、ストイックで地に足の着いたタイプです。一見、没個性的に見えますが、実際は大きな野心と実行力を備えている人。あなたの個性的なアイデアを、具体的な形に落とす知恵を貸してもらうとよいでしょう。

♐ 射手座生まれ

あなたに必要な友は、気の向くままに生きる自由奔放なタイプです。相手は人生を一つのドラマとして考えているので、ロマンを追求すると意気投合できます。ただ、二人で現実逃避的な生活に陥る心配もあるので注意して。

♑ 山羊座生まれ

あなたが友情を育む相手は、莫大な感情エネルギーを内に秘めたパワフルな人でしょう。相手は、何に対しても真剣で、共同で行う活動にも全身全霊で関わろうとします。やりすぎの傾向はありますが、ある程度は見習うべきでしょう。

♒ 水瓶座生まれ

あなたには、天性の社交家タイプが親友にふさわしいでしょう。相手は人づき合いそのものを創造と考え、会うたびに互いの魅力を引き出し合います。聞き上手な人なので、つい自分ばかり話してしまわないよう注意しましょう。

♓ 魚座生まれ

あなたの親友には、控えめで何事も慎重に進めるタイプがよさそうです。目立つことを嫌う人ですが、知的で一風変わった視点を持つため、楽しく交際できます。あなたのいきすぎた行動にセーブをかけてくれることには感謝して。

アモルが獅子座

Amor

アモルが乙女座

意識を高めて成長を促す
切磋琢磨の関係を求める

理想の友人関係

自己訓練の意志を象徴する乙女座にアモルを持つあなたにとって、友人とは自分がより完全な人間へと近づいていくための鏡のような存在かもしれません。実際、あなたが親しみを感じている友人たちは、それぞれの個性を持ちながらも、生き方にどこかストイックなところがある人ばかりではないでしょうか？　あなたはその交友関係を通じて、仕事や勉強、健康管理、あるいは人間関係などにおける、ある種の完成されたスタイルを学ぼうとしているのです。

もちろん、すべての面で完全な人間は存在しませんから、教えたり教えられたりしながら、互いをより良い状態へと引き上げていく関係であると表現した方が適切でしょう。また、あなたは友人が望んでいることを正確に理解し、それに応えていくことに大きな喜びを感じます。それは、具体的な形で他者の役に立つことが、あなたにとって最も自然な友情の表現方法であり、同時に自分を磨く過程の一環でもあるからです。

もし、今のあなたに、自分に厳しく相手に優しくというスタンスで、互いの教師、あるいは奉仕者としてつき合っていける友人がいるなら、その人こそ無二の親友なのかもしれません。

友人作りの問題点

あなたが友人に恵まれていないと感じているとしたら、誰に対しても正しく完全であることを求めているような時でしょう。

乙女座のアモル意識が十分に成熟していない人物は、親しい人間関係を求めつつも、その鋭い分析能力が暴走し、他者との壁を作ってしまうことがあります。つまり、いつも他人を見下していたり、つまらない欠点を挙げる人に見えてしまったりする可能性があるのです。

しかし、曲がったことを嫌うあまりに、友人として率直なアドバイスを与えているつもりのあなたは、なぜ人々が自分の言葉を歓迎せずに離れていってしまうのか、いつまでも理解できないかもしれません。

真の友情を育むために

あなたが真の友人関係を持つためには、この世には完全な人間など存在せず、もちろん、あなた自身もその例外ではないことを自覚する必要があります。

まずは、周囲の人々の言動を断罪することをやめて、彼らが自然に成長していくのを見守る姿勢を保つようにしてください。その上で、本当に必要だと思われる時にだけ、その人にとって何が最善なのかを一緒に考えていく習慣を持ちましょう。

そうしているうちに、あなたは誰もが備えている自己成長の能力を信じられるようになり、鋭い認識力と思いやりの双方を備えた素晴らしい友人として愛されるようになるでしょう。

♈ 牡羊座生まれ

あなたの親友となる人は、義務や責任を忠実に果たす几帳面タイプです。互いに学んだり奉仕したりしながら、篤い友情を育めるでしょう。相手とは黙っていても気持ちを理解し合えますが、以心伝心に期待しすぎないこと。

♉ 牡牛座生まれ

あなたに必要な友は、人生をギャンブルのように楽しむ大胆不敵なタイプです。閉じこもりがちなあなたの意識を刺激して、人生に新しい可能性をもたらしてくれるでしょう。多少のわがままや無計画さには目をつぶること。

♊ 双子座生まれ

あなたが友情を育む相手は、人懐っこくて面倒見も良い、ハートフルな人でしょう。相手は警戒心が強いのですが、親しくなると家族のように親密な感情を抱き続けます。隠しごとをすると根強い不信感を持たれるので注意して。

♋ 蟹座生まれ

あなたには、アクティブで要領の良い、多芸多才なタイプが親友にふさわしいでしょう。相手は、人の役に立つことを好むので、互いに助け合う関係になります。ただし、かなり優柔不断なので、決断を相手任せにしないこと。

♌ 獅子座生まれ

あなたの親友には、快適なライフスタイルを旨とするマイペースな人がよさそうです。理解し合うのに時間がかかりますが、一生をかけて友情を育めるはず。共に慎重派なので、二人で石橋を叩いてばかりにならないように注意。

♍ 乙女座生まれ

あなたの親友となる人は、エネルギッシュで正義感の強い豪傑タイプです。相手は世の中の不公平や理不尽さに反感を持っていて、あなたと一致団結しそう。ただ、互いにフライングしやすい傾向があるので注意が必要です。

♎天秤座生まれ

あなたに必要な友は、豊かな共感力と自己犠牲の精神を持つ人です。他者に奉仕したい意志が共通するので、互いに助け合いながら絆を深められます。相手には曖昧なところがありますが、包容力で理解しましょう。

♏蠍座生まれ

あなたが友情を育む相手は、個性的な視点を持ったエキセントリックな人でしょう。相手の反常識的な発想は、あなたの視界を広げてくれそうです。その一方で、あなたも優れた常識感覚で相手の役に立ってあげるとよいでしょう。

♐射手座生まれ

あなたには、現実感覚とたゆまぬ向上心を持つ厳格なタイプが親友にふさわしいでしょう。会うたびに襟を正したくなる関係になります。ただし、相手は何でも独りで抱え込む面があるので、さりげなくサポートしてあげてください。

♑山羊座生まれ

あなたの親友には、細かいことにこだわらない度量の広いタイプがよさそうです。行動はアバウトですが、誠実な人なので、あなたも信頼できるはず。何事も詰めの甘い相手のために、あなたの手腕を生かしてあげましょう。

♒水瓶座生まれ

あなたの親友となる人は、深い愛情と不屈の精神力を持つ、頼れるタイプです。相手は誠実で約束を守る性分なので、鉄壁の友情を築けるでしょう。しかし、私的な部分にも深入りしてくるため、依存関係に陥らないようにして。

♓魚座生まれ

あなたに必要な友は、美しく洗練された人間関係を求めるタイプです。親しい仲にも礼儀を忘れないので、緊張感を失わずに交際できます。あなたが過剰に奉仕すると、相手に精神的な負担をかけてしまうので注意しましょう。

アモルが乙女座

Amor

アモルが天秤座♎

多くの人と触れ合う中から
対等な関係を育める友を選ぶ

理想の友人関係

他者との出会いと交流を象徴する天秤座にアモルを持つあなたにとって、友人とは自分自身の姿を確認するためになくてはならない存在でしょう。実際、あなたは孤独を感じやすいタイプで、一人で過ごすことはあまり好きではないはずです。しかし、幸いなことに、あなたには天性の対人センスがあり、自然で親しみやすい自己表現もできますから、友人を作ることにはそれほど苦労しないでしょう。

その一方で、あなたを社交に向かわせる動機には、出会った人々の個性を観察し、バリエーションを楽しみたいという積極的なものもあります。あなたの生活は、自分自身も含めて、生まれも育ちも異なるさまざまなキャラクターの友人たちが、どれだけ有意義で気持ち良く共生していけるのかを、日々実験しているようなものなのです。

ですから、あなたが友人同士の間に立って、意思の伝達や調整を行い、人間関係に調和をもたらす役割を負う機会が多いのは、当然の成り行きだといえるでしょう。なかでも、互いの個性を曇りのない心で理解し合い、対等かつクリエイティブな関係を続けられる友人がいるとしたら、その人こそあなたの無二の親友なのかもしれません。

友人作りの問題点

あなたが友人に恵まれていないとしたら、それは良い人であると思われたいという欲求に支配されていることが原因でしょう。

天秤座のアモル意識が十分に成熟していない人物は、他者と理解し合い、バランスの良い関係を作ろうとする感覚が上手くつかめないという傾向があります。そして、ひたすら他人の意見に同調することで、表面的な調和を維持しようとするのです。

しかし、うわべだけを愛想良くしても、誰も本当のあなたを理解してくれません。その結果、自己中心的な人々に振り回されるだけの、孤独でストレスに満ちた毎日を送ることになってしまうでしょう。

真の友情を育むために

あなたが真の友人関係を持つためには、自分の考えていることや感じたことを、他者に素直に表現していくことが必要です。

まずは、相手の主張や反応で様子を見ながら、後出しで自分の意見を出そうとする今までのパターンは改めてください。少しずつでよいので、あなたから先に自分の立場を表明する練習を、日常的な場面で積んでいくのです。

そうすれば、たとえ友人と意見が異なっていても、それが関係を壊すどころか、ますます親密になるきっかけにもなり得ることに気づき、あなたは次第に孤独から解放されるでしょう。それが、互いの人間性を理解し合い、心から尊敬し合える関係を作る第一歩となるのです。

♈ 牡羊座生まれ

あなたが友情を育む相手は、公平で調和に満ちた人間関係を好むタイプです。親しき仲にも礼儀を忘れない人なので、息の長い交流を続けられます。良い顔だけを見せ合う関係で終わらないために、あなたから積極的に自己開示を。

♉ 牡牛座生まれ

あなたには、仲間の役に立つことが生きがいの、サービス精神旺盛な人が親友にふさわしいでしょう。あなたとは、持ちつ持たれつの友情を育みます。しかし、相手は勘が鋭くないので、お願いはなるべく具体的にしましょう。

♊ 双子座生まれ

あなたの親友には、一度会ったら忘れられない、キャラクターの濃い人がよさそうです。少々演技がかっている人ですが、決して自分を偽っているのではありません。あなたも創造的な、自己表現の喜びを教えてもらいましょう。

♋ 蟹座生まれ

あなたの親友となる人は、親しい人との情緒的なつながりを大切にするタイプです。人間関係を重視する人ですが、好き嫌いの激しいところが難点かもしれません。しかし、自分の気持ちに正直な生き方は大いに見習うべきでしょう。

♌ 獅子座生まれ

あなたに必要な友は、知的でバラエティーに富んだ人間関係を楽しむタイプです。相手は当意即妙のコミュニケーション能力を持つので、あなたのウィットも洗練されます。本音を語り合うには、あなたから自己開示してください。

♍ 乙女座生まれ

あなたが友情を育む相手は、独自の価値観やセンスにこだわる人でしょう。相手はあまり社交的ではありませんが、あなたは友人として歓迎されます。あなたは個性を大切にした生き方を、相手から教えてもらいましょう。

♎ 天秤座生まれ

あなたには、思いつきを実行に移す直感的なタイプが親友にふさわしいでしょう。場の空気が読めない人ですが、表裏のない個性は信頼を置けるはず。あなたから意識して自己主張することで、二人のバランスが保てるでしょう。

♏ 蠍座生まれ

あなたが友情を育む相手は、どんな人でも受け入れる包容力を持ったタイプです。人間関係で疲れたあなたの心を癒してくれるでしょう。相手は優れた才能を眠らせているので、それを引き出してあげるのが、あなたの役目です。

♐ 射手座生まれ

あなたの親友には、個性豊かな人との交流を生きがいにするタイプがよさそうです。あなたとは自由で対等な関係を確立し、幅広い友情の輪を広げられるでしょう。ただし、あなたの事なかれ主義は改めた方がよさそうです。

♑ 山羊座生まれ

あなたの親友となる人は、厳しい競争社会に身を置くタイプです。野心的で上下関係にも敏感な人ですが、あなたとなら同じ目線でつき合えるはず。良い関係を保つためには、無用にライバル意識を刺激しないように注意して。

♒ 水瓶座生まれ

あなたに必要な友は、自由でオープンな人間関係を志向するタイプです。相手からは少々挑発的な発言もありますが、それがあなたの自己主張を引き出します。その一方で、あなたは相手に他者への配慮を教えてあげましょう。

♓ 魚座生まれ

あなたが友情を育む相手は、何事にも全身全霊で取り組もうとする一極集中タイプでしょう。決して自分を偽らない人なので、本音でつき合えます。ただし相手は独占欲が強いので、閉鎖的な関係にならないように注意しましょう。

アモルが天秤座

Amor

アモルが蠍座

人生を変えるほどの影響を与え合いつつ信頼を深めたい

理想の友人関係

人と人の深い感情的な一体感を象徴する蠍座にアモルを持つあなたにとって、友人とはある種の運命共同体のような存在であるはずです。実際、あなたにとってはディープな友情だけが意味を持っており、結果的にごく限られた数の友人と濃密な関係を作っていくことになるでしょう。しかも、あなたが一度でも真の友と見なした相手とは、よほどのことがない限り、生涯を通じてつき合っていくことになります。その交際は極めて真剣で、場合によっては親兄弟や恋人よりも大切にしたいという感情に駆られることもあります。

あなたがそこまで友人関係に没入する動機は、全く異質の精神を持つ他者との魂の融合を通じて、人間性を根本から変化させたいという深層欲求にあります。ある特定の友人との関係に莫大なエネルギーを注いでいるうちに、双方の意識の持ち方や人生の方向性がすっかり変わってしまっていたという体験は、決して錯覚でも偶然でもなく、あなた自身が望んだ結果なのです。

特に、互いに何度も意識の変容を繰り返しながらも、信頼と忠誠だけは変わらない友人がいるとしたら、その人こそあなたの無二の親友なのかもしれません。

友人作りの問題点

あなたが友人に恵まれていないとしたら、それは他者への一時的な感情を絶対的な基準にして行動してしまうことが原因でしょう。

蠍座のアモル意識が十分に成熟していない人物は、対人感情が極端な方向に傾きやすく、好きか嫌いかの二者択一しかできなくなる傾向があります。そして、信頼していた友人が少しでも過ちを犯し、自分を傷つけたり失望させたりすると、とたんに報復や絶交といったネガティブな対応をしてしまうのです。

しかし、怒りや悲しみなどの感情に心を支配され続ける限り、友情を取り戻す機会を自ら無にすることになります。結果的に孤独な人生を送ることになってしまうでしょう。

真の友情を育むために

あなたが真の友人関係を持つためには、自分自身が過ちを犯す可能性がある以上は、友人の間違いも許してあげなければならないと認める必要があります。

まずは、あなたを孤独にしている原因が、自分の狭量な心の習慣にあることを認めましょう。そして、いさかいを起こして心に溝ができてしまった友人に、勇気を出してあなたから歩み寄ってください。

そうすれば、友情を修復する過程でこそ、傷ついた心が癒されるという真実に気づくことができるはずです。一度失った友情を回復させることで、あなたは生涯を通じてつき合える親友を持つことができるでしょう。

アモルが蠍座

牡羊座生まれ

あなたには、運命の出会いを信じるスピリチュアルな人が親友にふさわしいでしょう。相手は、あなたとソウルメイトであると直感的に感じ取ります。しかし、過剰に甘え合う不健全な関係にも陥りやすいので注意しましょう。

牡牛座生まれ

あなたの親友には、物事を公平な視点から観察できるニュートラルなタイプがよさそうです。一定の距離を保ちつつ、あなたの成長を評価してくれる人でしょう。しかし、友人だからといって過剰な贔屓《ひいき》を期待しないこと。

双子座生まれ

あなたの親友となる人は、勤勉なタイプでしょう。相手はとても奉仕的で、地道な努力で培った知識や技術が役に立つことを喜びとします。しかし、プライバシーの侵害に敏感なので、親しくなってもその点には配慮しましょう。

蟹座生まれ

あなたに必要な友は、いつまでも子供のような無邪気さを保つ人でしょう。相手はラフで無防備な性格なので、振り回されることもしばしば。ズケズケとものを言う傾向もありますが、悪意はないので聞き流すようにしましょう。

獅子座生まれ

あなたが友情を育む相手は、情によって結ばれた温かい人間関係を求めるタイプです。感情を敏感に察知する人なので、誠実なあなたにはそれ以上の誠実さで応えようとします。ただ、相手は甘やかすとだらしなくなるので注意して。

乙女座生まれ

あなたには、自由闊達《かったつ》な人生を志向する人が親友にふさわしいでしょう。ただし相手には、他者への興味を持ちつつ、急激に関係が深まるのを避ける傾向があります。友情を育むためには、少しずつ心の距離を縮めましょう。

天秤座生まれ

あなたの親友には、頑固一徹なタイプがよさそうです。変化を好まず、他人にもなかなか心を開かない人ですが、あなたの誠実さは尊敬されます。理解できない点があっても、簡単に友情を放棄しないようにしましょう。

蠍座生まれ

あなたの親友となる人は、生涯をかけて自分探しの旅を続ける魂の放浪者タイプでしょう。相手はチャレンジを繰り返すので、あなたにも新鮮な空気を流し込んでくれます。協調性に欠けるため、二人三脚での行動は期待しないこと。

射手座生まれ

あなたに必要な友は、深い共感性と柔軟な適応力を持つ、女性性の強いタイプです。互いに与える影響が強いので、交際するうちに似た者同士になるはず。ただし、優しさにおぼれて怠惰になりやすい傾向には注意しましょう。

山羊座生まれ

あなたが友情を育む相手は、新しい時代の空気を求める改革者タイプでしょう。二人で社会の刷新を目指しますが、それは自分たちの成長の過程でもあります。相手は博愛の人なので、自分を特別扱いすることは求めないこと。

水瓶座生まれ

あなたには、感情を統制する冷静沈着なタイプが親友にふさわしいでしょう。相手は友人を大切にしますが、ベッタリした関係は好まない傾向も。少々よそよそしい態度が感じられても、友情を疑ったりしないようにしましょう。

魚座生まれ

あなたの親友には、未知の世界に目を向ける探検家タイプがよさそうです。相手は特定の人間関係に縛られることを好まないので、あなたとは付かず離れずの交際になります。アバウトな側面は愛嬌《あいきょう》だと思って大目に見ましょう。

アモルが蠍座

アモルが射手座

息の長い友情を育む傾向
視野を広げて自由を追求する

理想の友人関係

　人間の精神性の限りない可能性を象徴する射手座にアモルを持つあなたにとって、友人とは共に自由な知性を磨き合ったり、行動範囲を広げていったりする仲間であると定義できるでしょう。実際、あなたが交際している友人たちは、驚くほど好奇心に溢れていて、いつでも勉強したり、何かを見に出かけたりしているようなタイプが多いのではないでしょうか？　そして、そんな仲間たちと集まっては、知的なゲームとしての議論や、冒険的な活動などに熱中することで、あなたの意識は解放され、より広い視野を獲得していくのです。

　また、あなたの友人関係のもう一つの特徴として、物理的な距離や時間の制約を受けないことが挙げられます。つまり、誰かと一度信頼関係を築けたなら、たとえ長い間離れ離れになっても、その気持ちはほとんど変化しないのです。そのため、あなたの交友範囲は時とともに増加していき、友人同士が思わぬところでつながることも少なくないでしょう。

　なかでも、長い人生の旅路で離れたり再会したりを何度も繰り返しながら、その友情を確かめ合っていけるような友人がいるなら、その人こそあなたの無二の親友なのかもしれません。

友人作りの問題点

あなたが友人関係に恵まれていないとしたら、それはあなたの無責任な生活態度が原因となっているからかもしれません。

射手座のアモル意識が十分に成熟していない人物は、自由の追求を至上のテーマとして掲げながら、自分の言動が周囲にどのような影響を与えるのかを全く考えていません。そして、いつも独りよがりで無軌道な行動を起こしては、友人たちを巻き込み、最後にはすべてを投げ出すことを繰り返すのです。

その結果として、初めはあなたを面白い人だと好意的に思っていた人々も、そのいい加減な態度に呆れ果て、いずれはあなたの元を去っていくことになるでしょう。

真の友情を育むために

あなたが真の友人関係を持つためには、自由と無責任を混同しないことが必要です。

まずは、仲間の協力を得て何かを始めようとする時には、必ず「最後までやり遂げる」と強く決意してください。そして、あなたの情熱に触発された人々と、ビジョンを形にしていく喜びを実際に経験することです。そうしているうちに、あなたは友人たちと心を一つにすることが、個人の自由を制限するどころか、それぞれの人生により多くの可能性をもたらすことに気づき、人間関係の中で優れたチームワークを発揮できるようになるでしょう。

未来がより豊かになると同時に、多くの友人から尊敬と信頼を寄せられるようになるのです。

♈ 牡羊座生まれ

あなたの親友となる人は、世の中を哲学的な視点で眺める思想家タイプでしょう。二人で異なる意見を戦わせれば必ず得るものがあり、友情も深まるという関係です。自分たちが特別な存在だと思い込む傾向もあるので要注意。

♉ 牡牛座生まれ

あなたに必要な友は、他者との深い感情的な絆の中で人生を築くタイプでしょう。相手の、人間関係や仕事などを大切にする面は、大いに学ぶべきところ。あなたは、秘密を漏らしたり約束を破ったりしないように注意しましょう。

♊ 双子座生まれ

あなたが友情を育む相手は、外向的で人と人を結びつけることに喜びを感じるタイプです。二人を中心にネットワークは限りなく広がるでしょう。ただ、あなたの相手へのストレートな物言いは、TPOをわきまえる必要があります。

♋ 蟹座生まれ

あなたには、几帳面で完璧主義者のタイプが親友にふさわしいでしょう。相手は、あなたが見過ごしがちな細かい問題を指摘してくれそうです。挑戦することに意義がある、というあなたの価値観は押しつけないようにすること。

♌ 獅子座生まれ

あなたの親友には、人生を楽しくすることを常に考えているタイプがよさそうです。快楽重視型の人なので、一緒に夢やロマンを追求できるでしょう。ただ、不快なことや格好悪いことを避けようとする傾向も出やすいので注意。

♍ 乙女座生まれ

あなたの親友となる人は、豊かな感受性と想像力に恵まれたタイプです。相手の心の中には夢やロマンが溢れているので、長くつき合うほど興味をかき立てられそう。ただマイペースな人なので、自分勝手に振り回さないように。

♎ 天秤座生まれ

あなたに必要な友は、情報通で人を楽しませる話術にも長けた人です。打てば響くようなコミュニケーションを通じて、互いの知性を洗練させていけます。二人ともアバウトなので、物事が計画倒れにならないように注意して。

♏ 蠍座生まれ

あなたが友情を育む相手は、物事を着実に積み重ねるタイプでしょう。腰の重たい人に見えるかもしれませんが、やり通す忍耐力は見習うべき。あなたの詰めの甘さをフォローしてくれますが、頼りすぎないようにしてください。

♐ 射手座生まれ

あなたには、未知の世界に憧れを持つ開拓者タイプが親友にふさわしいでしょう。常に新陳代謝を繰り返したい人なので、一緒にいると新しいアイデアが湧き、行動力も倍増します。ただ、無謀な賭けに出る傾向もあるので注意。

♑ 山羊座生まれ

あなたの親友には、人の善意と人生の意義を信じるヒューマニスティックな人がよさそうです。進歩よりも他者と愛し合うことを優先しようとする精神は大いに見習うべき。しかし、相手の優しさに依存しすぎないようにしましょう。

♒ 水瓶座生まれ

あなたの親友となる人は、独創的な発想力を持つアイデアマンです。そのアナーキーな生き方に触れることで、あなたは目からウロコが落ちるはず。常識を逸脱してトラブルを連発しやすいので、最低限のモラルは守ってください。

♓ 魚座生まれ

あなたに必要な友は、世の中の仕組みを理解している現実主義者です。夢やロマンに生きるタイプではありませんが、あなたの理想実現に知恵を授けてくれます。相手は競争心が強いので、無用に張り合わないようにしましょう。

Amor

アモルが山羊座

人生経験が豊富な仲間と
より成熟した友情を育む

理想の友人関係

この世界に確固たる秩序をもたらす意識の象徴である山羊座にアモルを持つあなたにとって、友人とは共に社会的な存在としての節度を守りながら、長い時間をかけてその誠実さを証明していく関係であると定義できるでしょう。

そのテーマは、あなたがまだ成人として社会に出る前から、学校や地域のコミュニティーの中で反映される傾向があり、現にあなたが好んで交際してきた友人たちは、大抵は実年齢以上に成熟しているタイプが多かったはずです。また、自分よりも年上の人々と交流する機会も多く、そのおかげで早くから大人としての自覚を身につけてきたかもしれません。いずれにしても、あなたが求める理想の友情とは、ただ楽しみごとを共有するだけでなく、互いの人生の確かな基盤となるような、信頼と尊敬の念に基づいた関係なのです。

当然、あなたが真の友人として認められる相手は限られてきますが、少数の確かな心の絆さえあれば、あなたはそれで十分に幸福でいられます。特に、どんなに親しくなっても礼儀を忘れることがなく、会うたびに背筋がピンと伸びるような友人がいるなら、その人こそあなたの無二の親友なのかもしれません。

友人作りの問題点

あなたが友人関係に恵まれていないとしたら、それは出会った人々に対して、自分にとっての利用価値で判断しようとしていることが原因かもしれません。

山羊座のアモル意識が十分に成熟していない人物は、他者の人格的なレベルを判断できず、社会的なステイタスのみが友人を選ぶ基準となってしまう傾向があります。しかし、優れた人間性を持つ人々は、すぐにあなたのことを見抜き、いずれは去っていくことになります。

そして、結果的には、やはり他者を利用することしか考えないタイプの人間たちとの、不毛で虚偽に満ちた関係だけが残されるのです。あなたが孤独から解放されることはないでしょう。

真の友情を育むために

あなたが真の友人関係を持つためには、あなた自身の中に、人々に貢献しようとする意志がなければなりません。

まずは、損得勘定で人間関係を作ろうとする習慣を改めて、あなたが友人のために働く機会を増やしましょう。利用するのでも、されるのでもなく、自らの意志で社会に貢献していくのです。そうすれば、あなたの中に本物の自己価値が育っていくと同時に、心から尊敬できる友を選び、彼らと交際を楽しむことができるようになっていくでしょう。

自分を信じることができれば、友情も信じることができます。そうなれば、真の友情は素晴らしい財産であると確信するでしょう。

♈ 牡羊座生まれ

あなたが友情を育む相手は、律儀で慎ましい対人姿勢をつらぬくタイプです。よそよそしい雰囲気のある人ですが、あなたとなら深い信頼関係を築けるでしょう。社会的なステイタスを争うと、友情にヒビが入りやすいので注意して。

♉ 牡牛座生まれ

あなたには、想像力も行動範囲もボーダレスな人が親友にふさわしいでしょう。慎重さに欠ける面は否めませんが、あなたが行き詰まった時に、殻を打ち破るきっかけを与えてくれます。陰と陽のコンビと考えるとよさそうです。

♊ 双子座生まれ

あなたの親友には、めったなことでは動じない強い精神力を持つ人がよさそうです。一つの道を究めようとする姿勢が共通するので、出会ってすぐに固い友情で結ばれます。二人の関係に閉じこもると排他的になりやすいので注意。

♋ 蟹座生まれ

あなたの親友となる人は、エレガントな社交センスで幅広い人脈を築くタイプでしょう。抜群の観察力であなたの魅力を引き出し、生活を一変させてくれます。相手には見栄っ張りな面もありますが、愛嬌としてとらえてください。

♌ 獅子座生まれ

あなたに必要な友は、人格のバランスが良く世間知にも富む常識人です。相手は謙虚で思慮深く、一度信頼関係ができれば、生涯の友として交際していけます。時にはブラックジョークを言いますが、真に受けないように注意。

♍ 乙女座生まれ

あなたが友情を育む相手は、派手好きで人前で物怖じしないタイプです。スタンドプレーが目立つ人ですが、個性を生き生きとアピールする点は、あなたも見習うべき。プライドを損ねると友情にヒビが入るので注意しましょう。

♎天秤座生まれ

あなたには、他者の感情に敏感で気配り上手な人が親友にふさわしいでしょう。相手はムードメーカー的な存在で、あなたにもさりげなく精神的なサポートをしてくれます。時にはケンカもありますが、話せばわかる相手でしょう。

♏蠍座生まれ

あなたの親友には、どんな環境でも適応してしまうサバイバーな人がよさそうです。柔軟な発想力で、あなたの意識に新たな視点を与えてくれます。悪知恵も働く人ですが、時には方便として許容すべきこともあると理解しましょう。

♐射手座生まれ

あなたの親友となる人は、小さな努力をコツコツと積み重ねる地道なタイプです。何事にも堅実な方針をつらぬく人なので、二人で協力すれば大きな仕事を成し遂げられます。ただし利益主義の人なので、その点だけ理解しておくこと。

♑山羊座生まれ

あなたに必要な友は、勇敢でファイティングスピリットに溢れたタイプでしょう。やや協調性に欠ける人ですが、失敗を恐れない姿が、あなたの人生に大きな影響を与えます。無理して相手の歩調に合わせる必要はないでしょう。

♒水瓶座生まれ

あなたが友情を育む相手は、他者に深く感情移入できる共感性豊かなタイプです。世のため人のために自分の人生を捧げる姿には、あなたも共鳴できるはず。あなたの現実的すぎる考え方に反発されることもあるので気をつけて。

♓魚座生まれ

あなたには、世の中の矛盾を鋭く見抜ける賢い人が親友にふさわしいでしょう。社会の常識に従わないことが多い人ですが、合理的な理由を聞けばあなたも納得できるはず。立場の違いを超えて協力し合える関係を目指しましょう。

Amor

アモルが

水瓶座

価値観の異なる者が協力し
共通の目標を達成したい

理想の友人関係

既成概念にとらわれない自由なマインドを象徴する水瓶座にアモルを持つあなたにとって、友人とは互いの個性を維持しつつも、大きなビジョンに向けて連帯していく仲間であると定義できるでしょう。実際、あなたが友人を選ぶ時には、性別や国籍、あるいは思想信条といったものの違いは、全くといってよいほど気にしません。そして、互いの個性やバックグラウンドを尊重し、自分が自分らしくいられる限り、その友情はいつまでも続いていくのです。

また、あなたは共通の目的意識によって結ばれたグループに参加するのが大好きで、仲間と心を一つにして行動することでとても元気になれるはずです。もちろん、目指すゴールは同じであっても、あなたは友人に特定の主義主張を押しつけることはありませんし、逆もまたしかりでしょう。

いずれにしても、そのような自由と平等が徹底されるほど、あなたの友情はより親密で発展的なものになっていくのです。特に、性格的にはほとんど共通点がないのに、将来に同じ夢や理想を抱き、クリエイティブな交際を続けている友人がいるとしたら、その人こそあなたの無二の親友かもしれません。

友人作りの問題点

あなたが友人関係に恵まれないでいるとしたら、それは常に理性的なイメージを崩さないようにしていることが原因でしょう。

水瓶座のアモル意識が十分に成熟していない人物は、周囲の人の人間性を客観的に理解する意志も能力も持たないまま、すべてをわかった上で、受け入れているフリをすることがあります。しかし、初めはあなたをクールで度量が広い人間だと感じていた人々も、いずれはそれがポーズにすぎなかったのだと気づき、失望して去っていくでしょう。

そして、あなたは誰にでも寛大で公平であるはずなのに、なぜかいつまでも孤立し続けてしまうのです。

真の友情を育むために

あなたが真の友人関係を持つためには、人間関係の中で自分の感情や立場を明らかにする勇気を持つ必要があります

まずは、自分にも好きな人と嫌いな人、合う人と合わない人がいることを認め、無理に誰とでも仲良くなろうとする癖を改めてください。そして、時にはあなたが正しいと思った主張を、仲間同士で率直にぶつけ合うという経験もしていくようにしましょう

そうして、自分の「顔」を持つようになったあなたは、友人を失うどころか、本当に信頼し合える仲間を増やすことができるのです。たとえ一時的に対立した人々とも、友情を持つことすら可能になるでしょう。

♈ 牡羊座生まれ

あなたの親友には、古い価値観に背を向けるアウトサイダー・タイプがよさそうです。二人だと過激な発想になりがちで、周囲に混乱を引き起こすことも。生産的な活動ができるように、二人で成長していく意志を持ちましょう。

♉ 牡牛座生まれ

あなたの親友となる人は、目的達成のために一歩一歩進む堅実なタイプでしょう。保守的な印象がある人ですが、実際には壮大で革新的な夢を持っています。少々嫉妬しやすい傾向もあるので、ある程度は他の友人と区別して。

♊ 双子座生まれ

あなたに必要な友は、理想郷を求めて旅を続けるボーダレスなタイプです。相手は、状況が変わるのを待つよりも、自分から動いて変えていこうとするところがあります。一緒にいると無謀な冒険に走る傾向もあるので要注意。

♋ 蟹座生まれ

あなたが友情を育む相手は、強い意志と濃厚な感情を持つクセのあるタイプです。一見、孤独な印象がありますが、少数の友人をとても大切にしています。あなたは他の友人とリンクさせるなら、馬の合いそうな人を厳選すること。

♌ 獅子座生まれ

あなたには、人当たりの良い社交好きなタイプが親友にふさわしいでしょう。自由で有意義な友情の輪が、二人を中心として広がっていきます。本音を隠す傾向があるものの、あなたがオープンになれば徐々に改善されます。

♍ 乙女座生まれ

あなたの親友には、勤勉でサービス精神旺盛なタイプがよさそうです。働かざる者食うべからずの意識が強い人なので、努めて人の役に立とうとします。あなたには厳しい意見が多いのですが、それは友情の証だと考えて。

♎ 天秤座生まれ

あなたの親友となる人は、自己顕示欲旺盛なリーダータイプでしょう。相手は、あなたに一目置いていますが、時にはライバル意識を持つこともあるよう。意識して花を持たせる機会を与えれば、無二の親友になれそうです。

♏ 蠍座生まれ

あなたに必要な友は、心の安らぎを最優先する保護本能の強いタイプでしょう。腰の重たい人ですが、安定した環境のためなら率先してあなたの行動に加わります。人見知りが激しいので、友人を紹介する時は気を遣いましょう。

♐ 射手座生まれ

あなたが友情を育む相手は、他者の個性に強い興味を持つタイプです。優れた観察力で本質を見抜く人なので、あなた自身も意外な可能性や問題点に気づかされます。ただ、相手に責任感と持久力は期待しない方がよいでしょう。

♑ 山羊座生まれ

あなたには、静かで安定した生活を好むのんびり屋が親友にふさわしいでしょう。二人は理解し合えない面もありますが、共通の目的があれば最高のコンビになれます。一緒に行動する時は、なるべく相手のペースに合わせて。

♒ 水瓶座生まれ

あなたの親友には、新しいことに挑戦するのが大好きな行動派がよさそうです。あなたのアイデアに賛同し協力してくれる人になるでしょう。しかし、無計画でフライングを犯しやすい面もあるため、無用に感情を煽《あお》らないこと。

♓ 魚座生まれ

あなたの親友となる人は、豊かな共感力と芸術的感性を持つセンシティブなタイプです。あなたは相手から、行動する前に他者への思いやりを持つことの重要性を教わります。傷つきやすい人なので言葉には注意してあげて。

Amor

アモルが

魚座

求められたら応じる関係に
自らの存在価値を見い出す

理想の友人関係

無償の愛を象徴する魚座にアモルを持つあなたにとって、友人とは自分を必要としている存在であると同時に、心の糧を与えてくれるありがたい存在でもあるでしょう。実際、あなたは周囲の人々が求めているものを敏感に感じ取る能力があり、友人が助けを必要としている時には、惜しみなく救いの手を差し伸べようとするはずです。あなたはその献身に対して、何ら見返りを期待していませんが、友人たちはその純粋に奉仕的な側面をとても尊敬しているでしょう。自己を犠牲にして仲間を助けることは、あなたに大きな自信を与えてくれるのです。

また、あなたの豊かな共感能力は、ただ人々を受け入れるだけではなく、時として驚くほど現実的な問題を解決することがあります。親しい人々の身辺に何かトラブルが起きた時、あなたは問題の本質を鋭く見抜き、適切な対処をしていくことができますが、それもやはり私利私欲を持たず、純粋に友人を思いやる心があるからこそ可能なのです。特に、言葉を介さなくても互いの気持ちを理解し合い、会うたびに心が純化されていくような友人がいるとしたら、その人こそあなたの無二の親友かもしれません。

友人作りの問題点

あなたが友人関係に恵まれていないとしたら、それは自分と他人の間にある感情におぼれてしまっていることが原因でしょう。

魚座のアモル意識が十分に成熟していない人物は、他者の感情に同調しすぎるあまり、理性的な判断力が失われてしまうことが多々あります。そして、悪意ある人々の行動を増長させたり、不安定な人々をますます混乱させてしまったりする可能性があるのです。問題がこじれてしまう危険が多いことも事実でしょう。

その結果、あなたは自分自身の心まで歪《ゆが》めてしまい、いつしか他者を癒すことなどできなくなるばかりか、ごく普通の人間関係さえ作れなくなってしまうかもしれません。

真の友情を育むために

あなたが真の友人関係を持つためには、自分の内面に、自立した精神と合理的な判断力を育てなければなりません。

まずは、誰かの力になろうとする前に、その人がなぜ苦しんでいるのか、本当に助けが必要なのかどうかについて、冷静に分析する習慣をつけるようにしてください。そうすると、あなたは簡単に他者の感情に振り回されなくなり、それぞれの友人にとって何をしてあげることが最善の援助になるのかもわかるようになります。適切なサポートが可能になるのです。

そして、あなたの周りには、自分も友人も一緒に幸福になれる、ポジティブな人間関係が広がっていくでしょう。

♈ 牡羊座生まれ

あなたに必要な友は、他人の幸せが自分の喜びとなるような利他的タイプでしょう。あなたとはまるで家族のように信頼し助け合うことができます。ただ、落ち込むと現実逃避や非常識な行動に走る心配もあるので注意しましょう。

♉ 牡牛座生まれ

あなたが友情を育む相手は、知的で独立心も旺盛な完全無欠タイプです。差別や偏見を嫌う面が似ているため行動を共にするようになるでしょう。相手は人に頼ることを嫌うので、過剰な世話焼きはしないようにしてください。

♊ 双子座生まれ

あなたには、真面目でコツコツと努力を積み重ねるタイプが親友にふさわしいでしょう。自分の感情を抑圧しがちな人ですが、あなたの前では素の自分になれるはず。プライベートに干渉しすぎない方が上手くいくでしょう。

♋ 蟹座生まれ

あなたの親友には、スピリチュアルな価値観を持つ人がよさそうです。二人共、目に見えない真実を鋭く見抜くので、哲学的な会話が多くなるはず。世のため人のためになる共通の目標を持って、一緒に生産的な生活をしましょう。

♌ 獅子座生まれ

あなたの親友となる人は、清濁を併せ飲む濃厚な感情を持つタイプです。あなたとは絆で結ばれ、一心同体のような関係になります。しかし、あなたが強い自我を持っていないと、相手の意志に振り回されるので注意しましょう。

♍ 乙女座生まれ

あなたに必要な友は、ポジティブで心地良い関係作りが上手な人でしょう。他者への思いやりを適切に表現できる人なので、あなたは大いに学ぶことができそうです。ただし、互いに甘やかす傾向があるので気をつけましょう。

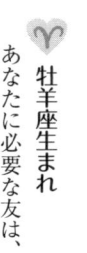

天秤座生まれ

あなたが友情を育む相手は、人に頼られることを生きがいとする親分肌のタイプでしょう。事あるごとに助け合い、共同して他者の問題解決に当たることも多い傾向。押しが強い人なので、あなたは流されてばかりにならないように。

蠍座生まれ

あなたには、いつも周囲を笑わせるコメディアンのようなタイプが親友にふさわしいでしょう。人の心を癒すためにはユーモアが必要であることを、身をもって教えてくれる人です。ただ、ブラックジョークは真に受けないこと。

射手座生まれ

あなたの親友には、いつも誰かのために奔走する世話好きタイプがよさそうです。情けの心を大切にする人なので、温かい友情の輪を広げていきます。仲間を依怙贔屓《えこひいき》する面は否めませんが、悪意はないので大目に見ましょう。

山羊座生まれ

あなたの親友となる人は、いつまでも子供のような精神を持ち続けるタイプです。自己中心的な部分がある人ですが、他者を思いやる気持ちも持てるようになります。あなたの悩みには、笑いを誘って楽にさせようとするでしょう。

水瓶座生まれ

あなたに必要な友は、温厚で人当たりの良い、草食動物系の人でしょう。あなたは、価値観と生活基盤をしっかり持つことの重要性を教えられます。あまりプライベートに踏み込まないことが、この人との関係を維持するコツです。

魚座生まれ

あなたが友情を育む相手は、自分が信じた道をひたすら突き進むタイプです。あなたに共感し、事あるごとに協力してくれるでしょう。大義名分が立つと過激な行動に走ることがあるため、時にはあなたがセーブしてあげて。

Column 2

アモル的女の人生

マザー・テレサ

（1910 年〜 1997 年）

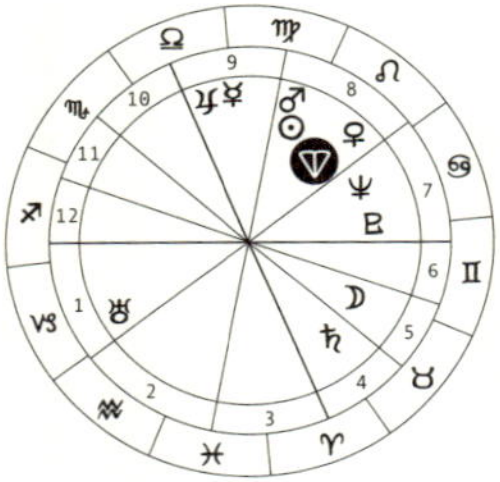

小惑星アモルが象徴する普遍的な愛を体現した人物としては、献身的なボランティア活動によってノーベル平和賞を受賞したカトリックの修道女、マザー・テレサが真っ先に挙げられるでしょう。

1946 年の夏、「最も貧しい人々ために働きなさい」という神の声を聞いて以来、インドのカルカッタで路上生活者の心の支えであり続けた彼女のアモルは、「この世に生きる喜び」を意味する獅子座にありながら、占星家が「死の家」と呼ぶ第8ハウスにも位置しています。獅子座にアモルを持つ人々は、芸術やレジャーを楽しむことを通して、愛する仲間たちと親密な感情を育てる傾向がありますが、マザーの友愛の表現は、それとは大分異なっていました。彼女が生涯の友として選んだのは、スラム街の路上で死に直面していた病人たちだったのです。

マザーは「死を待つ人々の家」というホスピスを設立しましたが、その目的は末期患者の延命ではなく、死期の迫った人々の友となり、彼らを孤独から救い、最期の一瞬だけでも生の意味を感じてもらうことにありました。

マザーの次の言葉には、そのアモルの精神がはっきりと表れています。

「見捨てられ、死を待つだけの人々に対し、自分のことを気にかけてくれた人間もいたと実感させること。それこそが愛を教えることなのです」

第４章

ジュノーが示す「夫婦愛」

Juno

【発見年】1804 年

【発見者】カール・ルードヴィヒ・ハーディング（ドイツ）

【大きさ】248km

【公転周期】14.36 年

【名称の由来】ローマ神話の「結婚の女神」

【記号の由来】女王の権威を示す笏

1 小惑星ジュノーとは

神話……夫を愛する貞淑な妻の物語

小惑星ジュノーの名称の由来となったのは、ローマ神話の結婚の女神ジュノー（ユノー）で、ギリシア神話では「ヘラ」と呼ばれる女神と同一の神格です。ここでは、ジュノーの前身であるヘラの伝承についてお話ししましょう。

ヘラは全知全能の神ゼウスの正妻だったので、神々の中でも特別に高い位置を占めていました。その姿は全世界から自由に妻を選べる立場にあったゼウスから求婚されるほど美しく、品性も威厳も備えていました。そして、結婚や家事、女性の性生活を司る女神として、古代ギリシアの女性たちから熱烈な信仰を集めていたのです。

しかし、それほど偉大な女神であるにもかかわらず、神話の中で語られる彼女のエピソードは、お世辞にも見栄えが良いとはいえないものばかりです。なぜなら、そのほとんどが、病的な浮気性を持つゼウスにあちこちで愛人を作られ、嫉妬に怒り狂ったあげく、その浮気相手や子供たちに対して、しつこい嫌がらせを繰り返すという話だからです。

ゼウスと通じたことでヘラの復讐に遭った者の代表としては、イオという巫女《みこ》が挙げられます。妻に浮気を感づかれたゼウスは、とっさにイオを牝牛に変身させて誤魔化そうとしましたが、すぐに嘘を見抜かれ、牝牛を譲るように迫られます。ゼウスは仕方なくイオを受け渡しますが、後に泥棒の神ヘルメスに命じて彼女を奪還しました。しかし嫉妬に狂ったヘラは、アブの大群を牝牛姿のイオに差し向け、彼らの鋭い針で全身を刺させたのです。激しい痛みで半狂乱になったイオは諸国を駆け回り、海を渡ってエジプトまで逃げていったといわれています。

このように、ヘラは極めて嫉妬深く残酷な行いをする女神でしたが、その元凶が夫のゼウスの裏切りであることは間違いありません。それでも、ヘラはゼウスを神々の王として、そして自分の夫として敬い、その立場を立てる姿勢は崩しませんでした。もちろん貞淑な彼女が、当てつけで他の男性との浮気に走るようなこともありません。そして、ゼウスもまた、何度浮気を繰り返しても必ず妻の元に戻ってくるので、二人は決して離婚することはなかったと伝えられています。

象徴するもの……結婚、パートナーシップ

小惑星ジュノーに注目した初期の研究家は、名前の由来であるジュノー＝ヘラが結婚を司る女神であったことから、その占星術的な象徴を「パートナーシップ」であると仮定しました。そして、実際に多くのホロスコープを検討した結果、確かに一対一の親密な人間関係に影響していることがわかったのです。

ホロスコープのジュノーの配置を調べることは、私たちがパートナーとどのように関わり、その関係性に何を求めるのかについて、さまざまな情報を得ることにつながります。ジュノー意識の表れには、互いの自由を尊重する、ギブ・アンド・テイクを徹底する、あるいは欠点を補い合うなど、実に多様なパターンがありますが、

それらに共通しているのは、特定の他者と正面から向き合うことを通じて、人間性や生き方のバランスを取るというテーマにほかなりません。パートナーと調和的な関係が保たれている間は、私たちは自分が生きていることにも、愛する人が存在することにも、深く感謝できるようになります。そして、パートナーと互いの可能性を引き出し合い、共に成長していくことも可能になるでしょう。

また、ジュノーが表すパートナーシップは結婚がその典型ではありますが、相互理解と信頼に基づく「特別な誰か」との関係なら、ほとんどがその部類に入ると考えてよいでしょう。利害関係のあるビジネスパートナーなども、それが本物の信頼関係を基礎にして成り立っているなら、ある意味では結婚と同じだからです。

ところで、女神ヘラの神話を読むと、ある種の不安を感じるかもしれません。ゼウスの正妻という立場を得たにもかかわらず、夫の浮気によって何度もプライドを傷つけられ、愛人や隠し子に嫌がらせを繰り返すという彼女の話を聞いたら、誰もが同じような疑問を持つはずです。小惑星ジュノーも、暗く破壊的な感情を象徴しているのではないかと。

実際、ジュノーは常に攻撃的なかたちで自己の権利を主張するとして、マレフィック（不運の星）に分類すべきだという占星家もいます。しかし、それはあまりにも一面的な見方でしかありません。小惑星ジュノーは、あくまでも愛する人との平和で有意義な関係を求める意識の象徴であり、その理想を実現するための道しるべを示そうとしているのです。

パートナーシップのバランスが崩れそうになった時、非建設的で何の意味もない行為に走るのか、それとも賢く公明正大な方法で問題を解決していくのか、すべては私たちの選択にかかっているといってよいでしょう。

この章で占うこと

巻末の小惑星運行表を使って、小惑星ジュノーのいる星座を調べてください。

最初は、あなたが結婚という人生の進路を選択した時に、どのようなスタイルで夫婦の関係を楽しむのかを占っていきます。そして、パートナーシップが陥りがちな危機と、それを乗り越えていくためのヒントについても解説します。

次に、あなたの運命の夫像を太陽星座別に紹介してあります。結婚に関心がない方も、親密な人間関係について考える時に、ぜひ参考にしてください。

Juno

ジュノーが

牡羊座

夫婦の役割・立場はあれど
対等な関係を育んでいく

理想のパートナーシップ

自己主張の強い性質を持つ牡羊座にジュノーを持つあなたは、夫婦の関係においても自分の意志をストレートに表現することを求めるでしょう。また「誰にも頼りたくない」という独立精神もあるため、結婚後も仕事を持ったり、自分だけの趣味に没頭したりすることもありそうです。

あなたの内なる花嫁は、ただ誰かの意志に従って生きていくような、しおらしいタイプではないのです。そうかといって、あなたが夫の存在を軽視するようなことは決してありません。ジュノーが自分の存在意義を見い出すためには、どうしても特別なパートナーの存在が必要だからです。結婚生活の中で、あなたは自分を決して偽らない強い態度を示すかもしれませんが、その本当の目的は、夫から自分の力や価値を認めてもらうことにあるのです。

あなたが結婚生活に幸福を感じるとしたら、あなたが家庭内の何らかの問題でリーダーシップを任されたり、夫の問題解決に協力できたりした時でしょう。パートナーから一人の自立した人間として尊重され、その意志の力や経験を頼りにしてもらえるなら、あなたは結婚から大きな喜びを得ることになるのです。

夫婦関係の危機

あなたの結婚生活に危機が訪れるとしたら、それはあなたが自分の力を誇示することに対して執着してしまうことが原因になるでしょう。

あなたが自分に自信を持てないでいる間は、表面的には強気を装っても、夫に自分の存在を軽視されていないかと、いつも気にしているのが実情です。これがいきすぎると、無意識のうちに攻撃的な言動を取って、夫を挑発したりすることがあります。

本心では一番大切な人に存在価値を認められたいのに、ついケンカを仕掛けてしまう。そんな相反する状態が続いていくと、幸せな夫婦関係は確実にバランスを失い、関係に溝が生まれてしまうでしょう。

満たされた結婚生活を送るコツ

あなたが夫婦関係のバランスを維持するためには、パートナーと競争すること以外の方法で、自己確立していく必要があります。

まずは、本来の夫婦とは、一つの目的に向かって共同していく関係であることを、改めて自覚するようにしてください。また、結婚後に続ける仕事や他の社会活動も、あくまでも自分が楽しむためのものであり、自信と生きがいを与えてくれるものだという気持ちを持ちましょう。

そうすれば、あなたは夫婦の関係を円満に運びながら自己実現が果たせるばかりか、夫から頼りにされる妻にもなれます。結婚生活の中で欲求不満を抱えて、独り思い悩むようなことはなくなるでしょう。

♈ 牡羊座生まれ

あなたの運命の夫となる人は、エネルギッシュで自我意識の強い男性です。実力を示したい夫に対し、あなたは無意識に反発してしまう可能性も。互いに「褒めて育てる」ことを心がければ、素晴らしいパートナーになるでしょう。

♉ 牡牛座生まれ

マイペースで地に足の着いたタイプが、あなたの運命の夫になりそうです。一見、要領が悪く鈍臭く感じられますが、優れた現実感覚の持ち主。頑固でコントロールが難しいのですが、あなたは頼りにされるので自信を持って。

♊ 双子座生まれ

あなたと結ばれる運命の夫は、好奇心旺盛で行動的なタイプです。夫は頭の回転が速く、自由を求める気質を持っていて、友達のように仲良くできるはず。いざという時に迷いやすいので、あなたがリーダーシップを取ること。

♋ 蟹座生まれ

あなたに運命づけられた夫は、センチメンタルで思いやりに溢れたタイプです。あなたの大胆行動にハラハラしつつ見守ってくれる人でしょう。ただし、あなたの勝手で家族や友人に迷惑がかかると怒りを買うので注意。

♌ 獅子座生まれ

あなたの運命の結婚相手は、強い自我とパワフルな行動力を持つ男性でしょう。互いに負けず嫌いですが、相手の実力や価値観には大いに敬意を払える夫婦になれるはず。二人で行動すると何でも過剰になる傾向には要注意。

♍ 乙女座生まれ

あなたの運命の夫となる人は、働き者で細かいことによく気がつくタイプです。無軌道なあなたの人生に秩序を与えてくれるパートナーとなるでしょう。あなたの問題点も容赦なく指摘しますが、思いやりとして受け止めて。

♎天秤座生まれ

人の感情や立場を理解できるタイプが、あなたの運命の夫になりそうです。夫は興味と尊敬の念で、あなたに自信を育ててくれます。ただ、他の人間関係も大切にするので、無用なトラブルを起こさないようにしましょう。

♏蠍座生まれ

あなたと結ばれる運命の夫は、深い感情と集中力を持つタイプです。一途な性格なので妻をとても大切にしますが、あなたにとっては束縛と感じる場合も。いたずらに反発しないで、時間をかけて自分の自由の幅を確保しましょう。

♐射手座生まれ

あなたに運命づけられた夫は、情熱と自由な気質を持つ男性です。あなたと異なる意見をぶつけ合うこともいとわない夫ですが、その心には妻への愛情があります。二人で行動すると現実離れした傾向になりがち。

♑山羊座生まれ

あなたの運命の結婚相手は、思慮深くて常識感覚に優れたタイプです。夫は上下関係に敏感なので、結婚生活ではあなたとぶつかる心配も。手のひらの上で転がすくらいの気持ちを持って夫を立てるのが、幸福への道と考えましょう。

♒水瓶座生まれ

あなたの運命の夫となる人は、優れた理解力とフェアな精神を備えたタイプ。あなたに対して評価すべきところは評価しますが、問題点もクールに指摘します。夫の知恵を借りれば、あなたの力はより有意義に活用できるでしょう。

♓魚座生まれ

周囲の人を気にかける人情家タイプが、あなたの運命の夫になりそうです。包容力があり、あなたはありのまま受け入れてもらえるでしょう。ただ、とても傷つきやすく寂しがり屋なので、あなたも意識して夫を気遣うことが必要。

Juno

ジュノーが

牡牛座

感覚が満たされた生活
物質的な豊かさに
幸せを感じる

理想のパートナーシップ

平和で実り豊かな楽園のイメージを持つ牡牛座にジュノーを持つあなたは、夫婦のパートナーシップに対しても、いつまでも変化しない穏やかな愛情と信頼関係を求めるでしょう。また、牡牛座のジュノーは五感に優れた面もあるので、衣食住の質にこだわった豊かな結婚生活を望んでいます。日常的なスキンシップはもちろん、充実した性生活を持つことも、あなたが結婚に幸福を見い出す条件となるでしょう。

このような物質的な要素の追求は、一見すると精神的な価値を疎かにしていると誤解されることがありますが、決してそのようなことはありません。あなたの内なる花嫁にとっては、夫と感覚的な喜びを共有することが、二人の心の絆を強めていくための最も自然なスタイルなのです。必ずしもお金をかけて贅沢《ぜいたく》をする必要はなく、ささやかであっても文化的で心身共に満足できるライフスタイルを、夫と二人三脚で工夫していくことが、結婚生活のメインテーマとなります。

牡牛座は所有の星座でもあるため、あなたのジュノー意識は人一倍独占欲が強いのですが、健康的なパートナーシップが育っていれば、むやみに夫を束縛するようなことはないでしょう。

夫婦関係の危機

あなたの結婚生活に危機が訪れるとしたら、それはあなたが愛情への飢餓感を、物質的なものによって埋め合わせようとする時でしょう。

牡牛座の頑固さが負のかたちで現れると、あなたは自分の生活方針を夫が受け入れてくれないことに失望し、自分が愛されていないと思い込んでしまいます。そして、一生懸命働いている夫に経済的な問題で不平不満をぶつけて傷つけたり、貯金を増やすことだけに執心してみたり、無駄遣いをして家計を破綻《はたん》させたりといった行動によって、自ら結婚生活を台無しにしてしまう可能性があるのです。

あなたの場合は特に、ストレスを金銭的な部分で発散する傾向が見られるでしょう。

満たされた結婚生活を送るコツ

あなたが夫婦関係のバランスを維持するためには、二人の間にある物質的な価値観をすり合わせていく努力が必要です。

まずは、自分のライフスタイルを一方的に押しつけるのはやめて、夫のライフスタイルを少しでも受け入れる気持ちを持ってください。そうすれば、夫婦間で無用な摩擦を起こさなくても、衣食住から金銭感覚にいたるまで、適当な落としどころを次々と見つけていけるはずです。

そして、二人で安全で快適な生活環境を作っていくその過程で、夫婦の心の絆も確実に強まっていくことになるでしょう。ジュノーが求めているような、物心共に満たされた楽園を現実のものにできるはずです。

♈ 牡羊座生まれ

あなたと結ばれる運命の夫は、意志が強く行動力のあるタイプです。スローペースなあなたを夫が引っ張り、あなたは夫の人生を堅実な方向に向かわせれば理想的。価値観のギャップが大きいので、その点は初めから割り切ること。

♉ 牡牛座生まれ

あなたに運命づけられた夫は、凝り性で生活の質を重視するタイプです。価値基準は似ていても、生活方針の細部まで一致するとは限らず、時にはぶつかり合うことも。しかし、時間をかけて似た者夫婦になっていきましょう。

♊ 双子座生まれ

あなたの運命の結婚相手は、柔軟な知性と軽快なフットワークを備えたタイプです。あなたからすれば浮気者の印象がありますが、束縛しようとするとかえって逆効果。仕事や日常生活に刺激的な要素があれば、夫婦関係は円満です。

♋ 蟹座生まれ

あなたの運命の夫となる人は、家族や友人を何よりも大切にするタイプです。平凡でも安らげる人間関係を好む人なので、あなたの家庭的な雰囲気は喜ばれるでしょう。交際費にお金が回りがちなのは許容すること。

♌ 獅子座生まれ

自己表現に独特のこだわりを持つ目立ちたがり屋が、あなたの運命の夫になりそうです。頑固な夫なので、あなたのコントロールは利かないよう。意外と単純でもあるので、むしろ自由に泳がせてあげた方がよいかもしれません。

♍ 乙女座生まれ

あなたと結ばれる運命の夫は、勤勉で物事に細かいタイプです。二人で力を合わせれば、快適で安定した生活を実現できます。夫は柔軟性がありますが、あなたのわがままがいきすぎると、家庭に寄りつかなくなるので注意して。

♎ 天秤座生まれ

あなたに運命づけられた夫は、美意識の発達したアーティストタイプです。スタイリッシュな生き方を好むので楽しい日々になるでしょう。夫は社交好きでもあるので、夫婦円満のためには家族以外の人づき合いも重視して。

♏ 蠍座生まれ

あなたの運命の結婚相手は、不屈の闘志と深い愛情を兼ね備えた男性です。夫はあなたのために努めますが、その気持ちに応えないと情熱が冷めてしまいます。幸福な結婚を維持するには、性生活の充実も重要なファクターと考えて。

♐ 射手座生まれ

あなたの運命の夫となる人は、チャレンジ精神が旺盛な男性でしょう。誇り高い精神の持ち主なので、あなたにとっては尊敬できる夫になります。ただし、生活の安全を脅かすほどの冒険をするので、覚悟した方がよいかも。

♑ 山羊座生まれ

常に上を目指して努力する野心的なタイプが、あなたの運命の夫になりそうです。現実主義でコツコツと生活を築く点が、夫婦の共通点でしょう。夫は世間体を気にしますが、それも家族の安全を願ってのことと理解して。

♒ 水瓶座生まれ

あなたと結ばれる運命の夫は、独創的な発想で型にはまらないタイプです。一般的な役割意識にとらわれないので、対等な夫婦生活が送れるでしょう。何でも仲間と分かち合おうとする夫の性質は、あなたも見習うべき。

♓ 魚座生まれ

あなたに運命づけられた夫は、おとなしくて、少々浮世離れした感覚を持つタイプです。自然な生き方を心がける面では安心できるでしょう。愛情面では満たされますが、生活習慣や家計はあなたがしっかり管理する必要あり。

ジュノーが牡牛座

Juno

ジュノーが

双子座

知的刺激を与え合うことで
二人の絆を強めていく

理想のパートナーシップ

言葉と知性の星座である双子座にジュノーを持つあなたは、夫との豊かなコミュニケーションの中に結婚生活の喜びを感じるでしょう。それでも、ただ日常的なおしゃべりの機会が多ければ満足できるわけではありません。あなたの内なる花嫁が求めているのは、ウィットに富んだ会話によって、夫婦の人間性と愛情を同時に高めていくことにあるのです。

また、あなたは結婚後のライフスタイルそのものにも、常に新鮮さを求める傾向があります。夫と小説を回し読みしたり、一緒に買い物や旅行に出かけたりといった、ごくありふれた行動であっても、何らかの知的な刺激を共有できれば、あなたの心は十分に満たされるのです。仮に、二人で共有できる時間に恵まれない時期があっても、電話やメールによるメッセージを通じて、十分に愛とユーモアを交換することができるでしょう。

さらに、双子座のジュノーが表す夫婦愛の特徴として、パートナーそのものが好奇心の対象になるという傾向があります。あなたは夫の仕事やプライベートの動向を観察することに楽しみを見い出すかもしれませんが、その根底にはパートナーに対する深い愛情があるのです。

夫婦関係の危機

あなたの結婚生活に危機が訪れるとしたら、それは双子座のジュノーが持つ、一対一の親密なパートナーシップを求めると同時に、精神活動や行動の自由も確保したいという矛盾した欲求に、あなたが支配された時でしょう。

あなたがその欲求をコントロールできないでいる間は、子供のように無邪気であることと、子供じみた態度で生きることの区別ができません。そして、気分次第でコロコロ意見を変えたり、無軌道な行動を繰り返したりしているうちに、夫はあなたの機嫌をうかがうことに疲れ果て、いつしか夫婦の間に深い心の溝ができてしまうのです。

その結果、毎日の生活がマンネリ化して、結婚を退屈に感じてしまうでしょう。

満たされた結婚生活を送るコツ

あなたが夫婦関係のバランスを維持するためには、好奇心を有意義な活動に結びつけるセンスが必要になります。

まずは、自分を取り囲んでいる狭い環境に刺激を期待するのをやめて、楽しく勉強したり工夫したりできる対象を探してください。さらに、自分の自由になる時間と、夫や家族のために使う時間のメリハリをはっきりさせる習慣もつけるようにしましょう。

そうすれば、あなたはマンネリ化した生活から脱出し、気まぐれで夫を振り回すようなこともなくなるはずです。そして夫婦間では、自由と親密さの双方を感じられるパートナーシップを実現できるでしょう。

♈ 牡羊座生まれ

あなたの運命の結婚相手は、チャレンジ精神に溢れた行動派の男性です。好奇心の強さではあなたも負けないので、夫婦の人生計画は大胆になる傾向。熱しやすく冷めやすいので、変化に悩んだ生活の方が上手くいくでしょう。

♉ 牡牛座生まれ

あなたの運命の夫となる人は、穏やかで規則正しい生活を好むタイプです。夫には変化を嫌う面があるので、退屈になることもありますが、堅実な生き方に学ぶところも多いはず。夫婦円満のために共通の趣味を持ちましょう。

♊ 双子座生まれ

好奇心旺盛で会話好きなタイプが、あなたの運命の夫になりそうです。夫とはツーカーのコミュニケーションが可能。頻繁に旅行したり、自宅に多くの友人知人が出入りしたりするような環境にすれば、結婚生活は安定します。

♋ 蟹座生まれ

あなたと結ばれる運命の夫は、情に厚く家庭生活を第一に考える男性です。あなたの自由をある程度許容してくれる寛大さはありますが、常に愛情を示さないと不安になりそう。相互に甘えたり甘えさせたりすれば上手くいきます。

♌ 獅子座生まれ

あなたに運命づけられた夫は、遊び上手でノリの良いタイプです。夫婦間で独特のユーモアが形成され、危機に陥ってもジョークを飛ばしながら乗り切れます。夫は頑固な面があるので、ケンカはあなたから折れるのが得策。

♍ 乙女座生まれ

あなたの理想の結婚相手は、何事も予定通りこなす完璧主義者です。知的な夫婦となりますが、性格的には不一致な面も。夫はあなたから柔軟な発想と行動力を、あなたは夫から責任感や実際的な生活感覚を学ぶとよいでしょう。

♎ 天秤座生まれ

あなたの運命の夫となる人は、優れたコミュニケーション能力を持つ社交家タイプです。夫が聞き役に回ることで、あなたの好奇心と知性を最大限に引き出してくれます。結婚後も二人で友人関係を広げれば、夫婦の仲も円満に。

♏ 蠍座生まれ

深い愛情と粘り強い意志を持ったタイプが、あなたの運命の夫になりそうです。夫の一途さは、あなたにとっては重たく感じられるかも。しかし結婚生活が長くなれば、互いに信頼しつつ適当な距離が保てるようになります。

♐ 射手座生まれ

あなたと結ばれる運命の夫は、幅広い視野と柔軟な発想力を兼ね備えた哲学者タイプです。夫婦そろって好奇心旺盛でフットワークが軽いので、一緒に勉強や旅行、スポーツを楽しめるはず。ただし金銭感覚がアバウトなので注意を。

♑ 山羊座生まれ

あなたに運命づけられた夫は、真面目にコツコツと働く努力家タイプです。夫は常に明確な生活目標を持っていて、あなたとは性格に大きなギャップがあります。あなたのアイデアと行動力で夫に貢献できれば理想的でしょう。

♒ 水瓶座生まれ

あなたの運命の結婚相手は、常識の枠にとらわれないエキセントリックなタイプです。ありきたりを嫌うので、刺激に満ちた結婚生活になるでしょう。二人で友人関係を共有するか、何らかのグループを作って盛り上げるとよさそう。

♓ 魚座生まれ

あなたの運命の夫となる人は、家族や友人に尽くすことが生きがいのタイプです。大抵のわがままは受け入れてくれる心の広い夫ですが、愛されている実感が持てないと、働かなくなったり不倫に走ったりするおそれがあるので注意。

Juno

ジュノーが
蟹座

献身的な愛で夫を支え
役に立つことが至上の喜び

理想のパートナーシップ

家族の愛を象徴する蟹座に小惑星ジュノーを持つあなたのパートナーシップには、親と子の愛情がその根底に存在しています。実際、結婚後のあなたは、まるで母親のように夫の世話を焼くことに何よりも大きな喜びを感じるでしょう。特に、一緒に食事をしたり、余暇を楽しんだりといった、ごく日常的な行動の中でこそ、あなたの包容力と癒しの力が最大限に発揮される傾向があります。しかし、必ずしも専業主婦の立場に収まるのがベストということではありません。場合によっては、夫婦で会社を経営するといったかたちで、夫に対する感情的なサポートを行う可能性もあります。

いずれにしても、あなたの内なる花嫁が求めているのは、夫の心身の疲れを癒したり、傷ついたプライドを修復したりする役割を担うことで、夫婦の愛情と信頼関係を強化していくことにあるのです。

また、蟹座のジュノーの特徴として、夫の考え方や生活習慣に影響を受けやすいという傾向もあります。それは、いかに多くの面で夫と日常的な感情を共有できるかが、あなたの結婚生活に関する幸福度を左右するためで、実際には積極的に感化されているといえるでしょう。

夫婦関係の危機

あなたの結婚生活に危機が訪れるとしたら、それはあなたが夫に対して「子供」の役割を一方的に押しつけようとしている時でしょう。

夫が心身共に充実しているなら、当然、単独で行動したり、自力で問題を解決したりする機会が多くなります。しかし、あなたが親的な存在として頼られることのみに執着していると、夫の自立した行動は、まるで自分を必要としていないかのように感じてしまうのです

その結果、過剰な干渉あるいは抗議の行動として、家事を放棄するなどといったかたちで夫にストレスを与えようとしてしまいます。本来は幸せだったはずの家庭生活を、自ら崩壊に導いてしまう危険性があるでしょう。

満たされた結婚生活を送るコツ

あなたが夫婦関係のバランスを保つためには、あなたの豊かな愛情をなるべく多くの人々に分け与えていこうとする意志が必要です。

まずは、夫の気を引くことばかり考えるのはやめましょう。身近にいる子供やお年寄りの面倒を見ることに、もっと時間とエネルギーを振り向けるようにしてください。そうすると、あなたはたくさんの相手に必要とされることになります。自分に自信がつき、孤独だった感情も自然と薄れていくはずです。

その結果、夫を大らかな姿勢で見守りながら、必要なサポートを適切なかたちで与えられる心の余裕が生まれ、穏やかな結婚生活を送れるようになるでしょう。

♈ 牡羊座生まれ

独立をモットーとしている男の中の男が、あなたの運命の夫になりそうです。しかし夫は意外と自信喪失に陥ることが多く、あなたのサポートを内心では頼りにする面も。プライドが高いので、さりげなく援助することが重要です。

♉ 牡牛座生まれ

あなたと結ばれる運命の夫は、健康的で心安らげる家庭を理想とする男性です。夫は快適な家庭環境を求めるので、あなたの細やかなケアは喜ばれるはず。ただ、甘やかしすぎると注文が増える一方になるので注意すること。

♊ 双子座生まれ

あなたに運命づけられた夫は、生活に刺激を求めるタイプでしょう。夫は好奇心旺盛で単独行動も好きなので、あなたにベッタリすることはなさそう。ただ、自分の話に関心を示してほしいので、その欲求は満たしてあげて。

♋ 蟹座生まれ

あなたの運命の結婚相手は、他人の感情に敏感で世話好きなタイプです。間違いなく強い絆で結ばれた家庭を築けますが、過剰な干渉や依存といった問題が起きやすい面も。夫婦以外の人間関係も豊かにしてバランスを取りましょう。

♌ 獅子座生まれ

あなたの運命の夫となる人は、夢や遊び心を持ち続ける男性です。あなたの思いやりと献身的な態度は夫に歓迎されるでしょう。ただし、甘やかしすぎると悪い意味で幼児化します。夫の冒険を温かい目で見守るスタンスがベスト。

♍ 乙女座生まれ

物事の細部にこだわる完璧主義者が、あなたの運命の夫になりそうです。夫は人の役に立ちたいタイプなので、相互に助けたり助けられたりします。口うるさく感じる時もありますが、それも甘えの一種だと理解して。

♎ 天秤座生まれ

あなたと結ばれる運命の夫は、社交的なタイプです。人間関係を大切にする点では夫婦で一致しますが、夫は家族以外のつき合いも重視する傾向。夫の友人も大切にすることが、夫婦関係を安定させることにつながるでしょう。

♏ 蠍座生まれ

あなたに運命づけられた夫は、深い絆を求める一途な男性です。愛情は当然濃厚なものになりますが、夫の頑固さには苦労させられるかも。しかし、年とともに落ち着いてくるので、気長に相互理解を深めていきましょう。

♐ 射手座生まれ

あなたの運命の結婚相手は、広い視野とチャレンジ精神を兼ね備えた男性です。夫は結婚も冒険と考えていて、良き家庭を築けるよう努力してくれるはず。ただし、自由と独立を求める気質も強いので、夫への過干渉はやめましょう。

♑ 山羊座生まれ

あなたの運命の夫となる人は、真面目でコツコツと努力を積み重ねていくタイプです。野心家で仕事熱心なため、つい家庭の事情に疎くなってしまいがち。そのことを夫も重々承知しているので、寛大な態度で見守りましょう。

♒ 水瓶座生まれ

何事も合理的に判断するクールな男性が、あなたの運命の夫になりそうです。ドライな人に見えるかもしれませんが、他者への理解力とポジティブな発想力はあります。常識にとらわれない新しい夫婦のかたちを目指しましょう。

♓ 魚座生まれ

あなたと結ばれる運命の夫は、繊細でロマンチックな感情を持つタイプです。二人共、助けたり助けられたりすることが基本だと考えるので、相性の良い夫婦でしょう。しかし、過剰な甘やかしは夫を堕落させるので要注意です。

Juno

ジュノーが獅子座

結婚生活が人生の晴れ舞台
夫婦の愛を華やかに演出する

理想のパートナーシップ

創造力と自己表現の欲求を象徴する獅子座にジュノーを持つあなたにとっては、結婚は人生で最高にドラマチックな晴れ舞台となるでしょう。獅子座の守護星は天にあって最も強く光り輝く太陽ですが、あなたの内なる花嫁もまた、結婚生活を通じて自分の魅力を最大限に発揮したいと望んでいるのです。そのため、あなたは旺盛な遊び心を発揮して、日常生活の中でさまざまなイベントを演出し、夫婦の愛情と信頼関係を盛り上げていこうとするでしょう。

実際、獅子座にジュノーを持つ人は、結婚後も恋愛モードが続く傾向があり、子供ができてからも夫婦だけのデートに出かけて、祝い事やレジャー、家族で楽しめる趣味や芸事が多い家庭を築いたりするのです。あなたにとっては、夫と二人で作っていく人生そのものが、芸術的な創作であるといってもよいでしょう。

また、結婚後は夫と二人で幸福を追い求めるだけでなく、他の多くの人々にもパートナーシップの素晴らしさを知ってもらいたいという気持ちが強くなります。ドラマは観客が存在してこそ盛り上がるので、あなたの結婚生活は一種、パフォーマンスの要素を持つようになるでしょう。

夫婦関係の危機

あなたの結婚生活に危機が訪れるとしたら、それはあなたが人生に光の側面だけを求めようとしている時でしょう。

あなたのジュノー意識が成熟していない間は、夫に感動を与えてもらったり、周囲の人々に賞賛されたりすることでしか、自分の幸福を確認することができません。しかし、現実の結婚生活は、当然、あなたの理想のシナリオ通りには展開しないものなのです。

味気ない日常に失望したあなたは、高慢な態度で夫を振り回したり、不倫やギャンブルにおぼれて現実から逃避したりするといった行動に出て、自ら悲劇のヒロインを演じてしまう可能性があるのです。

満たされた結婚生活を送るコツ

あなたが夫婦関係のバランスを保つためには、日常生活を自分自身の創造力でドラマチックにしていく意識が必要です。

まずは、結婚生活が味気なく感じられる原因が、人生に対するあなたの受け身の姿勢にあることに気づいてください。そして、どんな小さなことでもよいので、夫婦で一緒に感動できる楽しみを、毎日工夫して作るのです。

そうすれば、あなたは夫との素朴な触れ合いの中でも幸福を感じられるようになるばかりか、将来夫婦に試練が訪れた時にも、希望を失うことなく乗り越えていける知恵と勇気を発揮できるでしょう。試練を乗り越えることで、あなたの結婚は生涯を通じての大恋愛となるのです。

♈ 牡羊座生まれ

あなたに運命づけられた夫は、情熱的で行動力に溢れた男性です。互いに言いたいことを言い合いますが、むしろその方が円満でしょう。夫婦で冒険的な行動に出るのは構いませんが、周囲の人々にも気を遣って。

♉ 牡牛座生まれ

あなたの運命の結婚相手は、文化的な生活センスを持つ趣味人タイプです。日常生活を楽しもうとするので、オシャレで快適なライフスタイルになりそう。ただ、あなたのルーズな金銭感覚は、深刻な夫婦の危機につながるので注意。

♊ 双子座生まれ

あなたの運命の夫となる人は、ノリが良くて創意工夫の才がある男性です。ユーモアがあり遊び好きなので、結婚生活は刺激に満ちたものになりそう。ただし、独りの楽しみも持ちたがるので、その自由を許容することが必要です。

♋ 蟹座生まれ

デリケートで創造力豊かな男性が、あなたの運命の夫になりそうです。ロマンチストで家族を大切にするので、ホームドラマを地でいく家庭を築けるはず。ただし、傷つきやすいため、プライドを損なう言葉や態度は控えること。

♌ 獅子座生まれ

あなたと結ばれる運命の夫は、創造力と自己表現力を持つタイプです。二人のエネルギーを合わせれば、結婚は生涯をかけた大恋愛となるでしょう。主導権争いが起こると収拾がつかなくなるので、ケンカは引き際を心得て。

♍ 乙女座生まれ

あなたに運命づけられた夫は、控えめで謙虚な生き方を美徳とするタイプです。あなたが理想とする結婚生活に、夫はいま一つノリが悪い傾向。しかし、シンプルで健康的なライフスタイルを工夫すれば感謝されるでしょう。

♎ 天秤座生まれ

あなたの運命の結婚相手は、洗練された自己表現力と優れた対人スキルを持つ男性です。ロマンチックな夫婦関係を夫が華やかに演出してくれるはず。家庭内の主導権はあなたにありますが、自己中心的な要求を夫にぶつけないように。

♏ 蠍座生まれ

あなたの運命の夫となる人は、旺盛な生命力と激しい感情を内に秘めた男性です。夫は一見クールな態度でも、実際にはロマンチックな感情を煽られることを望んでいます。充実した性生活を演出することが夫婦円満のカギに。

♐ 射手座生まれ

魂が求めるまま自由奔放に生きるタイプが、あなたの運命の夫になりそうです。ドラマチック志向は共通するので、充実した結婚生活になりそう。しかし、夫には一貫した人生ビジョンがないので、あなたがしっかりしましょう。

♑ 山羊座生まれ

あなたと結ばれる運命の夫は、ストイックで上昇志向の強いタイプ。競争社会で成功することに心血を注ぐ夫をあなたはバックアップしていきます。たとえ価値観が異なっても、具体的なレベルで共通の夢や目標が持てればベスト。

♒ 水瓶座生まれ

あなたに運命づけられた夫は、社会のルールにも他者の感情にも縛られずに生きる自由人です。夫の感性とあなたの創造力で、時代を先取りしたユニークな夫婦のかたちを作れるでしょう。あなたは、独断と偏見を控えてください。

♓ 魚座生まれ

あなたの運命の結婚相手は、ロマンチストで献身的なタイプです。夫はあなたのために努力してくれますが、リーダーシップは期待できません。夫婦そろって道を誤ると歯止めが利かなくなってしまうので注意してください。

Juno

ジュノーが
乙女座

妻の役割を完璧に果たして
自己実現を達成させる

理想のパートナーシップ

奉仕の星座である乙女座にジュノーを持つあなたの結婚生活は、夫のために献身的に尽くす毎日となるでしょう。家の中はいつも整理が行き届いていて、食事の栄養バランスは完璧。夫が外出する時は身だしなみのチェックも忘れません。

そこまでできた妻にならなくても、あなたの内なる花嫁は、何か具体的な働きによってパートナーに貢献することに、無常の喜びを感じる性質があることに間違いありません。必ずしも専業主婦になるとも限らず、仕事を持って家計を支えるというかたちで夫に貢献する場合もあるでしょう。

あなたの結婚生活における奉仕的な態度には、パートナーの役に立ちたいという単純な感情とは別に、隠された意外な動機があります。あなたのジュノー意識が求める理想のパートナーシップとは、夫に対する義務と責任を果たす過程で、自分を完全な人間に近づけていくというもの。あなたの夫に対する献身的な態度は、一見、自己犠牲的で、夫の意志に従属しているかのように見えますが、本当は一人の人間として自立しようとしているというわけです。その意味では、あなたは妻であることに職人としてのプライドを持って生きていくといってもよいでしょう。

夫婦関係の危機

あなたの結婚生活に危機が訪れるとしたら、それはあなたが完全主義にとらわれた時かもしれません。

あなたは結婚生活を自分の思い通りに管理しようとする傾向がありますが、その意識が極端化してパートナーの内面にまで及んでしまうと、いずれは問題を引き起こします。日常的な習慣に関して、あなたの「躾《しつけ》」が際限なく続き、果ては仕事や友人関係にまで干渉するようになると、夫の気持ちは次第にあなたから離れていってしまうでしょう。

そうして、完璧な夫婦を目指していたつもりが、いつの間にかパートナーシップに歪みを作ってしまうのです。

満たされた結婚生活を送るコツ

あなたが夫婦関係のバランスを保つためには、人間は誰もが不完全な存在であることを受け入れる必要があります。

まずは、夫や家族の生活態度に対して、重箱の隅をつつくように口を出すのをやめてみましょう。そして、手を抜くべきところとそうでないところを見極めて、リラックスしながら生活リズムを整える工夫をしていくのです。

そうすると、あなたは夫のコントロールに使っていた膨大《ぼうだい》なエネルギーを、自分の仕事を楽しみながらこなすことに振り向けるようになり、結果的には寛大さと柔軟性を持って結婚生活を運営できるようになるでしょう。それこそが、ジュノーが目指す完璧な妻のあり方なのです。

♈ 牡羊座生まれ

あなたの運命の夫となる人は、大胆でチャレンジに溢れた人生を求める冒険家タイプです。計画性がない夫ですが、勘の鋭さとバイタリティーは評価すべき。その詰めの甘さを補うことが、あなたの役割だと理解しましょう。

♉ 牡牛座生まれ

誠実で地に足の着いたタイプが、あなたの運命の夫になりそうです。健康的な生活スタイルや、賢い資産運用ができる夫婦になれるはず。夫は自分の好みを譲らない傾向がありますが、あなたの柔軟性を持って適応しましょう。

♊ 双子座生まれ

あなたと結ばれる運命の夫は、好奇心に溢れた少年のような男性です。器用で何でもこなす夫ですが、飽きっぽくて責任感に欠けるので、そこを補うのがあなたの役割。束縛すると逆効果になるので夫の管理はほどほどに。

♋ 蟹座生まれ

あなたに運命づけられた夫は、情に厚くて家庭的なタイプです。互いに相手の世話を焼くことに熱心なので、安心感に満ちた夫婦になれそう。ただ、夫婦関係だけを重視して、他の人間関係が疎かにならないように注意。

♌ 獅子座生まれ

あなたの運命の結婚相手は、明るくてオープン、人生をノリで生きるタイプです。あなたからすれば子供っぽい夫かもしれませんが、それだけにサポートのしがいがありそう。同時に人生を楽しむ方法を夫から学ぶとよいでしょう。

♍ 乙女座生まれ

あなたの運命の夫となる人は、勤勉でパートナーへの気配りも欠かさない男性です。マネープランや子供の教育にしっかりしたポリシーを持ちますが、完全主義がアダになる傾向。口論がエスカレートしやすいので要注意です。

♎ 天秤座生まれ

何事もほどほどを良しとする中庸タイプが、あなたの運命の夫になりそうです。あなたが何でも完璧にしようとすると、夫はリラックスできなくてつらそうです。夫に対しては、なるべく寛容な態度で接してあげましょう。

♏ 蠍座生まれ

あなたと結ばれる運命の夫は、真面目で責任感の強いタイプです。夫婦の絆は強く、独特の価値観を反映させたライフスタイルを作っていきます。夫は甘えん坊な一方で、過剰な干渉には抵抗を示すという難しい面がありそうです。

♐ 射手座生まれ

あなたに運命づけられた夫は、大らかで細かいことにこだわらないタイプです。アバウトな夫ですが、その分、サポートしがいがありそう。あなたは木を見て森を見ずの状態に陥りやすいので、夫に視野を広げてもらいましょう。

♑ 山羊座生まれ

あなたの運命の結婚相手は、凡帳面で責任感があり、向上心のあるタイプです。二人共ストイックなので、仕事にも家庭の問題にも真剣に向かい合えるでしょう。ただし、息切れしないように。時には夫婦で肩の力を抜くこと。

♒ 水瓶座生まれ

あなたの運命の夫となる人は、ユニークな発想をする奇人変人タイプでしょう。でも、夫が非常識な人間に見えるのは、あなたの視野が狭くなっている証拠。夫の長所を評価できれば、楽しくて発展的な結婚生活が実現するでしょう。

♓ 魚座生まれ

心の豊かさと平穏を求めるタイプが、あなたの運命の夫になりそうです。夫の大雑把《ざっぱ》な面が、あなたのストレスになるかもしれません。しかし、夫はリラックスできないと生活が乱れる傾向があるので、厳しい指摘は禁物です。

Juno

ジュノーが

天秤座

対等な関係維持のために
パワーバランスを操作する

理想のパートナーシップ

人間関係のバランスを象徴する天秤座に小惑星ジュノーを持つあなたは、結婚生活に夫婦の関係が対等であることを求めるでしょう。

あなたはどんな問題も夫と二人で相談して決めようとしますが、もし意見が食い違った場合、大抵はあなたが夫の方針に従うことが多いかもしれません。でもそれは、あなたが単純に夫に従順であろうとした結果ではありません。実は、あなたがどんなに夫に尽くしたり、考えを譲ったりしているように見えても、結果的には気持ちの上での貸し借りがなくなるように、夫はギブ・アンド・テイクの原則に基づいた行動を取ってしまいます。あなたの内なる花嫁は、無意識のうちに夫をコントロールして、夫婦の間に理想的な心理バランスを築いていくのです。

そうして、結婚生活全体をトータルな視点から眺めて、プラス・マイナス・ゼロであると認識できた時、あなたは心から結婚してよかったと感じられるでしょう。

また、天秤座のジュノーには、結婚後も女性として美しくありたいという願いを強く持っています。場合によっては、あなたは家庭を持ってからの方が、若々しく魅力的になることすらあり得るでしょう。

夫婦関係の危機

あなたの結婚生活に危機が訪れるとしたら、それはあなたが夫婦の平等を誤った方向で実現させようとしている時でしょう。

あなたのジュノー意識が未熟な間は、自分と夫の立場が対等であることを、表面的な現象だけで証明しようとしてしまいます。例えば、家事あるいは経済的な負担を完璧に二等分しているとか、いつでも二人で過ごす時間を優先している、といったことにこだわります。

そのような条件が満たされないことで、自分がないがしろにされていると思い込んだあなたは、夫に対して非協力的になったり、敵対的な言動を取ったりして、報復しようとするところがあるのです。

満たされた結婚生活を送るコツ

あなたが夫婦関係のバランスを維持していくためには、かたちの上では完全に対等な生活など作れないないのだという現実を受け入れる必要があります。

まずは、夫婦が平等であることを証明しようとして、つまらない条件を設定しようとするのをやめましょう。そして、自分にできる精一杯のことを、夫のためにどんどんしてあげてくださ い。そうすると、夫婦間にあった無用な緊張感が薄れていって、互いの存在に感謝し合う心の余裕も出てくるはずです。

そして、まるでシーソー遊びをしているように、楽しみながら自然とバランスが取れる夫婦になっていくでしょう。

ジュノーが天秤座

♈ 牡羊座生まれ

あなたと結ばれる運命の夫は、行動派で個性の強い自信家タイプです。夫が独断と偏見で動くのは、他人に合わせるのが苦手だから。だからこそあなたの協調性が歓迎されます。夫は、根は単純なので、作戦的にコントロールして。

♉ 牡牛座生まれ

あなたに運命づけられた夫は、自分の好みや価値観に徹底してこだわるタイプです。夫が決めた方針に、あなたが従うことが多いでしょう。あなたの考えを受け入れてもらいたければ、二者択一するより折衷案を工夫して。

♊ 双子座生まれ

あなたの運命の結婚相手は、臨機応変な対応ができる頭の良い男性でしょう。柔軟な対応で、どんな問題でも話し合いと行動で解決できる夫婦になりそうです。ただ、夫の飽きっぽさや詰めの甘さには、あなたが目をつぶる必要あり。

♋ 蟹座生まれ

あなたの運命の夫となる人は、家族や友人を何よりも大切にするタイプです。面倒見の良い夫ですが、依存心も強いので、あなたとは上手くバランスが取れるかも。夫の実家との関係を良好に保つことが、夫婦円満の至上命題です。

♌ 獅子座生まれ

個性的でスタイリッシュな生き方を求めるタイプが、あなたの運命の夫になりそうです。オシャレなライフスタイルを築ける夫婦になるでしょう。贅沢がいきすぎる傾向もあるので、その点は自重する必要があります。

♍ 乙女座生まれ

あなたと結ばれる運命の夫は、現実的で独立独歩を良しとするタイプです。夫は頼りにされることで自信をつけますが、甘えることは恥とするストイックな面も。支える時は、プライドを気遣ってさりげなくサポートしましょう。

♎天秤座生まれ

あなたに運命づけられた夫は、対等なパートナーシップを求める男性です。価値観や生活習慣の違いがあっても、適切に調整できる夫婦になれそう。しかし、深刻な問題の解決を先送りにしてしまう癖は改める必要があります。

♏蠍座生まれ

あなたの運命の結婚相手は、信じた道をひたすら突き進む情熱的なタイプです。あなたには扱いづらいパートナーかもしれませんが、その一途さを見習うことも必要でしょう。夫婦で力を合わせれば、大きな夢が実現できます。

♐射手座生まれ

あなたの運命の夫となる人は、表裏のないストレートなタイプです。何でも率直に話し合えるオープンな夫婦になりますが、夫はあなたほど周囲に気配りができません。トラブルを避けるには、夫の言動にあなたが注意してあげて。

♑山羊座生まれ

野心家で上下関係に敏感なタイプが、あなたの運命の夫になりそうです。夫は世間体を気にするところがあるので、人前ではなるべく夫を立てた方がよさそうです。人間的に成熟してほしければ、とにかく自信をつけさせて。

♒水瓶座生まれ

あなたと結ばれる運命の夫は、合理的で信念を持つ思想家タイプです。何事も率直に話し合える夫ですが、意見が異なると「オレはオレ、お前はお前」と割り切る傾向。長く共存していくためには、友達感覚の夫婦を目指して。

♓魚座生まれ

あなたに運命づけられた夫は、センチメンタルで人の影響を受けやすいタイプです。あなたに頼りがちな夫ですが、実はあなたの心を癒す力も持っています。かなり人がよいので、他人にだまされないようにあなたが注意して。

Juno

ジュノーが
蠍座

穏やかな結婚生活の中に激しく深い愛情を秘める

理想のパートナーシップ

深い感情のパワーを象徴する蠍座にジュノーを持つあなたにとっては、結婚は他のどんな人間関係とも異なる運命のパートナーシップでなければならないでしょう。

実際、あなたは結婚するに当たって、言葉では表せないような特別な感情が自分の中にあることに気づきますが、それは蠍座特有の「死」に対する意識から来ているのかもしれません。

あなたの内なる花嫁の願いとは、死ぬ間際になっても、夫と結婚したことが正しかったと心から思えることなのです。そのように聞くと、何やらとても深刻な話に思えるかもしれませんが、あなたの結婚生活に暗いイメージはありません。あなたの激烈な愛情は、日常レベルではとても穏やか、あるいはロマンチックなかたちで表現されるため、夫にとってはとても居心地の良い、明るい家庭環境を作れるのです。

一方では、あなたは結婚した後の自分の変化に、いつか驚く時が来るでしょう。あなたにとって、夫婦は自分の命をかけた運命共同体。そのため、二人を脅かすような試練がやってきた時、自分でも信じられないほどの行動力を発揮して、初めて夫への愛情の深さを自覚することになるかもしれません。

夫婦関係の危機

あなたの結婚生活に危機が訪れるとしたら、それは夫以外の人間関係に偏った感情を持っている時でしょう。

ジュノー意識がまだ未熟な状態だと、あなたは夫との感情的な絆を独占する目的で、他の人々に対して排他的な態度を取るようになってしまいます。例えば夫が実家の家族や親しい友人と仲良くしていることに嫉妬して、自分はその交流の輪に入ろうとせず、わざと冷淡な態度を取ったりするのです。

しかし、あなたが夫婦の関係だけに閉じこもろうとすればするほど、夫の気持ちは離れていき、結局はあなたが独り取り残されてしまうことになるのです。

満たされた結婚生活を送るコツ

あなたが夫婦関係のバランスを保っていくためには、夫の存在を社会的なレベルからとらえられる視点を持たなくてはなりません。

まずは、夫婦の関係だけに閉じこもろうとするのをやめましょう。そして、パートナーが大切にしている、他の人間関係に触れる機会を、あなたの方から積極的に作っていくのです。そうすると、あなたは自分以外にも夫を必要としている人がたくさんいることを知って、それを意外なほど誇りに感じられるばかりか、夫のことをより深く理解し、愛せるようにもなれるでしょう。

本当の意味での一体感を経験するためには、夫の気持ちだけではなく、人生そのものを受け入れる包容力が必要なのです。

ジュノーが蠍座

♈ 牡羊座生まれ

あなたの運命の結婚相手は、情熱的な性格の男性です。簡単には自分の価値観を譲らない頑固者同士ですが、時が経つと夫はあなたに従うようになるでしょう。夫婦円満でいるためにはセックスライフを充実させること。

♉ 牡牛座生まれ

あなたの運命の夫となる人は、好きなものには徹底的に情熱を傾けるマニアタイプです。互いに一途な性格なので、深い絆で結ばれた夫婦になれそう。夫は独りで楽しむ趣味や好みがあるので、その欲求を満たしてあげれば円満です。

♊ 双子座生まれ

自由な生き方を理想とする男性が、あなたの運命の夫になりそうです。人生方針や関心事がコロコロ変化する夫の姿は、あなたにとってはストレスかも。しかし、手のひらの上で遊ばせると割り切れば、気にならなくなります。

♋ 蟹座生まれ

あなたと結ばれる運命の夫は、人情を大切にするタイプです。温かい家庭を築きますが、どちらかといえば夫の方が甘える側で、あなたに頼り切りになりそう。子供ができると夫婦共に甘く、わがままに育てる傾向があるので注意。

♌ 獅子座生まれ

あなたに運命づけられた夫は、陽気で華やかなイメージの男性です。夫はいつまでも恋人気分の夫婦でありたいと願いますが、あなたは照れくさく思うかもしれません。しかし人生を楽しもうとする夫の姿勢は見習うべきです。

♍ 乙女座生まれ

あなたの運命の結婚相手は、生真面目で少々潔癖症の気がある男性です。夫は誠実であろうとしますが、自分の内面に入り込まれることを恐れています。考え方や生活習慣を変えさせようとすると、心を閉ざしてしまうので要注意。

♎天秤座生まれ

あなたの運命の夫となる人は、魅力的な自己表現と周囲への気配りができるタイプです。夫は誰にでも公平に接するので、特別扱いを望むあなたとしては不満かも。あなたへの愛情は、長い結婚生活を通じて証明してもらって。

♏蠍座生まれ

深い一体感を求めるタイプが、あなたの運命の夫になりそうです。意外にも淡白な雰囲気の夫婦になりますが、それは互いのディープな愛情を暗黙のうちに理解できるから。夫婦の関係に閉じこもる傾向もあるので注意して。

♐射手座生まれ

あなたと結ばれる運命の夫は、オープンマインドで話し好きな男性です。誠実な夫ですが、愛さえあればわかり合えると信じるあなたと、何でも言葉にすべきだと考える夫との間には、コミュニケーションにズレがあるので要注意。

♑山羊座生まれ

あなたに運命づけられた夫は、責任感が強い不言実行タイプです。愛情を行動で示すので、言葉を交わさなくても理解し合う夫婦になるでしょう。しかし、主導権争いをする傾向があるので、譲り合いの心を忘れないように。

♒水瓶座生まれ

あなたの運命の結婚相手は、自由・博愛・平等をモットーとする男性です。夫は友人や仕事仲間を大切にしているので、あなたもそれらの人々と上手くやっていくことが必要。多様な価値観に対する姿勢は、あなたも見習うべきでしょう。

♓魚座生まれ

あなたの運命の夫となる人は、世のため人のために自己献身するタイプです。夫はあなたの深い愛情に応えようとするでしょう。なるべく夫婦の時間を持つことが円満のコツですが、夫を甘やかすと生活がだらしなくなるので注意。

Juno

ジュノーが
射手座

価値観の違いを楽しみつつ
人生に深みを持たせていく

理想のパートナーシップ

チャレンジ精神を象徴する射手座にジュノーを持つあなたは、結婚も一種の冒険であると考えているでしょう。身を固めるというよりは、自分の人生の新しい可能性を開くために、パートナーの力を借りようとするのです。そのため、あなたは夫とフランクで公平な関係を保ち、互いの自由を尊重した大らかな家庭を築こうとします。

それぞれの価値観に細かい違いがあっても、ほとんど気にすることはありません。それどころか、あなたは夫と方針が食い違い、合意にいたるまで意見を交換することを、なかば楽しんでいるかもしれません。あなたの内なる花嫁は、そうして夫婦で知的な刺激を与え合いながら、互いの愛情と信頼の深さを確かめようとするのです。

実際、あなたは結婚した後の方が、それ以前よりも自己主張が強くなり、自分の頭で考える力も格段にレベルアップしていくはずです。当然、夫婦の間に隠しごとはめったに作られないでしょう。

また、射手座にジュノーを持つ女性の結婚生活は、夫と二人だけの世界に閉じこもるようなことはまずありません。家庭にはとてもオープンな雰囲気があり、夫婦で外出する機会も多く、共通の友人関係もどんどん広がっていくでしょう。

夫婦関係の危機

あなたの結婚生活に危機が訪れるとしたら、それは自由という言葉の意味を履き違えている時でしょう。

あなたのジュノー意識が成熟していない間は、特定のパートナーを持つことと、自分の自由を確保したいという欲求が葛藤してしまいます。そのような状態のあなたは、気持ちの上では家庭を持つことを望んでいたのに、いざ結婚してみると、将来への不安や夫への怒りの感情などを抱くようになるでしょう。

そうして、自分勝手な言動から夫を振り回して、誇大妄想的な夢を追いかけるようになって、せっかくの結婚生活を自ら台無しにしてしまうのです。

満たされた結婚生活を送るコツ

あなたが夫婦関係のバランスを保つためには、夫とのチームワークを楽しめるようになる必要があります。

まずは、結婚という人生の選択が、自分の可能性を限定してしまったという思い込みを捨てましょう。そして、夫婦で協力しなければ実現不可能な具体的な目標を設定し、それに時間とエネルギーを集中させるのです。そうすると、あなたは一人で行動するよりもずっと生き生きとしてきて、自分でも気づかなかったような潜在能力も発揮できるようになるはずです。

結婚生活に感じていた閉塞感が、実は自分自身が思い込みで作り出していたものにすぎないことを悟るでしょう。

♈ 牡羊座生まれ

常に未来の可能性に目を向けている男性が、あなたの運命の夫になりそうです。チャレンジ精神が旺盛なので、二人三脚のマラソンのような結婚生活になりそう。夫は短絡的な行動に出やすいので、あなたがブレーキ役になって。

♉ 牡牛座生まれ

あなたと結ばれる運命の夫は、のんびり気楽な生活スタイルを好む男性です。しかし、あなたの刺激と変化を好む性質が、夫にとってストレスになることも。生活に変化を起こす時に、夫の価値観も考慮すれば歓迎されるでしょう。

♊ 双子座生まれ

あなたに運命づけられた夫は、好奇心が強く、話し好きな男性です。ユーモラスで刺激的な言葉のやり取りが続くので、夫婦で健忘症になるようなことはないでしょう。ただし、夫は堅い話が苦手なので、最小限にしてあげて。

♋ 蟹座生まれ

あなたの運命の結婚相手は、他人の感情の変化に反応する、デリケートな男性です。夫はあなたの前向きな生き方を応援してくれますが、その大胆行動にはついていけないよう。夫婦の個性の違いを考えた人生設計を心がけましょう。

♌ 獅子座生まれ

あなたの運命の夫となる人は、人生に劇的な展開を求める男性です。マンネリを嫌うので、変化と刺激に満ちた結婚生活になるでしょう。ただし、どちらも長期的な人生設計が苦手なので、時には立ち止まって考えることも必要。

♍ 乙女座生まれ

几帳面なタイプが、あなたの運命の夫になりそうです。寛容な人ですが、あなたの大雑把さは許容できない場合もあるでしょう。あなたが行動を起こし、夫が細かいところを詰めるという役割分担ができればよいかもしれません。

説話社の本

VOL.3 2017年3月

鏡リュウジの占い入門

西洋占星術界の第一人者である鏡リュウジ氏による、わかりやすく、読みやすい入門シリーズ。「夢占い」が加わり、5巻が刊行され大好評。続いて、「ホロスコープ・リーディング」「ルーン占い」「ひとり占い」などなど、順次、刊行予定。

A5判／並製／本体1200円＋税

① 鏡リュウジの タロット占い

タロット占いのエッセンスをまとめた、わかりやすくて楽しい入門書。初めての人でも、本書を片手に占える本。ウエイト版ほか4種のカードもご紹介。

978-4-906828-12-8

② 鏡リュウジの 12星座占い

誕生日でわかる12星座占い。シンプルだが、豊かな読み方を含み、複雑な占星術の入り口になる。自分という小さな星座の物語をつむぐ一冊に。

978-4-906828-13-5

③ 鏡リュウジの 魔女と魔法学

著者が幼年期から関心を深めていた魔女と魔術。歴史をひもとき、現代の魔女を追求する。ペンタグラムの描き方一つで悪い運気を遠ざける方法も伝授。

978-4-906828-19-7

④ 鏡リュウジの ルネーション占星術

「ルネーション（月の満ち欠け）占星術」は、太陽と月の角度から生じる「月相」で占うD・ルディアが提唱した一技法。月の光が、あなたの「運命」を照らし出す。

978-4-906828-25-8

新刊

⑤ 鏡リュウジの夢占い

「シンボリック夢事典」編を中心として、著者の豊かな知識・学識から紡がれる「夢解釈の歴史」の興味深いエピソードが楽しめる。巻末に掲載した読者の具体的なケースで、夢占いと占星術を組み合わせた画期的な夢解釈を紹介！

978-4-906828-29-6

占いの本

英国式占星術
世界2千万人の読者をもつ著者の書き下ろし。
ジョナサン・ケイナー 著
四六判／並製／1400円＋税
978-4-916217-11-0

人相診断
幸せ顔になるヘアメイク、暮らし方を提案。
宮沢みち 著
四六判／並製／1200円＋税 4刷
978-4-916217-03-5

前世ゲーム占い
気になる前世が占いや心理テストで判明。
森井ゆうも 著
B6変型判／並製／800円＋税
978-4-916217-16-5

もっともわかりやすい紫微斗数占い
144タイプからあなたを鑑定する。
田宮規雄 著
四六判／並製／1400円＋税 3刷
978-4-916217-29-5

開運マニア
開運求めて奮闘する爆笑エッセイ。
柏木珠希 著
四六判／並製／1200円＋税
978-4-916217-47-9

もっともわかりやすい 易占い
東洋占いの原点「易」。コイン3枚で占う。
マギー 著
四六判／並製／1500円＋税 4刷
978-4-916217-50-9

基礎からはじめるインド占星術入門
カルマを読み解き現実に役立てる占星術。
本多信明 著
A5判／並製／1300円＋税 2刷

978-4-916217-78-3

実践インド占星術
ワンランク上の実践的指南書。
本多信明 著
A5判／並製／3400円＋税
978-4-916217-96-7

姓名分析
基礎から楽しく始められる入門書。
源真里 著
四六判／並製／1500円＋税 2刷
978-4-916217-52-3

基本の「き」目からウロコの西洋占星術入門
基礎から楽しく始められる入門書。
いけだ笑み 著
A5判／並製／1200円＋税 3刷
978-4-916217-71-4

続 基本の「き」目からウロコの西洋占星術入門
細分化した西洋占星術のパーツを解説。
いけだ笑み 著
A5判／並製／1300円＋税
978-4-916217-72-1

ホラリー占星術
事件や問題が起こった瞬間の星の動きに注目。
いけだ笑み 著
A5判／並製／2200円＋税 2刷
978-4-916217-73-8

もっともわかりやすい九星気学
的中率の高い九星。解釈を現代に合わせた実践入門書。
神野紗千子 著
四六判／並製／1600円＋税 3刷
978-4-916217-60-8

新宿の母九星占い
陰陽五行説を基盤にした幸せのつかみ方。
栗原すみ子 著
四六判／並製／1200円＋税 2刷
978-4-916217-54-7

豪華本／箱入り／金箔押し

新刊

完全マスター紫微斗数占い

東海林秀樹 著

A5判／箱入り／金箔押し／5800円＋税

中国、とりわけ台湾で人気のある東洋の占星術。その人の旧暦変換した生年月日時をもとに運命や運勢などを判断。「命盤」で運勢吉凶などを見ていきます。

978-4-906828-31-9

カード

新刊

魔夜峰央タロット

魔夜峰央 著

箱入り／3800円＋税

1980年に他社より刊行された『タロット占い・トランプ占い・遊び方付き』のカードイラストの完全復刻版です。カード79枚とタロット占いマニュアルの小冊子で構成。サイズも元カードより大きく（120㎜×69㎜）し、ケースやカードには品格あるゴールドを使用し、大好評！

978-4-906828-30-2

完全マスター西洋占星術

松村潔 著

A5判／箱入り／4500円＋税 14刷

978-4-916217-40-0

完全マスター西洋占星術Ⅱ

松村潔 著

A5判／箱入り／5800円＋税 3刷

978-4-906828-21-0

完全マスタータロット占術大全

伊泉龍一 著

A5判／箱入り／4500円＋税 4刷

978-4-916217-55-4

完全独習版 子平推命

小山眞樹代 著

A5判／上製／5600円＋税 5刷

978-4-916217-83-7

スペルズ

ジュディカ・イルス 著

A5判／並製／5800円＋税 8刷

978-4-906828-00-5

現代方位術大全

林巨征 著

A5判／並製／5200円＋税 6刷

978-4-916217-93-6

松村潔の本

タロット・リーディング
直感で読み解くコツを盛り込んだ実践書。
A5判／上製／2800円＋税 5刷

978-4-916217-48-6

タロット・リーディング実践編
大アルカナ22枚に絞り込み読み解く続編。
A5判／上製／2800円＋税 3刷
978-4-916217-63-9

タロット解釈大事典
2枚1組での読み解きに主眼。462組を解説。
A5判／並製／3800円＋税 2刷
978-4-916217-75-2

ディグリー占星術
ホロスコープの度数から自身を読み解く。
A5判／並製／2400円＋税 3刷
978-4-916217-99-8

トランシット占星術
出生図と通過する惑星の相互作用で未来を予測。
A5判／並製／2400円＋税 3刷
978-4-916217-86-8

ヘリオセントリック占術
価値観を180度変える力を与える新占星術。
A5判／並製／2400円＋税
978-4-916217-94-3

パワースポットがわかる本
パワースポットの解説とお奨め36か所を紹介。
四六判／並製／1300円＋税
978-4-916217-87-5

水晶透視ができる本
未来や過去、深層心理がわかる実践透視術。
A5判／並製／2200円＋税 2刷
978-4-916217-90-5

あなたの人生を変えるタロットパスワーク
実践マニュアル
カードの1つ1つにイメージで入る瞑想法。
A5判／並製・CD付／2800円＋税
978-4-916217-84-4

みんなで！アカシックリーディング
透視、予知の仕組みや読み解き方を解説。
A5判／並製／1300円＋税
978-4-916217-77-6

本当のあなたを知るための前世療法 インテグラル・ヒプノ
独習マニュアル
ヒプノセラピーの研究と実践から生まれた本。
A5判／並製／2400円＋税
978-4-906828-01-2

クラウドスプレッド タロットリーディング
同じカードを2セット使い読み解く占法。
A5判／並製／3800円＋税
978-4-906828-06-7

三次元占星術
ヘリオセントリックを進化させた最新の占星術。
A5判／並製／2800円＋税 2刷

978-4-906828-10-4

ボディアストロロジー
身体と占星術を融合させたもの。宇宙との結びつきを紐解き、医師の立場で藤森理子氏に監修と寄稿も。

A5判／並製／3800円＋税 2刷

978-4-906828-28-9

鏡リュウジの本

ソウルフルタロット
人気サイトの書籍化。大小アルカナ78枚つき。
箱入りカード付き／2800円＋税 5刷

978-4-916217-43-1

鏡リュウジの占い大事典
鏡リュウジ占いの全て。ファン必読書。
四六判／並製／1500円＋税 2刷
978-4-906828-04-3

あなたの星座と運命
星占い決定版。行動原理から対人まで。
A5判／並製／1600円＋税
978-4-916217-67-7

♎ 天秤座生まれ

あなたと結ばれる運命の夫は自己表現が上手く、人づき合いに長けたタイプです。人との縁をつなぎ、関係を盛り上げることが二人のテーマでしょう。ただし、夫婦とも人がよいので、悪意ある人間に利用されないよう注意を。

♏ 蠍座生まれ

あなたに運命づけられた夫は、深い感情と情熱的な意志を心に秘めるタイプ。率直な物言いが苦手ですが、あなたとは理解し合えるはずです。頑固な割にはリーダーシップに欠けるので、あなたがどんどん引っ張ってあげて。

♐ 射手座生まれ

あなたの運命の結婚相手は、前向きで知的好奇心に溢れた男性です。夫婦で共通の夢や目的が持てれば、大きな成果を残すことができるでしょう。良い意味でのライバル意識を持てば、テンションの高い結婚生活を送れます。

♑ 山羊座生まれ

あなたの運命の夫となる人は、社会のルールや常識を重んじる、真面目一筋の男性です。夫はあなたに干渉しますが、内心では自由な行動が羨ましいのです。夫婦で妥協を学べば互いにバランスの取れた生き方ができるでしょう。

♒ 水瓶座生まれ

何事も改革したがる進歩的なタイプの男性が、あなたの運命の夫になりそうです。二人のライフスタイルも定期的にリニューアルされ、新鮮さを保てるはず。同じ夢を追い続ける共通の友人を持つと、夫婦仲は円満でしょう。

♓ 魚座生まれ

あなたと結ばれる運命の夫は、持ちつ持たれつの人間関係を大切にするタイプです。夫婦共に自由なライフスタイルを志し、安らぎのある家庭を作ろうとします。夫の依存的な態度は、コミュニケーションの手段であると考えて。

Juno

ジュノーが

山羊座

一度限りの人生と伴侶に
満身の努力と愛情を注ぐ

理想のパートナーシップ

実際的で向上心に溢れた山羊座にジュノーを持つあなたにとっては、結婚は一種のステイタスであり、成功を目指して地道な努力を積み上げていく仕事のようなものでしょう。そのため、あなたは夫とのパートナーシップにおいて、妻としての自分の役割にプロ意識を持って臨むはずです。

実際、夫婦と言えども過剰に甘えるようなことはなく、礼儀を欠くこともありません。家計は非常に長期的な計画に基づいて管理され、堅実な生活方針をつらぬいていくでしょう。また、夫の、あるいは夫婦そろっての社会的地位の向上にもとても熱心かもしれません。

それでも、あなたにとっての結婚が、自分の野心を満足させるための手段ということではありません。現実感覚に優れた山羊座にジュノーを持つ女性は、人間の人生には限りがあり、夫婦の関係も永遠ではないという真実を、とてもリアルに受け止めています。

だからこそ、ストイックな姿勢で夫と向き合い、有限である二人の人生で、可能な限りの努力をしていこうという気持ちが湧いてくるのです。もちろんその前提には、そこまで真剣になれるほどの夫への深い愛情があることはいうまでもありません。

夫婦関係の危機

あなたの結婚生活に危機が訪れるとしたら、それは世間的な基準で自分の幸福を図ろうとした時でしょう。

山羊座のジュノー意識が未熟だと、自分たち夫婦のパートナーシップの価値を、他の夫婦と比べることでしか評価できなくなってしまいます。そして、夫が出世するようにプレッシャーをかけ続けて、家庭をないがしろにしてでも、あなた自身が社会的な実力を獲得しようとして躍起になったりするのです。

そのような打算的な精神は、表向きには隠せても、夫に隠すことはできません。そして気がついた時には、夫婦の関係は暗く冷え切ったものになってしまうのです。

満たされた結婚生活を送るコツ

あなたが夫婦関係のバランスを維持していくためには、周囲の人々ではなく、自分の夫から尊敬される妻を目指す必要があります。

まずは、体裁を良くしようと躍起になるのをやめて、今この瞬間に夫が何を求めているのか、そして自分が何をするべきなのかを静かに考えてみましょう。そして、良い夫婦であるために、あなたができることから始めてみるのです。

そうすると、あなたは初めて夫のビジョンの大きさを理解し、その実現に協力することに大きな意義を感じ始めます。さらには、夫に頼れることこそ、自分にとっての最高のステイタスであると気づくでしょう。それこそが、あなたが望む真の財産なのです。

♈ 牡羊座生まれ

あなたに運命づけられた夫は、感覚で動くタイプです。あなたからすると夫の生き方は無謀で自己中心的に見えますが、その勇気と行動力は見習うべき。あなたが常識面でサポートすれば、夫の夢は実現するでしょう。

♉ 牡牛座生まれ

あなたの運命の結婚相手は、のんびり気ままですが、優れた生活処理能力のある男性です。経済的に安定した生活が築け、余暇を楽しむ心の余裕も持てるでしょう。ただし、社会的なステイタスに無関心な傾向は受け入れること。

♊ 双子座生まれ

あなたの運命の夫となる人は、知的な面と子供っぽさが同居している男性です。浮ついた人間に見えるかもしれませんが、いざという時に頼りになる夫でしょう。しかし、人生設計はあなたが中心となって立てるのがベスト。

♋ 蟹座生まれ

気が優しくて家庭的な雰囲気を持つ男性が、あなたの運命の夫になりそうです。夫は素晴らしいバイタリティーを発揮しますが、家庭が円満でないと一気に堕落します。あなたが精神的な支えなので、包容力と威厳が求められそう。

♌ 獅子座生まれ

あなたと結ばれる運命の夫は、寛大で誇り高いタイプです。夫はパートナーから尊敬されると自信が持てるので、なるべく褒め言葉をかけましょう。あまり夢のない話をしすぎると、夫の意欲がそがれてしまうので要注意です。

♍ 乙女座生まれ

あなたに運命づけられた夫は、地に足の着いたタイプです。夫はステイタスより日々の充実感を求める点で、あなたと異なるかもしれません。ただ、夫婦円満であれば、夫が潜在能力を発揮して世に出る可能性が高まるでしょう。

天秤座生まれ

あなたの運命の結婚相手は、育ちが良くて人に好かれるタイプです。真剣な態度で結婚生活に向き合うため、立派な家庭を築くでしょう。ただ、夫はゆとりを求めるので、あなたのストイックな生活方針を緩める必要がありそうです。

蠍座生まれ

あなたの運命の夫となる人は、深い愛情と粘り強い意志力を兼ね備えた男性です。愛情表現が下手な人ですが、一緒に暮らしていくうちに必ず理解し合えるでしょう。仕事人間なので、家庭でリラックスすることを覚えてもらって。

射手座生まれ

将来に大きな夢を持つ男性が、あなたの運命の夫になりそうです。慎重派のあなたと冒険家肌の夫というコンビです。地道な努力で上手くバランスを取れば、夫婦でさまざまなアイデアや可能性をかたちにできるでしょう。

山羊座生まれ

あなたと結ばれる運命の夫は、人生に真摯《しんし》に向き合う真面目なタイプです。二人共、結婚に責任を持つので、どんな問題でも忍耐強く乗り越えられます。コミュニケーション不足で気持ちがすれ違う点には、注意が必要です。

水瓶座生まれ

あなたに運命づけられた夫は、独創的で型にはまらない生き方をする男性です。夫が非常識に見えることもありますが、その背後には人生に真剣に向き合う意志があります。あなたは夫の気持ちを理解する必要があるでしょう。

魚座生まれ

あなたの運命の結婚相手は、情が深く献身的に尽くすタイプです。夫はあなたを常識人として尊敬し、あなたも夫の深い人間性から学びがあるでしょう。奉仕的な態度で仕事や社会活動をすると、夫婦で高いステイタスを獲得できます。

Juno

ジュノーが水瓶座

お互いの自主性を尊重した
独自の共同生活を作り出す

理想のパートナーシップ

博愛と自由の星座である水瓶座に小惑星ジュノーを持つあなたは、古い常識や習慣にとらわれないユニークな結婚生活を理想としているでしょう。あなたの内なる花嫁は、人間は決して独りでは生きていけないことを知っていますが、誰かの妻である前に、一人の個性ある人間であり続けたいとも願っているのです。

当然、夫に対しても、同じように独自の価値観を大切にしてほしいと考えています。ある意味では、夫は最も信頼できる友人であり、二人にとって最も自然で自分らしく生きていける共同生活のスタイルを、合理的に考えて実践していこうとする同志のような存在かもしれません。実際、あなたは結婚後も夫とは異なる仕事や趣味、人間関係などを維持しているはず。夫にも独自のネットワークがあるでしょう。その様子は、一見するとばらばらな夫婦のように思われるかもしれません。

しかし、それでも夫婦の間には明確な将来像や独自のルールが共有されており、基本的な信頼関係はしっかりと成り立っているのです。もちろん、その自由にも限界は存在しますが、互いの個性に最大限の敬意を示し合うことが、あなたにとっては夫婦の愛情の証となるのです。

夫婦関係の危機

あなたの結婚生活に危機が訪れるとしたら、それは自分が特別な人間であると思い込んでいる時でしょう。

水瓶座のジュノー意識が未熟なうちは、自分が多くの中の一人であるという真実を受け入れることができません。そして、夫は自分のすべてを理解するべきであり、理解できなければレベルが低い人間であると見なしてしまうのです。そうなると、あなたは夫を軽蔑するような態度を取ったり、何かにつけて夫に反抗するようになったりするかもしれません。

あなたがそうした姿勢を続けている間に、いつしか結婚の意義そのものが失われていってしまうでしょう。

満たされた結婚生活を送るコツ

あなたが夫婦関係のバランスを維持していくためには、夫との対等なパートナーシップを育む中で、自分自身の価値と自由を獲得する必要があります。

まずは、あなた自身がそうであるように、夫もまた一人の個性ある人間であることを認めてください。そして、価値観が異なっていることがわかっても、反射的に否定したりせず、相互理解と共存を目指していくのです。

そうして、夫婦で同じ目線で向かい合えるようになると、夫への尊敬の念が強くなります。すると、自分に自信がつき、新しい自己価値が生まれるだけでなく、未来の可能性も広げられることに気づくでしょう。

♈ 牡羊座生まれ

あなたの運命の夫となる人は、独創的なライフスタイルを求める男性です。ただ、あなたほどチームプレーが得意ではないので、足並みをそろえるには少々苦労がありそう。持ち味を生かした協力関係を作るように努力しましょう。

♉ 牡牛座生まれ

強固な価値観を持つ頑固者タイプが、あなたの運命の夫になりそうです。共通点があっても、アプローチの仕方は全く異なるため、欠点を補い合う夫婦となるでしょう。あなたの浪費癖は夫の信頼を損ねるので要注意です。

♊ 双子座生まれ

あなたと結ばれる運命の夫は、柔軟な知性と適応力を持つタイプ。夫婦共に自由な関係を理想とするので、比較的気楽な結婚生活になるでしょう。夫は今を楽しむことしか考えないかもしれませんが、その点は許容してあげて。

♋ 蟹座生まれ

あなたに運命づけられた夫は、親密な人間関係に心のよりどころを求めるタイプです。何でも追随する人に見えますが、それが夫の個性と理解しましょう。意識して心のケアやスキンシップをすれば、円満な関係が続きます。

♌ 獅子座生まれ

あなたの運命の結婚相手は、強い自己顕示欲を持つ王様タイプです。価値観が対立しやすい夫婦ですが、互いの一貫した姿勢に信頼を置くことにもなりそう。夫は褒め言葉に弱いので、ある程度持ち上げておけばよさそうです。

♍ 乙女座生まれ

あなたの運命の夫となる人は、知的で真面目一筋の男性です。しかし、あなたの大胆さは評価し、筋が通った意見ならきちんと認めてくれるでしょう。一方では、耳の痛い批判は、あなたを正しく理解している証拠だととらえて。

♎ 天秤座生まれ

スマートな社交センスを持つ人気者タイプが、あなたの運命の夫になりそうです。夫はコミュニケーションを大切にするので、夫婦の間にも会話は絶えないでしょう。議論も多い夫婦ですが、あなたが極論に傾きやすいので注意。

♏ 蠍座生まれ

あなたと結ばれる運命の夫は、強い意志と豊かな感受性を秘めた男性です。時に夫を理解できない場合がありますが、不言実行であることを理解すべき。夫婦関係に自由がほしければ、それに見合う責任を果たす必要があります。

♐ 射手座生まれ

あなたに運命づけられた夫は、広い視野と好奇心を持つ男性です。固定観念に縛られないため、ユニークな結婚生活になるでしょう。ただ、堅実な生活方針が立てられないので、意識して家計や健康管理に留意すること。

♑ 山羊座生まれ

あなたの運命の結婚相手は、世間的な価値基準を尊守する真面目な男性です。夫の姿は窮屈で面白味がないように見えるかもしれません。しかし、自由を確保するためには、地道な努力も必要であることを教えてもらいましょう。

♒ 水瓶座生まれ

あなたの運命の夫となる人は、自由なパートナーシップを求める男性です。互いの人生に新しい方向性を与える、創造的な夫婦関係を築くでしょう。ただし、常識を無視しすぎて周囲の人の支持を失わないように注意してください。

♓ 魚座生まれ

感受性の豊かな詩人タイプが、あなたの運命の夫になりそうです。包容力があるので、あなたは伸び伸びと過ごせるでしょう。ただ、何でも理屈で割り切るあなたの態度は、強い反感を持たれる可能性もあるので注意して。

Juno

ジュノーが魚座

夫への無償の奉仕によって
内なる子供が満たされる

理想のパートナーシップ

自己犠牲の精神を象徴する魚座にジュノーを持つあなたは、夫とのパートナーシップに無償の愛をつらぬきたいと願っているでしょう。実際、あなたは夫にとって心のオアシスのような存在となることに、この上ない生きがいを感じるはずです。

しかし、あなたの愛情が何の見返りも求めていないという評価は、少々語弊があるかもしれません。あなたの内なる花嫁が結婚生活の中に求めているのは、夫との関係を通じて、生まれたばかりの幼児のような純真無垢《むく》な魂を取り戻すことだからです。あなたが夫をありのままに受け入れ、子供のように甘やかしてあげようとするのは、実はあなた自身の内面にある幼児的な感情をケアする行為でもあるのです。ですから、あなたも夫から同じように愛され、時には子供のように甘えさせてほしいという願望を密かに抱いているはずです。

また、魚座のジュノーには、パートナーを理想的な人物に育て上げる力も秘めています。夫婦の間に深い愛情と信頼関係があれば、夫の夢をあなたが信じるだけで、それが自然と実現する方向に向かうという現象が起こるのです。同様に、あなたも夫の愛によって、より素晴らしい女性に変身することも可能でしょう。

夫婦関係の危機

あなたの結婚生活に危機が訪れるとしたら、それは夫のすべてを受け入れるという言葉の意味を取り違えている時でしょう。

魚座のジュノー意識が未熟な状態だと、あなたは夫を過度に理想化してしまい、その価値観のほとんどを正しいものとして無条件に信じ込んでしまいます。たとえ夫のマイナス面が現実に問題を引き起こしても、あなたはそれを批判するどころか、環境のせいにしたり、自分の責任だと考えたりするかもしれません。

そうして、いつの間にか問題が手に負えないほど深刻化してしまい、結果的には夫婦の絆まで脅かされるような事態を招いてしまうことになるのです。

満たされた結婚生活を送るコツ

あなたが夫婦関係のバランスを維持していくためには、夫が神ならぬ人の子であることを忘れないようにしなければなりません。

まずは、夫の考え方がいつも正しいはずだという思い込みを捨てて、その行動を客観的に観察するようにしてください。そして、夫が過ちを犯していると思ったなら、勇気を出してその問題を指摘していくのです。優しく伝えるだけでなく、時には厳しい態度で臨むようにしてください。

そうすれば、あなたは夫に「ノー」を言うことが、夫や自分自身の心を傷つけることなどないばかりか、夫婦の愛情と信頼をより深め、互いに誇りを持つことにつながるという真実を発見するでしょう。

ジュノーが魚座

♈ 牡羊座生まれ

あなたと結ばれる運命の夫は、やる気や欲望に忠実なタイプです。夫は一見、自信満々に見えますが、本当は不安を抱えながら行動していることを理解してあげて。結婚を成功させるには、あなたがさりげなくケアしてあげましょう。

♉ 牡牛座生まれ

あなたに運命づけられた夫は、のんびりとした生活方針を持つ趣味人タイプです。夫とは、穏やかな結婚生活が実現するでしょう。その一方で、衣食住の好みにはうるさいので、夫のセンスをよく学習する必要があります。

♊ 双子座生まれ

あなたの運命の結婚相手は、何ものにも縛られない、永遠の少年のような男性です。夫はあなたに甘える一方で、自由も謳歌《おうか》しようとするお調子者かも。しかし、手のひらの上で遊ばせておけば、必ずあなたの元に戻ってきます。

♋ 蟹座生まれ

あなたの運命の夫となる人は、人の世話を焼くことに生きがいを感じるタイプです。情で結ばれた関係を大切にするので、温かい家庭を作ることができます。夫には身内贔屓の傾向がありますが、差別として過剰反応しないこと。

♌ 獅子座生まれ

陽気で目立ちたがり屋のタイプが、あなたの運命の夫になりそうです。夫は人生を楽しもうとしますが、意外とネガティブな側面もあります。その点を理解し、厳しい現実を直視できれば、夫婦の夢を叶えられるでしょう。

♍ 乙女座生まれ

あなたと結ばれる運命の夫は、几帳面で物事の細部にこだわるタイプです。夫の批判的な目は厳しく感じられますが、あなたの安全と向上を願ってのこと。実際にはあなたの癒す力に頼っているので、自信を持ちましょう。

♎ 天秤座生まれ

あなたに運命づけられた夫は、絶妙なバランス感覚で人脈を広げる社交的な男性です。二人共、人間関係を大切にしますが、あなたは本音を、夫は建前を重視する違いが、他者との距離の取り方は夫から大いに学ぶべきです。

♏ 蠍座生まれ

あなたの運命の結婚相手は、愛情深いタイプです。夫婦共に共感力が発達しているので、親密なパートナーシップを築くことができそう。その一方で、あなたが周囲に優しくすると、夫の嫉妬心を煽ることがあるので注意して。

♐ 射手座生まれ

あなたの運命の夫となる人は、未知の世界への憧れが強い挑戦者タイプです。あなたも夫も結婚を神聖視するので、互いに誠実かつ献身的な夫婦になるでしょう。ただ、二人ともアバウトなため、生活がだらしなくならないように。

♑ 山羊座生まれ

世の中の仕組みに通じたタイプが、あなたの運命の夫になりそうです。夫は世知辛い人物に見えるかもしれませんが、その世間知から学ぶことは多いはず。しかし、意外と小心なので、さりげないケアをしてあげましょう。

♒ 水瓶座生まれ

あなたと結ばれる運命の夫は、知的で自立した精神を持つタイプです。何事も理屈が先行し、人に甘えることも嫌う夫には不満を感じるかもしれません。それでも、妻は生涯最高の親友と考えていますから、大いに自信を持って。

♓ 魚座生まれ

あなたに運命づけられた夫は、深い感情で結ばれた相手を求める男性です。夫はロマンチストなので、心の豊かさを最優先するでしょう。ただ、二人共、非現実的な夢を追って、他人に利用されやすい傾向があるので注意。

Column 3

ジュノー的女の人生

マリリン・モンロー

(1926 年～ 1962 年)

女優として大成功を収めながら、私生活では三度の結婚と離婚を繰り返し、最期には謎の死を遂げたマリリン・モンロー。20 世紀最大のセックスシンボルだった彼女が求めた理想のパートナーシップとは、一体どのようなものだったのでしょうか?

マリリンの小惑星ジュノーは、「魂の純化」を象徴する魚座にあり、占星家が「死の家」と呼ぶ第8ハウスにも位置しています。これは、彼女にとっての結婚が、子供のように無垢な心を取り戻す道であること、そして死のイメージと結びついていることを示しています。マリリンが最も愛した男性は、二度目の結婚相手だった野球選手のジョー・ディマジオであったといわれていますが、二人の結婚生活はわずか9か月しか続きませんでした。マリリンは夫に思い切り甘えたいと思っていましたが、その女優としての名声が、ディマジオの嫉妬を買ってしまったのです。

しかし、二人は離婚後によりを戻し、ディマジオは仕事や人間関係のストレスで心を病んでいたマリリンを、優しい父親のようにずっと支え続けました。そして「もし私が死んだら、毎日お墓にバラの花を飾ってくれる?」という、まるで自らの死を予期していたかのような言葉をマリリンから聞かされていたディマジオは、その遺言を守り、生涯に渡って彼女の墓前にバラの花を贈り続けたのでした。

第5章
セレスが示す「母性愛」

⚳ Ceres

【発見年】1801年

【発見者】ジュゼッペ・ピアッツィ（イタリア）

【大きさ】940km

【公転周期】4.60年

【名称の由来】ローマ神話の「豊穣の女神」

【記号の由来】農作物を刈り取る鎌

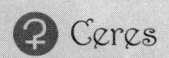

1 小惑星セレスとは

神話……四季が生まれた母娘の物語

小惑星セレスの名称の由来となったのは、ローマ神話の豊穣の女神セレス（ケレス）で、ギリシア神話で「デメテル」と呼ばれる女神と同一の神格です。ここでは、セレス神話の前身であるデメテルの伝承についてお話ししましょう。

デメテルは地上に穀物を実らせて人間たちを養うという、極めて重要な仕事を請け負っていた女神で、母なる大地そのものでもありました。彼女にはペルセポネという一人娘があり、それこそ目の中に入れても痛くないほど溺愛していました。しかし、その親子の関係を引き裂こうとする、恐ろしい計画が進行していました。大地の奥底で孤独に生きていた冥界の神ハデスが、ペルセポネを強引に自分の妃にしようと企んでいたのです。

ある日のこと、ペルセポネは草原で美しい水仙の花を見つけ、それを摘み取ろうとして近づきました。すると、突然大地が裂け、そこから黒馬にまたがったハデスが現れ、彼女を地下世界へと無理やり連れ去ってしまったのです。

ペルセポネの姿が消えたことに気づいたセレスは、９日間もの間、食事も取らずに野山を駆け回り、死にもの狂いで娘を探しました。そして、事件の一部始終を目撃していた太陽神ヘリオスから、ペルセポネがハデスにさらわれたこと、そして、それを許したのが全知全能の神ゼウスであったことなど、数々の信じがたい真相を聞かされたのでした。

激しく憤ったデメテルは、エレウシスという町の神殿に引きこもり、誰とも口を利かなくなりました。そのため、地上ではあらゆる農作物が枯れ、かつてない大飢饉《ききん》が人類を襲ったのです。困り果てたゼウスは、結局、ペルセポネを母の元に帰すようハデスに命じました。

ところが、ペルセポネはハデスから呪いのザクロを与えられ、その力で再び冥界に戻らなくてはならないという宿命を負わされてしまいます。その結果、彼女は1年のうち4か月を冥界で暮らし、残りの8か月を地上で母と暮らすことになりました。

娘が一緒にいる間は、デメテルは喜々として地上に草木を生やしますが、再び離れ離れになると、悲しみで大地を不毛にしてしまいます。古代の人々によれば、これが地上の四季の起源であるとのことです。

象徴するもの……養育、母性

地上に作物を実らせることによって、すべての人間に生きる糧を与えるセレス＝デメテルの神話から、現代の占星家は、小惑星セレスが「養育」を象徴する天体であると推測しました。

そして、多くのホロスコープでセレスの位置を確認した結果、私たちがどのような姿勢で子供に接し、育てていくのかについて、とても正確な情報が得られることがわかったのです。

セレスには愛するわが子を危険から守り、必要なものを与えながら育てようとする性質があります。そのような何の見返りも求めることなく子供に注がれる愛情は、「母性」という言葉で形容されることがありますが、最近の研究では、小惑星セレスが女性だけに影響を与える星では

その一方でセレスは、私たちが子供を育てていく時に直面するさまざまな心理的問題をも象徴することがあります。その多くは、子供の自立に伴う親の悲しみと深い関係があるでしょう。手塩にかけて育ててきた存在を手放す時に感じる心の痛みや空虚感は、ペルセポネ誘拐事件の神話に実に明確に表現されています。しかし、それはある意味では、娘を自分の占有物として扱っていた母親が子離れするために、必要不可欠な試練だったとも解釈できるでしょう。

ほかにも、自分の勝手で子育てを放棄（引きこもりと大飢饉）するとか、条件つきで愛情表現を与える（ゼウスとの取引）といった不健全なパターンも、小惑星セレスの性質の負の側面として表現されることがあります。

いずれにしても、古代の大地母神でさえ、現実には子供を育てることに困難を経験していたことも明らかになっています。実際、男性であっても、心の中に等しく母なる女神が宿っている、つまり女性と同じように子供を育てていく本能を備えているのです。

また、セレスが示す「養育」は、必ずしも自分の子供だけに向けられるものではありません。他人の子供に対してはもちろん、世話を必要としているお年寄りや病人、あるいは農作物やペットにいたるまで、その無償の愛が注がれる可能性があります。さらには、教育活動や芸術的な創作、長期的な計画の下で進められる仕事にも、セレスが表す「養育者」としての意欲と責任感が必要であることはいうまでもありません。実際、子育てや他者を世話する仕事に意欲的に取り組む人々には、小惑星セレスの性質をポジティブに発揮しているケースが多いのです。

代の私たちと同じように、子育ての問題で悩んだり苦しんだりしていたのです。

この章で占うこと

巻末の小惑星運行表を使って、小惑星セレスのいる星座を調べてください。

最初は、あなたがどのようなスタイルで母親としての仕事を楽しむのか、そして子育ての過程でどのような試練に直面し、子供と一緒に成長していかなければならないのかについて占っていきます。

次に、あなたが産み育てる子供のイメージについて太陽星座別に紹介してあります。

これから母親になる方も、現在子育て真っ最中の方も、小惑星セレスが示す自分の「内なる母」のメッセージに耳を傾けてみてください。

Ceres

セレスが
牡羊座

子供の自主性を重んじ
個性を伸ばす育児を目指す

理想の育児スタイル

自主独立の精神を象徴する牡羊座にセレスを持つあなたにとって、子育ては子供の個性と自主性を育むこととほとんど同義であるといえるでしょう。事あるごとに決断とチャレンジを促し、実体験を通じてわが子に自信をつけさせることが、あなたの内なる母親が理想としている養育の方針なのです。

実際、あなたが母親となった時には、「かわいい子には旅をさせよ」という格言を、文字通りに実行していくことでしょう。勉強やスポーツ、異性関係といった、人生のさまざまなテーマにおいて、子供が体当たりでぶつかっていく姿に、あなたは母親として大きな喜びと誇りを感じることができるはずです。もちろん、その試みが成功するかどうかは二の次であって、実際に行動したことが大切だと考えるでしょう。

子供にわが道を行かせるという養育の方針は、あなた自身が両親からそのように育てられたことに由来しているかもしれません。しかし場合によっては、過保護な家庭、あるいは自由な行動が許されない抑圧された環境で幼少期を過ごした可能性もあります。それでも、あなたは自分の子供の冒険を陰から見守りながら、自分自身の個性をも育て直すことができるでしょう。

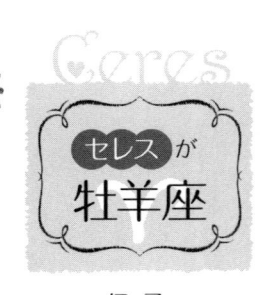

子育ての壁

あなたが子育ての壁にぶつかるとしたら、それはどんな子供の心にもある未知への恐れや不安を軽視している時でしょう。

あなたのセレス意識が十分に発達していない場合、ただ子供にアクションを促すだけで、その時に子供が体験している戸惑いや孤独といった感情に対して、十分に考慮できていない可能性があるのです。その場合、まだ恐れをコントロールすることができない子供は、ますます積極的な行動を避けるようになってしまいます。

さらに、母親に自分の気持ちを理解してもらえないと思うことで自信を喪失していくという、ネガティブな悪循環にはまってしまうかもしれないのです。

ママとしての心得

あなたが子育てに成功するためには、子供を自立させるために適切なステップを与えるセンスが必要です。

まずは、母親から離れて、未知の経験をする時に感じる子供の不安を心から受け止めて、達成可能な範囲のチャレンジで成功体験が得られるように工夫してみてください。そして、あなた自身が新しい試みを楽しみ、その過程で達成感というご褒美を受け取るお手本を子供に見せてあげましょう。

そうすれば、あなたの子供は母から愛されていると確信すると同時に、挑戦的な行為を通じて自分の人生の意義を見い出す精神も身につけていけるでしょう。

♈ 牡羊座生まれ

あなたの子供は、自主的な行動が起こせる子に育ちそうです。幼い頃から一人遊びを好み、問題は自分であれこれ工夫して乗り越えるでしょう。ただし、集団生活に溶け込めない傾向は、ある程度は是正していく必要があります。

♉ 牡牛座生まれ

あなたの子供は、心根の優しいお人よしタイプかもしれません。周囲に流されやすい傾向がありますが、必要以上に心配しないこと。他者への思いやりから強い行動を起こせる人に育てましょう。極端なスパルタ教育は逆効果です。

♊ 双子座生まれ

あなたの子供は、感情を表に出さない冷静沈着な子になりそうです。はっきりとした個性を持ちますが、自己顕示欲はなく、周囲との協調もできるでしょう。ただ、母親に甘えたい気持ちも隠す傾向があるので、注意して観察して。

♋ 蟹座生まれ

あなたの子供には、早く大人になりたがる、ませたところがあります。幼い頃からリーダーとして集団を仕切りたがるでしょう。親に認められようとして子供らしい感情を抑圧するので、なるべく自由な行動を促しましょう。

♌ 獅子座生まれ

あなたの子供は、発想がダイナミックで大きな夢を持つでしょう。ロマンを求める点はよいのですが、有り余るエネルギーで周囲に迷惑をかける心配も。興味を持ったスポーツや芸能に意識を集中させて、不良化を防ぎましょう。

♍ 乙女座生まれ

あなたの子供は、心の中に自分の世界を構築する内向的な子に育ちそうです。感情を表さないので暗い雰囲気に見えますが、内面には豊かな感情があります。おとなしすぎるからといって、あまり心配しなくてもよいでしょう。

♎ 天秤座生まれ

あなたの子供は、人好きでユニークな自己表現をするタイプかもしれません。友達が多く、大人にも愛想を振りまくので、評判はよいでしょう。ただ、親や友達の意見に振り回されがちなので、自分で考える習慣もつけさせて。

♏ 蠍座生まれ

あなたの子供は、地味な趣味嗜好を持つ子になりそうです。読書やパソコンなどに熱中しますが、実際的な知識や技術が身につくのでよいでしょう。慎重ではあっても臆病ではないので、親のリズムで行動を急かさないように。

♐ 射手座生まれ

あなたの子供には、目立ちたがり屋で行動が危なっかしいところがあります。常識を教えるのに苦労するかもしれませんが、自立した人生を生きることができるでしょう。二人で何かに挑戦する体験は、親子の信頼関係を強化します。

♑ 山羊座生まれ

あなたの子供は、家族や友達との親密な関係を求める人懐っこい子でしょう。両親、特に母親に甘える傾向がありますが、愛情を注がれることで、芯の強い人格を形成します。人見知りは無理に改善しなくてもよいでしょう。

♒ 水瓶座生まれ

あなたの子供は、好奇心旺盛な子に育ちそうです。幼少期は興味の方向があちこちに飛ぶ傾向がありますが、柔軟な知性が育成されます。自立が早いので、自分の行動に責任を持つことも、早くから教えた方がよいでしょう。

♓ 魚座生まれ

あなたの子供は、独自の趣味嗜好を持つタイプかもしれません。自我が強い点では頼もしいのですが、変化を嫌う性質が消極的に見えることもあるでしょう。物欲が強い子なので、行動を起こさせるにはご褒美を用意してください。

セレスが牡牛座

形あるものを与えることで見えない愛情を表現する

理想の育児スタイル

物質世界への感受性を象徴する牡牛座にセレスを持つあなたにとっては、豊かで安定した生活環境をわが子に提供することが、子育ての最も重要なテーマとなるでしょう。当然、子供のために好きなおもちゃを買ってあげたり、習いごとをさせてあげたりといった、ゆとりを実現させたいという気持ちは人一倍強いはずです。

しかし、あなたの内なる母性が目指しているのは、あくまでも子供に愛情を注ぐことであり、経済的な豊かさはその手段にすぎません。例えば、将来独り立ちしていく子供が安全で快適な暮らしを送れるように、実際的な生活の知恵や感受性を育んでいくこともまた、牡牛座にセレスを持つ母親の養育スタイルの特徴です。実際、あなたは子供に清潔な衣服を準備したり、美味で栄養価の高い食事を与えたりすることに、この上ない喜びを感じるでしょう。また、モノやお金を大切に扱うことも、根気よく教えていけるはずです。

いずれにしても、そのような物理的存在を媒介としたコミュニケーションを通じて、あなたの子供は自分が愛され、保護され、育てられていることをリアルに実感し、健全な人間として成長していくのです。

子育ての壁

あなたが子育ての壁にぶつかるとしたら、それはお金やモノの力を過信して、それらが愛情の代用品となると思い込んでしまっている時でしょう。

牡牛座のセレス意識が十分に成熟していない場合、自身の内面に飢餓感が感じられ、経済的な豊かさの実現そのものに執着する傾向が出てきます。そして、親子で向かい合う時間を取れなくなる代償として、子供に過剰なおもちゃやお小遣いを与えるようになるかもしれません。

しかし、結局それが子供の愛情飢餓を引き起こし、あなたと同じように金銭やモノで心の隙間を埋めようとする人生に向かわせてしまうことになるのです。

ママとしての心得

あなたが子育てに成功するためには、子供が求めている安心感が、あくまでも精神的なものであることを理解する必要があります。

まずは、子供を直接抱き締めて、自分の手で食事を作って与えるといった、素朴な触れ合いを大切にしてください。そして、お金やモノへの欲求を利用して子供の心を動かそうとしている、自らの習慣を改めましょう。そうすると、あなたの子供は物欲に支配されなくなるばかりか、モノよりも人を大切にする人間へ育っていくようになります。

また、あなた自身も、子育てを通じて内面に抱えていた孤独や自己不全感を癒していくことができるでしょう。

♈ 牡羊座生まれ

あなたの子供は、安全で快適な環境を求める子になりそうです。一緒に買い物に出かけたり、家事をしたりする日常的な行為を通じて、親子の絆が強化されていきます。あなたが早めに子離れすることが、子育ての重要な課題に。

♉ 牡牛座生まれ

あなたの子供には、衝動的で落ち着かないところがあります。生活に恵まれても、お金やモノの扱いが乱雑なので、育てるのに苦労が伴いそうです。両親が苦労して働いていることを、早いうちから教えていく必要があるでしょう。

♊ 双子座生まれ

あなたの子供は、言葉では表現できない繊細な感情を持つでしょう。上手く成長すれば、優れた芸術的創作、あるいは風流で上品なライフスタイルを実践する力が身につきます。ただし、堅実な経済観念を持たせるには努力が必要。

♋ 蟹座生まれ

あなたの子供は、お金やモノよりも人とのつながりを大切にする子に育ちそうです。何でも共有しようとするので、親としては心配。それでも、知的で自立した人格を持つ可能性が高いですから、その特性を伸ばしてあげましょう。

♌ 獅子座生まれ

あなたの子供は、地に足の着いたタイプかもしれません。お金やモノを大切にし、将来的にも安定した生活を実現できそうです。ただ、あまり消極的な生き方をさせると、子供の可能性を潰してしまうので注意しましょう。

♍ 乙女座生まれ

あなたの子供は、異質文化に好奇心旺盛な子になりそうです。どんな生活でもなじめるので、親元を離れて海外へ行く可能性もあります。わざと貧乏生活を試みるような風変わりな面もありますが、構わずに放っておきましょう。

♎天秤座生まれ

あなたの子供には、全身全霊で物事に取り組む集中力があります。特定の人間関係に没入する性質があるので、母親に依存する可能性がありそう。親離れを促すには、仕事や恋愛など他のものへ意識を向けさせるとよいでしょう。

♏蠍座生まれ

あなたの子供は、華やかな自己アピール力に恵まれた子でしょう。最大の関心事は友達づき合いですが、あなたの影響から美しく洗練された生活環境を作ることにも熱心になるでしょう。贅沢を求める点は改めさせる必要あり。

♐射手座生まれ

あなたの子供は、何事も細部にこだわる几帳面な子に育ちそうです。整理された清潔な環境を好むので、衛生的な生活習慣を教えることには苦労しないでしょう。ただ、お金に細かすぎて人間関係が貧しくならないように注意。

♑山羊座生まれ

あなたの子供は、個性的で派手なアピールを好むタイプかもしれません。持ち物で自己主張する傾向があり、豪華な生活へのあこがれが強いでしょう。良い暮らしをしたければ、自分の力でお金を稼ぐべきと徹底して教えること。

♒水瓶座生まれ

あなたの子供は、慣れ親しんだ環境に安住する子になりそうです。お金やモノを大切にし、友人関係も長続きするので、成人後のライフスタイルも安定するでしょう。ただし、容易に人を信じてしまう傾向は是正が必要です。

♓魚座生まれ

あなたの子供には、何ものにも束縛されない自由なところがあります。モノにも人にも執着しない代わりに、放浪癖や無駄遣いといった行動を繰り返す可能性が。生活が破綻しないよう、最低限の自己管理力を身につけさせましょう。

Ceres

セレスが

双子座

♊

対話を通して表現力と
他者への理解を教える

理想の育児スタイル

双子座にセレスを持つあなたは、たゆまぬコミュニケーションを通じて子供に愛情を示すでしょう。実際、あなたは本の読み聞かせやクイズ、言葉遊びなどによって、絶えず子供に話しかける母親になるはずです。もちろん、子供に話しかけられている時は、そのつたない自己表現に根気よく耳を傾けて、真剣に理解しようと努めます。

幼い子供にとって、あなたは会話好きでユーモアを愛し、好奇心も旺盛な母親として映ります。しかし、親子間で交わされる暖かなコミュニケーションと知的な刺激の根底には、言葉を通じて他者と理解し合い、信頼関係を形成していく力を身につけてほしいという切なる願いがあるのです。さらには、将来のわが子が自分でものを考え、真実と嘘を見分け、精神の自由を守っていくことも望んでいるでしょう。

双子座にセレスを持つ母親は、反抗期に入った子供から頻繁に議論を持ちかけられますが、あなにとって、それは子供のさらなる成長を促す喜ばしい展開といえるでしょう。あなたに育てられた子供なら、母親から心理的な距離を取るようになっても、コミュニケーションを完全に断ってしまうようなことはまずないのです。

子育ての壁

あなたが子育ての壁にぶつかるとしたら、それは一方通行のコミュニケーションに陥った時でしょう。

双子座のセレス意識が十分に成熟していないと、母親は自分の考えを子供に受け入れさせることだけに執心してしまいます。そして、子供の言葉を遮っては、圧倒するような話し方やご都合主義の理屈で、一方的にコントロールしようとするのです。

結果的に、あなたの子供は自己価値を感じられなくなり、他人の言葉に振り回されるだけの人生を送ることになるかもしれません。また、母親の機嫌を取るための虚言癖が現れる可能性もあるでしょう。

ママとしての心得

あなたが子育てに成功するためには、わが子の知的な成長を願いつつ、子供のレベルに見合ったかたちで、言葉のキャッチボールを心がける必要があります。

まず、親子の会話では、あなたが聞き役に徹するくらいの気持ちになって、わが子の話を真剣に聞き、言いたいことを理解してください。そして、あなたの言葉を伝える時には、なるべく優しい言葉を選び、それを正確に理解する時間も子供に十分に与えましょう。

そうすれば、あなたはコミュニケーションを通じて子供の成長を促せるばかりか、他の人間関係においても、適切な自己表現と相互理解ができるようになっていくでしょう。

♈ 牡羊座生まれ

あなたの子供は、好奇心旺盛で休みなく活動し続けようとするでしょう。その結果、変化の激しい現代社会を生き抜く機敏さと抜け目のなさが身につきます。興味に一貫性はありませんが、さまざまな体験をさせてください。

♉ 牡牛座生まれ

あなたの子供は、五感に優れたアーティストに育ちそうです。親子で音楽や絵画、料理などに親しむことは、言葉のコミュニケーションに匹敵する効果を発揮するでしょう。口数が少なくても、心配の必要はないようです。

♊ 双子座生まれ

あなたの子供は、独特な発想をするタイプかもしれません。協調性に欠ける子ですが、個性を生かせる道を探しましょう。また、自分の考えを他人に理解できるように表現する技術を、根気よく指導する必要があります。

♋ 蟹座生まれ

あなたの子供は、場の空気を読む力に恵まれた子になりそうです。その洞察力は、大人の世界の嘘や矛盾も鋭く見抜くでしょう。自分のことをはあまり話さなくても、人の気持ちに深い理解力があるので、過剰な心配は無用です。

♌ 獅子座生まれ

あなたの子供には、自由な発想で世界を観察するところがあります。目のつけどころが独特ですが、なぜそのように考えるのかを尋ねると、個性が育ちます。無視や否定をするとひねくれた発想パターンを形成してしまうので注意。

♍ 乙女座生まれ

あなたの子供は、感情を抑えがちな模範生タイプでしょう。しかし、自信が持てれば、言葉を選びながら明確な意思表示をする人になれます。自己表現力を育てたければ、親の都合や建前論を押しつけないようにしましょう。

♎ 天秤座生まれ

あなたの子供は、広い世界に知的な刺激を求める子に育ちそうです。さまざまなものを見聞きしながら意見を交換し合うと、子供の知性が発達するでしょう。両親の価値観を押しつけると、逆方向へ進む性質があるので要注意です。

♏ 蠍座生まれ

あなたの子供は、探究心旺盛なタイプかもしれません。何事も究明せずにはいられないので、親は一緒に考えたり調べたりすることが求められます。他人のプライバシーへの配慮を早めに教えなければならないでしょう。

♐ 射手座生まれ

あなたの子供は、他人の気持ちや考え方に強い興味を持つ子になりそうです。自我が未熟な間は自主性に欠けますが、成長するにつれて対人センスを身につけます。不公平な話ばかりだと心を閉ざしてしまうので注意してください。

♑ 山羊座生まれ

あなたの子供には、細かいことに気がつく聡明なところがあります。長じてからは言いたいことを的確に表現でき、他者の意思も正確に把握するようになります。少々毒舌がすぎるので、ＴＰＯをわきまえる教育が必要でしょう。

♒ 水瓶座生まれ

あなたの子供は、アピール力のある子でしょう。自己表現が大げさになりがちですが、それは母親に認めてもらいたいという願望の現れ。独特の価値観を形成していきますが、ある程度は集団生活に適応できるように教育しましょう。

♓ 魚座生まれ

あなたの子供は、親しい人との関係に安住したがる子に育ちそうです。人見知りはあるものの、時間をかければ大抵の人間関係になじめるでしょう。豊かな感情やイマジネーションを言語化させるには、スピーチや作文で訓練させて。

Ceres

セレスが蟹座

聖母のような慈愛を
惜しみなく子に注ぐ

理想の育児スタイル

母なる愛を象徴する蟹座にセレスを持つあなたは、文字通りの豊かな母性を持って子育てに取り組むでしょう。実際、あなたは幼い頃から母親になりたいという願望を強く持っていたのではないでしょうか？　そうでなくとも、周囲の友達の世話を焼きたがったり、小動物を溺愛したりしていたかもしれません。それらはすべて、あなたが先天的に与えられている慈愛の精神から、自然と生じている感情なのです。

しかし、あなたが晴れて子供を持つことができたとしても、特別な養育方針のようなものは思いつかないかもしれません。あなたの内なる母親の願いは、ただ子供を無条件に愛することだけだからです。日常生活や教育の問題においても、あなたは自分が母親として当然だと考える援助を、何の見返りも求めずにひたすら与え続けるでしょう。当然、あなたの子供はありのままの個性を伸び伸びと開花させることができます。

また、子供は何かを守り育てて生きたいというあなたの感情を、無意識のうちに受け継いでいきます。そして、わが子が家族や友人、恋人などに思いやりを示す姿を見て、あなたは母親としての無上の喜びを感じることになるでしょう。

子育ての壁

あなたが子育ての壁にぶつかるとしたら、子供を精神的な依存の対象としてしまった時でしょう。

蟹座のセレス意識が十分に成熟していない場合、子供を愛することより、自分自身の孤独を埋め合わせることに意識をとらわれてしまいます。そして、子供が少しでも自立した動きを見せると、愛情の名の下に、子供の成長過程を妨害するパターンを繰り返すようになるのです。

その結果、子供は自分らしく生きることに罪の意識を感じるようになって委縮してしまったり、逆に母親への敵意を持つようになったりするかもしれません。

ママとしての心得

あなたが子育てに本当の喜びを見い出したいなら、子供が成長すればいつかは自分の手を離れて巣立っていくという前提を受け入れる必要があります。

まずは、あなたに子供の愛情を独占しようとする傾向があることを自覚し、これを改めてください。そして、子育て以外にも、あなたの豊かな愛情を注げることのできる人間関係を、趣味や仕事を通じて広げていくのです。

そうすれば、あなたは孤独というマイナスの動機だけで子供と関わろうとすることがなくなるばかりか、自立していった子供からもいつまでも慕われるような、大らかな母となることができるでしょう。

♈ 牡羊座生まれ

あなたの子供は、家族、特に母親に愛着があるタイプかもしれません。母親の姿をまねるので、良くも悪くもそっくりの親子になります。親離れも子離れもしにくい傾向があるため、段階的に自立を促す必要があるでしょう。

♉ 牡牛座生まれ

あなたの子供は、自由闊達《かったつ》な子になりそうです。家族関係に縛られるのを嫌うので、親離れは比較的早いはず。それでもコミュニケーション欲求が強いので、親が聞き役に徹すれば大抵のことは話してくれるでしょう。

♊ 双子座生まれ

あなたの子供には、感受性に優れたところがあります。快適な生活環境、特に食事を与えられる行為によって愛情を確認するタイプです。ただし過剰にモノや金銭を与えると、親の愛情に感謝の気持ちを失ってしまうでしょう。

♋ 蟹座生まれ

あなたの子供は、周囲に迎合せずに、わが道を行くでしょう。過剰な世話を焼くと反発し、コントロールが利かなくなる傾向があります。自信を失う時が意外と多いので、さりげなく気持ちをサポートしてあげてください。

♌ 獅子座生まれ

あなたの子供は、他人に対して深い共感力を持つ子に育ちそうです。母親との一体感を求める傾向が強いので、自立には一苦労しそう。しかし、過剰に甘やかさなければ、人のために優れた行動力を発揮する大人になれるでしょう。

♍ 乙女座生まれ

あなたの子供は、物事をクールに割り切るタイプかもしれません。しかし、感情的に自立しているだけで、思いやりや熱意がないわけではなさそうです。あなたなりの愛情を注げば、後はなるようになっていくでしょう。

♎ 天秤座生まれ

あなたの子供は、親に認められたい気持ちが強い子になりそうです。勉強やスポーツに熱心に取り組むのは、根底に愛されたい願いがあるから。褒められることで育ちますが、親の野心を肩代わりさせると抑圧的な性格になります。

♏ 蠍座生まれ

あなたの子供には、未知の世界への憧れが強いところがあります。自立が早く、時には親をハラハラさせる冒険に身を投じるでしょう。しかし、親の無条件の愛情が注がれれば、行動の前に他者を思いやれる人に成長します。

♐ 射手座生まれ

あなたの子供は、特定の人間関係に没入する情の深い子でしょう。その対人姿勢は、母親に対する感情が原型となっています。わが子の将来の幸不幸は、あなたの心の世界の充実度と安定感に影響されると思ってよいでしょう。

♑ 山羊座生まれ

あなたの子供は、周囲の人との平和な関係を望む子に育ちそうです。他人の影響を受けやすい面がありますが、それは自己発見や成長のきっかけにもなります。あまり家族関係に縛りつけず、早めに社会性を身につけさせましょう。

♒ 水瓶座生まれ

あなたの子供は、人の役に立ちたがるタイプかもしれません。進んで手伝いをするのは、認められたい感情の表れです。しかし、あなたが失敗を許容する姿勢を持たないと、子供は完璧主義で自分を縛るようになるので注意して。

♓ 魚座生まれ

あなたの子供は、遊びを工夫する創造力豊かな子になりそうです。享楽的な側面を育てていけば、将来は人間関係や仕事をクリエイティブにする人物になるでしょう。学校の勉強一辺倒では才能が潰れてしまうので要注意です。

Ceres

セレスが獅子座

遊びを通して学ばせ
褒めて個性を伸ばす

理想の育児スタイル

人生を明るく楽しくする獅子座にセレスを持つあなたにとって、子育てとはわが子の創造性を開花させることと同義であるといってよいでしょう。実際、あなたの育児のモットーは、遊ぶことが子供の仕事である、というものであるはずです。

遊びといっても、それはただ周囲から与えられたおもちゃを、マニュアル通りに扱うことではありません。子供が自発的に興味を示した事柄を、自分なりのスタイルで楽しみ尽くしていくことが、あなたの内なる母親の求める最高の遊戯なのです。もちろん、子供のクリエイティブな感性やバイタリティーを育てるためなら、あなたは可能な限りのチャンスをわが子に与えようとするでしょう。スポーツや芸術、あるいは学校の勉強であっても、子供が熱意を持って取り組めることなら、何にでも挑戦させるはずです。そして、どんなに小さな進歩であっても、子供の情熱と努力を賞賛することを続けるでしょう。

あなたの子供は、そうして母親から褒めてもらえることを何よりも大きな成功報酬として育っていきます。それらの経験が揺るぎない自信を作り出し、いつしか立派に自立していくことができるようになるのです。

子育ての壁

あなたが子育ての壁にぶつかるとしたら、自分自身の創造性を発揮するステージとして、子供の人生をコントロールしようとしている時でしょう。

獅子座のセレス意識が未成熟な母親は、自力で人生を楽しむセンスや意欲に欠ける一方で、自己顕示欲だけは旺盛であることが多々あります。そして、自分の自信のなさを埋め合わせるために、子供の将来に過剰な期待を寄せ、半ば強制的に勉強や芸事に打ち込ませたりするのです。

そうなると、子供は自尊心も人生を楽しむ感受性も身につかず、結果的には自らの人生を生きるという意欲に欠けた、暗い表情を見せるようになってしまうのです。

ママとしての心得

あなたが子育てで成功するためには、子供の人格を「作り上げる」のではなく、そのナチュラルな個性を「引き出す」という意識を持つ必要があります。

まずは、わが子が何を愛し、どう自分を表現したいのか、そっと見守っていくという姿勢を維持してください。そして、あなた自身もまた、創造的な仕事や趣味などを通じて、人生を楽しむ機会を持ちましょう。

そうすれば、あなたはわが子のユニークな側面を発見することに大きな喜びがあることを知るばかりか、自分のエネルギーを持て余してフラストレーションを感じるようなことはなくなっていくでしょう。

♈ 牡羊座生まれ

あなたの子供には、自己アピールが上手なところがあります。創造性にもバイタリティーにも恵まれているので、人生を面白く過ごせるでしょう。自立の過程でかなり反抗的になりますが、一時的なことなので心配は無用です。

♉ 牡牛座生まれ

あなたの子供は、豊かな創造力を持ち、夢見がちでしょう。内気なところはありますが、内面には表現したい意志や感情が溢れています。長じてからは積極的な自己アピールができるようになるので、そっと成長を見守りましょう。

♊ 双子座生まれ

あなたの子供は、好奇心旺盛な子に育ちそうです。興味の方向性が一貫しませんが、無理やり一つのことに集中させない方がよいでしょう。この子の人間性と知的能力を引き出すには、やりたいことを徹底してやらせるべきです。

♋ 蟹座生まれ

あなたの子供は、物事を五感を通じて認識するタイプかもしれません。言葉で説明するより、実物を見せたり触れさせたりすることで創造力が育ちます。両親が文化的な生活環境を与えれば、将来優れたセンスを発揮するでしょう。

♌ 獅子座生まれ

あなたの子供は、物事を積極的に楽しもうとする自主性のある子になりそうです。放っておいても常に何かに熱中していますが、周りが見えなくなる傾向は矯正が必要です。人生経験は、失敗を数多く持つ方が強くなれるでしょう。

♍ 乙女座生まれ

あなたの子供には、心の深い領域を知る、スピリチュアルなところがあります。虚弱な印象ですが、内面に秘められた創造力は膨大であり、いつかはそれを表現する手段を手に入れます。夢を忘れないように育てるとよいでしょう。

♎ 天秤座生まれ

あなたの子供は、常識にとらわれないユニークな発想をするでしょう。何をするかわからないため、養育に苦労が伴いますが、知性の発達も自我の目覚めも早いでしょう。また、多くの人と一緒に楽しめる活動が創造性を育みます。

♏ 蠍座生まれ

あなたの子供は、大人社会に関心を持つ子に育ちそうです。年齢よりも大人びた自分をアピールしますが、それは一人前に認められたい欲求の表れです。優等生であっても、個人的な楽しみもきちんと追求できる人に育てましょう。

♐ 射手座生まれ

あなたの子供は、物事を深く考える哲学者のようなタイプかもしれません。基本的にはポジティブシンキングなので、悩み深い人生にはならないでしょう。大人に鋭いツッコミを入れるので、母親は真剣に向き合う必要があります。

♑ 山羊座生まれ

あなたの子供は、興味の対象に深入りするオタク的なタイプになりそうです。知識は偏りがちですが、マニアックな活動が独特の創造性を育むので、止めるべきではありません。両親も同じ趣味を楽しめるとベターでしょう。

♒ 水瓶座生まれ

あなたの子供には、人の目を引きつける魅力的なところがあります。人の視線が気になるため、自己アピール力が発達します。さまざまな年齢層の人々と交流させるようにすれば、よりバランスの取れた人格を形成するでしょう。

♓ 魚座生まれ

あなたの子供は、物静かで孤独を愛するでしょう。独り遊びを好む傾向がありますが、長じるにつれて人の役に立ちたい意識が芽生え、人間関係が充実します。家の手伝いやアルバイトをさせて、働く喜びを教えるとよいでしょう。

Ceres

セレスが
乙女座

生活力と社会性の基礎を厳しくしっかり教え込む

理想の育児スタイル

完全性への欲求を象徴する乙女座にセレスを持つあなたの子育てのテーマは、わが子に自らの心と身体をコントロールする力を身につけさせることにあるでしょう。実際、あなたは子供が早いうちから身の回りのことを自分でできるようにさせたり、勉強でもスポーツでも最後まできっちりとやり遂げるように指導したりするはずです。そんなあなたの姿は今どき珍しい、躾に厳しい母親に見えるかもしれませんが、すべては子供の将来を考えての行動です。あなたの内なる母親の願いとは、子供が自分の手を離れた後でも、自力で自分の命や生活を守っていけるようになってほしいという一言に尽きるでしょう。

また、あなたの養育方針には、乙女座のもう一つの特徴である、奉仕の精神も強く反映されます。子供に幼い頃から家の手伝いをさせたり、学校や自治体の行事において親子で積極的に働いたりするのは、実際的な行動によって誰かの役に立つという経験を積ませたいからなのでしょう。

そうして、自分の有能さと社会における存在意義を証明させることによって、あなたは子供の内面に、責任を持って働くことの喜びと、健全な自尊心を育てていこうとするのです。

子育ての壁

あなたが子育ての壁にぶつかるとしたら、それはわが子の成長を適切に評価することができる、トータルな視点を見失ってしまっている時でしょう。

乙女座のセレス意識が十分に成熟していない母親は、自分が不完全な人間であるという事実に失望や怒りを感じて、その矛先をわが子に向けてしまうことがあります。そして、子供であれば当然犯すような失敗に対しても、過剰な批判をしてしまうのです。

そうなると、あなたの子供は石橋を叩いても渡らない臆病者になったり、自分を棚に上げて他者の批判に明け暮れるようになったりするかもしれません。

ママとしての心得

あなたが子育てに成功するためには、自分を含めたすべての人間が、完全にはなり得ないことを認める必要があります。

まずは、あなた自身の心の緊張を緩めて、あらゆる事柄で百点満点を取ろうとするのをやめましょう。そして、わが子が転んだり寄り道したりしながらでも、少しずつ成長していく過程を忍耐強く見守ってください。そうすれば、あなたの子供は失敗を恐れずに自分の可能性を追求できるようになり、結果的に有能で自立した大人になってくれます。

また、あなたも完全性への呪縛から解放され、人生をよりリラックスして楽しめるようになるでしょう。

♈ 牡羊座生まれ

あなたの子供は、細かいことに気がつく子に育ちそうです。神経質な面はありますが、勉強なり仕事なりに集中させれば落ち着いていられます。若い頃から具体的な将来像を持つので、早めに必要な知識や技術を身につけさせて。

♉ 牡牛座生まれ

あなたの子供は、強い自己表現欲とバイタリティーに溢れたタイプかもしれません。人に注目されようと努力しますが、無計画さと詰めの甘さがネックになります。自分を客観的に観察できるよう、忍耐強く教育してください。

♊ 双子座生まれ

あなたの子供は、家族や友人を大切にする子になりそうです。仲間のためになることは進んで引き受けますが、人がよすぎる点は要注意。両親、特に母親の行動をそっくりまねるので、自分の鏡と考えてあなたも自重しましょう。

♋ 蟹座生まれ

あなたの子供には、知識欲が旺盛なところがあります。実用的なものより、役立たない事柄に熱中する傾向は、成人後も続く可能性が。それでも、最低限の常識さえ身につけさせれば、将来はマルチ人間として活躍できるでしょう。

♌ 獅子座生まれ

あなたの子供は、現実的な感覚を持つでしょう。働くことの大切さや、賢いお金の使い方などを早くから教える価値があります。学習には時間がかかりますが、学んだことは確実に身につける子なので、忍耐強く教育しましょう。

♍ 乙女座生まれ

あなたの子供は、未知の体験に飛び込む勇気に溢れた子に育ちそうです。大胆な行動に親がヒヤヒヤすることも多いでしょう。しかし、成功も失敗も人一倍経験させることで、結果的に実際的な知恵を身につけることができます。

♎ 天秤座生まれ

あなたの子供は、人の気持ちを敏感に察するタイプかもしれません。困っている人を放っておけずに自己犠牲的な行動に出やすい面は、親としても不安。自分の限界を見極めた上で行動できるよう、時間をかけて導いてください。

♏ 蠍座生まれ

あなたの子供は、独特の視点で世の中を観察する子になりそうです。反常識的な発想力は才能ですから、子供のアイデアをむやみに否定しないこと。人生を逸脱させないためには、早くから集団生活を経験させるのが一番です。

♐ 射手座生まれ

あなたの子供には、人の望みを的確に理解するところがあります。家の手伝いや社会奉仕をさせると、早く大人になって働きたいと望むでしょう。競争心も強いのですが、勝負にこだわる面は、ある程度、改めさせた方がよさそう。

♑ 山羊座生まれ

あなたの子供は、未知の世界への憧れが強いでしょう。無計画な行動が多いのですが、サバイバル能力を身につけられるので、過剰な干渉は禁物。ただし、暴飲暴食などの健康を損なう生活習慣は改めさせる必要があります。

♒ 水瓶座生まれ

あなたの子供は、一度決めたらテコでも動かないような頑固な子に育ちそうです。問題を抱えても考えを改めないので、扱いが難しいことは確かでしょう。あえてこの子をコントロールするなら、情に訴えるのが得策です。

♓ 魚座生まれ

あなたの子供は、天性の社交センスに恵まれた人当たりの良いタイプかもしれません。愛想が良く友達が多いのですが、容易に他人の影響を受けてしまうのが問題です。早いうちから独りで考えて行動する機会を与えましょう。

Ceres

セレスが天秤座

他者との関係で自己を磨き
協力と調和を学ばせる

理想の育児スタイル

人間関係の調和を求める天秤座のセレスを持つあなたにとって、子育ての中心的なテーマとは、他者と上手く折り合いながら生きていく喜びを伝えることでしょう。実際、あなたは自分の子供に良い友達ができることに、何よりも母親としての幸福感を感じるはずです。特に、子供が生まれも育ちも異なるさまざまなタイプの仲間と関わっていくことを、何よりも貴重な経験として歓迎します。

あなたの内なる母親の願いとは、わが子がモザイクのように複雑な社会にあって、他者の立場や感情への配慮を怠ることなく、あらゆる人々とフェアな姿勢で関わってほしい、というものなのです。そうして育てられたあなたの子供は、自立した後でも自ら積極的に人間関係に飛び込んでいき、互いに影響し合ったり、力を合わせたりしながら生きていくことになるでしょう。

また、わが子がどんなに個性的なタイプであっても、幸福な人間関係を築くための最低限のマナーや自己演出について、あなたは熱心に学ばせようとします。どんなに良質な食材でも、見た目に美しく、味もよろしく調理しなければ、誰にも認めてもらえないことを知っているからです。

子育ての壁

あなたが子育ての壁にぶつかるとしたら、自分が子供にどう見られているのかを過剰に気にする時でしょう。

天秤座のセレス意識が十分に発達していない母親は、自分の個性や価値観をはっきりと自覚できていないいため、子供から受ける評価を恐れたり、とらわれたりする傾向が出てくるのです。そうして、何でも子供の言いなりになったり、逆にわざと冷たく振る舞ったりして子供の注意を引こうとしたりするでしょう。

そのような歪んだ親子関係は、結果的にあなたの子供に高慢さや、必要以上に他人の顔色をうかがう傾向を与えてしまい、人間関係を不安定にしてしまうのです。

ママとしての心得

あなたが子育てに成功するためには、わが子が生来的に持っている優しさや善意、成長していく力などを信頼して、親としての責任を果たしていく必要があります。

まずは、子供が下す評価に振り回されることなく、あなたなりの価値観に基づいて、悪いことは「悪い」、違うことは「違う」と、はっきり意思表示してください。そして、自分の立場を明確にした上で、子供と意見をフェアに交換していくのです。

そうすれば、子供は自分が一人の人間として尊重されているという感覚を持つと同時に、母親のこともしっかりリスペクトするようになっていくでしょう。

♈ 牡羊座生まれ

あなたの子供は、華やかな感性と社交センスを持つ子になりそうです。自然と友人が集まってくるタイプなので、その点は親としては安心。ただし、方針をすべて人任せにするところがあるので、決断力を培う訓練は必要です。

♉ 牡牛座生まれ

あなたの子供には、人と節度ある交際をするところがあります。きちんとしたマナーが身につきますが、友人関係や恋愛には積極的ではなさそう。無理に社交性を持たせるより、少数の仲間を大切にする面を伸ばしましょう。

♊ 双子座生まれ

あなたの子供は、大胆で派手な行動が多い目立ちたがり屋でしょう。明るい子ですが配慮に欠ける面があり、しばしば人間関係の挫折を経験します。自分を省みる客観性と謙虚さを身につけさせれば、人望を集めるでしょう。

♋ 蟹座生まれ

あなたの子供は、常に親密な感情で結ばれた仲間を求める子に育ちそうです。人見知りの傾向は長じるにつれて改善し、人間関係の中に幸福を見い出す人になるでしょう。ただ、他人事に首を突っ込む傾向は、教育する必要あり。

♌ 獅子座生まれ

あなたの子供は、人間関係にあまり深入りしないタイプかもしれません。友達とは付かず離れずで、恋愛も淡白でしょう。ただし、人に対する好奇心は旺盛なので、人間観察やコミュニケーション力を引き出すようにしてください。

♍ 乙女座生まれ

あなたの子供は、独自の価値観にこだわる子になりそうです。何事も感覚的な好き嫌いで判断するので、交際範囲は狭くなりがち。ただ、趣味やセンスが合う仲間との関係が充実するので、親なりにサポートしてあげてください。

♎ 天秤座生まれ

あなたの子供には、グループの中でリーダーシップを取りたがるところがあります。ただ、他人への配慮に欠ける傾向は否定できません。時間をかけて対人センスを身につけさせれば、尊敬されるリーダーに成長するでしょう。

♏ 蠍座生まれ

あなたの子供は、共感力が豊かな心根の優しい子でしょう。内向的なので理解されるまでに時間がかかりますが、人の心の動きには敏感です。芸術やスポーツを通じて自己表現したり、仲間を作ったりする機会を与えましょう。

♐ 射手座生まれ

あなたの子供は、個性的で友達づき合いの多い子に育ちそうです。幅広い交友関係を持つ傾向がありますが、周囲に流されることはなさそう。ただ、子供の頃は常識外れの行動をしやすいので、目を離さないよう注意しましょう。

♑ 山羊座生まれ

あなたの子供は、負けず嫌いなタイプかもしれません。勉強やスポーツなどを競うために努力しますが、人間関係が殺伐《さつばつ》となる傾向は否めません。同じ目線でつき合える友人を持てるように、人づき合いの楽しさを教えましょう。

♒ 水瓶座生まれ

あなたの子供は、屈折なくオープンマインドな子になりそうです。心のキャパシティーが広いので、交友関係は幅広いでしょう。人を信用しすぎる点は改める必要がありますが、いたずらに猜疑心を植えつけないでください。

♓ 魚座生まれ

あなたの子供には、特定の人間関係に気持ちを寄せるところがあります。幼い頃から心の友を大切にする傾向が見られるでしょう。親友と共有する秘密は親にも明かしませんが、この子の成長のためには探らないでください。

Ceres

セレスが蠍座

子供とは一心同体
命をかけて子供と向き合う

理想の育児スタイル

死と再生の意識に結びつきが強い蠍座にセレスを持つあなたは、子育てに対しても文字通りに命がけで臨むことでしょう。あなたの内なる母親にとっては、わが子は自分の命を受け継ぐものであり、育児とは全身全霊で取り組む価値のあるものなのです。

そのためか、あなたの子育てのスタイルには、中途半端なところがありません。わが子が共感を求めてくればとことんその気持ちに同化し、まるで自分のことのように喜んだり悲しんだりするはずです。もちろん、子供が誤った道に進みそうな時は、それこそ身体を張ってでもそれを阻止しようとします。その強烈な母性体験は、あなたの子供の心を癒すこともあれば、人間性を一変させてしまうようなインパクトを与える可能性もあるでしょう。そして、あなたの子供に他者の愛を信じる心と揺るぎない自信、そして人生を真剣に生きようとする意志を与えることになるのです。

もしかすると、あなたは子供を持つまでの間は、我を失うほど誰かの感情に没入するようなことがなかったかもしれません。あなたにとっての育児とは、子供を育てると同時に、新しい自分を育てていく変身の過程でもあるのです。

子育ての壁

あなたが子育ての壁にぶつかるとしたら、それはわが子を自分の所有物であるかのように見なしている時でしょう。

蠍座のセレス意識が未熟な母親は、子供との感情的な一体感を持つこと以外に、生きる意味を見つけられなくなってしまう傾向があります。子供が自立して、個性的な人生を模索しようとすると、まるで自分の存在を否定されたように感じてしまうのです。

そして、わが子をいつまでも子供扱いしようと躍起になりますが、結果的にはその抑圧的な態度が原因で、子供から恐れや憎しみといったネガティブな感情を向けられることになってしまうのです。

ママとしての心得

あなたが子育てに成功するためには、子供は親のためではなく、自分のために生きていることを自覚する必要があります。

まずは、あなたがわが子に捧げ続けた愛情が、子供からまたその子供へ、あるいは家族や友達など別の人々へと、確実に受け継がれて広がっていくことを思い起こしてください。そして、自分が子育てに熱中したように、子供にも誰かを愛する喜びを知ってもらうチャンスを、積極的に与えていくのです。

そうすれば、あなたの子供は誰とも支配したりされたりすることはなくなり、あなたを含めた多くの人々と、愛を「共有」できる人間に成長していくでしょう。

♈ 牡羊座生まれ

あなたの子供は、他者と一体感を求めるタイプの子に育ちそうです。当然、親に対しても依存心が強いので、ベッタリした親子関係になるでしょう。子供の成長の過程で、互いの依存的な傾向を乗り越えることが課題になります。

♉ 牡牛座生まれ

あなたの子供は、人懐っこくて開放的なタイプかもしれません。人との関わりから自分の道を探るので、親子関係だけにとらわれると性格に偏りが生じます。さまざまな人々と積極的に交流させて、可能性を広げてあげましょう。

♊ 双子座生まれ

あなたの子供は、世のため人のために役立つことを喜ぶ子になりそうです。人には親切ですが、やや防衛的な傾向があるかもしれません。親の過干渉が自閉的な態度を強めるので、子供とは付かず離れずの距離を保ちましょう。

♋ 蟹座生まれ

あなたの子供には、明るくて遊び心に溢れたところがあります。親の深い愛情と保護が必要ですが、長じるにつれて人に従うことを嫌うようになるでしょう。早いうちから自主性を発揮して行動する機会を与えてください。

♌ 獅子座生まれ

あなたの子供は、家族や友人などの価値観に染まりやすいでしょう。感情の持ち方や行動パターンは、特に母親のそれをコピーするようです。親としては、自主性や責任感を少しでも持てるように子供を教育していきましょう。

♍ 乙女座生まれ

あなたの子供は、気が変わりやすくて予測不可能な行動をする子に育ちそうです。集中力のなさが心配ですが、生来の好奇心と柔軟な発想力を伸ばすことを考えましょう。抑制しようとすると不安定になりやすいので要注意です。

♎ 天秤座生まれ

あなたの子供は、独自の価値観を持つマイペースなタイプかもしれません。他人の影響を嫌うので、プレッシャーやペナルティーを与える教育は効果がないでしょう。子供の価値観を認めてあげれば、意外なほど素直になります。

♏ 蠍座生まれ

あなたの子供は、独りで大胆な行動を起こすほど自立した子になりそうです。長じるほどに集団行動を嫌うようになり、親からも離れたがるでしょう。しかし、子供の暴走を止められるのは親しかいないことを知っておいてください。

♐ 射手座生まれ

あなたの子供には、母親との深い感情的な一体感を求める傾向があるでしょう。他者への思いやりと献身性がある人に成長してくれますが、親離れは遅くなりがち。早めに自立させ、豊かな人間関係を持たせるようにしましょう。

♑ 山羊座生まれ

あなたの子供は、他の人と同じであることを嫌うでしょう。比較的早めに反抗期が訪れるようで、気がつくと世の中から多くのことを学んでいるでしょう。長じてからは親とも良い関係になれるので、心配しすぎないこと。

♒ 水瓶座生まれ

あなたの子供は、我慢強く物事に当たる子に育ちそうです。何事も時間がかかりますが、それは確実に意志を遂行する性格の表れです。頑固で融通の利かない点は親譲りなので、あなた自身の対人姿勢から改めるようにしましょう。

♓ 魚座生まれ

あなたの子供は、自由でダイナミックな夢を見るタイプかもしれません。現実よりも未来に目が向いているので、人間関係には特別なこだわりを持たないでしょう。親の干渉が強すぎると、放浪癖や世捨て人の傾向が出るので注意。

Ceres

セレスが射手座

子供には可能性を模索させ
自分が信じる道を歩ませる

理想の育児スタイル

知的探求心を象徴する射手座にセレスを持つあなたにとっては、わが子に可能な限りの学習チャンスを与えることが、子育ての中心的なテーマとなるでしょう。

学習といっても、それはただ塾や学校へ通わせるという意味ではありません。例えば、あなたは日常的な躾をする時でも、「なぜ、そうしなければならないのか」を子供が納得できるまで説明しようとするかもしれません。また、学校の勉強以外でも、子供が何かに興味を持った時は、そこから新しい知恵や生きる喜びを見い出せるまで、徹底したチャレンジをさせるでしょう。

あなたの内なる母親の願いとは、わが子がこの世界で具体的な成果を上げることより、日々の経験から多くの真実を学ぶこと、そして自分の人生に価値を感じられるようになることにあるのです。あなたの子供であれば、当然あなたの経験や信念から影響を受けますが、決して親のコピー人間になることはありません。むしろ、子供が長じるにつれて、親の価値観とは大きな開きが出てきますが、子供の精神の自由と成長を願うあなたにとっては、それこそが育児の最大の喜びとして感じられることでしょう。

子育ての壁

あなたが子育ての壁にぶつかるとしたら、それは子供に与える精神の自由の意味を誤って理解している時でしょう。

射手座のセレス意識が成熟していない母親は、自分の人生に対しても独自の哲学を持つことができていません。当然のことながら、わが子には何も教えることができず、「放任主義」というもっともらしい言葉の下で、半ば育児を放棄してしまうのです。

そうして、何も考えることなく生きていくうち、あなたの子供は、人生は無意味なものだと信じ込むようになり、社会から引きこもったり、他人の価値観をそのまま信じるようになったりするのです。

ママとしての心得

あなたが子育てに成功するためには、子供に学ばせると同時に、あなた自身の人生観を明確にしていく必要があります。

まずは、毎日を無為に過ごすのをやめて、友人との語らいや読書、黙想、日記をつけることなどを通じて、自分はどのように生きるべきかを真剣に考える習慣を持つようにしてください。わからないことがあれば、子供と一緒に考えてもよいのです。

そうすれば、あなたはただ状況に流されるだけの生活を卒業し、育児からも多くの真理を発見できるようになります。そして、あなたの子供もまた、自分の頭でものを考えられる賢い人間に成長するでしょう。

♈ 牡羊座生まれ

あなたの子供は、チャレンジ精神に富んだ子になりそうです。親を心配させる大胆な行動も多いですが、冒険なくしてこの子の可能性は開花しません。ただし、社会的なマナーや経済観念に疎い面は改める必要があります。

♉ 牡牛座生まれ

あなたの子供には、好奇心と集中力に恵まれたところがあります。将来は他者の心を動かせるリーダーとなるかもしれませんが、特異な思想を持つ傾向も。しかし、母親の十分な愛情があれば、危険な方向へは向かわないでしょう。

♊ 双子座生まれ

あなたの子供は、他者への好奇心が強いでしょう。幼少期から人々の言動を観察しているため、驚くほど正確に人間の本質を見抜きます。ただ、優柔不断な面もあるので、早いうちから自分で決断して行動する機会を与えましょう。

♋ 蟹座生まれ

あなたの子供は、几帳面で細かいことに気がつく子に育ちそうです。知性は実用的な方向で発達しやすく、人生の意義といった漠然とした概念には関心がないでしょう。地に足の着いた生活をさせた方が気持ち的にも充実します。

♌ 獅子座生まれ

あなたの子供は、ユニークで創造力の豊かなタイプかもしれません。楽しいことは良いことだというシンプルな哲学を持つ人になります。仕事や人間関係の成功のためにも、遊びを通じて知性や社会性を身につけさせましょう。

♍ 乙女座生まれ

あなたの子供は、親しい人との精神的な一体感を強く求めるタイプです。仲間のために自己犠牲的になりますが、本人はそれで満足できるはず。母親そっくりの人生になる傾向もありますが、同じ過ちを繰り返さないように注意。

♎天秤座生まれ

あなたの子供には、機敏で知的好奇心が旺盛なところがあります。何事も長続きしない傾向が見られるものの、その分、柔軟な知性を獲得していくことは確か。何かに興味を持った時は、三日坊主であっても集中して学ばせましょう。

♏蠍座生まれ

あなたの子供は、何事もじっくりと理解しようとするでしょう。飲み込みが悪く見えますが、実際にはどんな知識や技術も確実に身につけます。経験主義的な哲学を育てるために、言葉よりも実体験のチャンスを多く与えましょう。

♐射手座生まれ

あなたの子供は、素早く直感的に物事を理解できる子に育ちそうです。自己主張への強い欲求がありますが、幼い頃は表現が苦手なため、つい激怒するかもしれません。親子の間で物事を順序立てて話し合う訓練をしましょう。

♑山羊座生まれ

あなたの子供は、霊感が鋭いタイプかもしれません。幼少から不可思議な言動が多い子ですが、それも豊かな人間性として許容しましょう。せっかくの直感力を抑圧させないために、何でも言葉で説明することを強いないこと。

♒水瓶座生まれ

あなたの子供は、自由な発想力に恵まれた子になりそうです。非常識な言動が多いため、集団に適応させるには苦労が伴います。しかし、将来は時代の最先端を行く可能性があるため、ユニークな気質を生かせる道を探りましょう。

♓魚座生まれ

あなたの子供には、早いうちから感情をコントロールするところがあります。しかし、抑圧的なのではなく、目標達成のために忍耐するタイプなのです。早いうちから学業や芸術、スポーツなどにチャレンジする機会を与えましょう。

Ceres

セレスが山羊座

着実で現実的な人生を自らの姿で示して教える

理想の育児スタイル

成熟した社会性を象徴する山羊座にセレスを持つあなたは、わが子が現実の世界に生きた証を残すことを強く望む母親となるでしょう。実際、あなたの養育のスタイルには、具体的な課題を子供に持たせて、地道な努力によってそれを達成させるというパターンが繰り返されるはずです。そうして、子供が成功と失敗を繰り返しながら、少しずつ自信をつけていく過程に、あなたは母としての無上の喜びを感じるのです。

そのように聞くと、わが子を千尋《せんじん》の谷に突き落とすライオンのような厳しいイメージを想像してしまうかもしれません。しかし、本来のあなたの母性は、とても細やかで効果的なケアを得意としています。子供が特定のゴールに到達できるように、堅実な計画の立て方や感情のコントロール法、あるいは失敗から成功のヒントを見い出す発想などを、細かく具体的に教えようとするのです。

また、山羊座にセレスを持つ母親の多くが、両親が働く姿を実際に見せることによって、子供の社会性を育てるという傾向を持っています。仕事を通じて人々に貢献することが、最も確実な人生の成果と精神的な満足をもたらすことを、自らをモデルとして教えるのです。

子育ての壁

　あなたが子育ての壁にぶつかるとしたら、人生上の成功と失敗を人間の価値と同一視しているような時でしょう。

　山羊座のセレス意識が十分に成熟していない母親は、社会で成功者として認められない限り、自分には愛される価値がないのだと思い込んでしまいます。当然、子育てにも同じ原則を適用してしまうため、子供は条件つきの母親の愛情を得るために、強迫的に成功を求めるようになってしまうのです。

　そうして、両親の期待を裏切ると見捨てられてしまうという不安を持った子供は、何を達成しても純粋な喜びを感じることができなくなってしまうのです。

ママとしての心得

　あなたが子育てに成功するためには、人生の価値は結果ではなく、その過程にあることを忘れないことが必要です。

　まずは、わが子が起こした実験的な行動が成功しようと失敗しようと、そのチャレンジ精神を真っ先に褒めてあげてください。そして、あなた自身もまた、社会的な評価を度外視して、自分が信じた道を行くことに時間とエネルギーを振り向けていくのです。

　そうすれば、あなたは自分の生き方そのものを愛せる人こそが真の成功者であることに気づくことができます。親の野心を子供に肩代わりさせようとしていたことが間違いであったことも悟るでしょう。

牡羊座生まれ

あなたの子供は、物事に取り組む忍耐力に恵まれているでしょう。認められたい気持ちが、ストイックさとして表れます。ただし、人から損な役回りを押しつけられやすい傾向があるため、その点は是正した方がよいでしょう。

牡牛座生まれ

あなたの子供は、勉強に喜びを感じる子に育ちそうです。実用的でない知識に関心を寄せるため、その熱意と教養を生かす道を模索させましょう。ただし、早めに社会に出ないと、実務能力が身につかなくて苦労する心配があります。

双子座生まれ

あなたの子供は、仲間との連帯で実力を発揮するタイプかもしれません。スポーツや文化活動などを通じて、早期から集団生活を経験させた方がよいでしょう。わが子の将来の成功を願うなら、優秀な指導者につかせること。

蟹座生まれ

あなたの子供は、いつも多くの友人に囲まれている社交的な子になりそうです。どんな人間とも信頼関係を作れる才能は貴重なので、八方美人として問題視する必要はありません。ただし、人並みの自立心は身につけさせましょう。

獅子座生まれ

あなたの子供には、実用性や実益にこだわるところがあります。具体的なことで人の役に立つことに喜びを感じるので、早いうちから家の手伝いなど仕事を与えましょう。集中力を養うには、とにかく細かい作業をさせること。

乙女座生まれ

あなたの子供は、人と異なることをしたがるでしょう。精神的に未熟なうちは、非常識な行動で目立とうとするため、養育に苦労が伴います。ユニークな活動で評価されるように、社会の一員としての責任感を早めに教えましょう。

♎天秤座生まれ

あなたの子供は、平凡な日常に幸福を感じる子に育ちそうです。社会に認められようとする野心には欠けますが、深い共感力と世話好きな面は大いに伸ばすべき。家族以外の人々にも奉仕する機会を幼いうちから与えましょう。

♏蠍座生まれ

あなたの子供は、何にでも興味を示す好奇心旺盛なタイプかもしれません。根気に欠けますが、才能を伸ばすためにも、あらゆることにチャレンジさせるべきでしょう。本人の意志に反して無理やり一つのことを続けさせないこと。

♐射手座生まれ

あなたの子供は、視覚や味覚など身体的センスに秀でた子になりそうです。芸術面で才能を現す可能性が高いので、この子をよく観察する必要があります。しかし、本人が望まない教育を施しても、逆効果になるので注意しましょう。

♑山羊座生まれ

あなたの子供には、エネルギッシュで自己顕示欲の強いところがあります。自主性はありますが、周囲との協調性には欠けるかもしれません。社会的なルールをしっかり教育すれば、先進的な分野で業績を残せる人になるでしょう。

♒水瓶座生まれ

あなたの子供は、思いやりと奉仕精神に溢れているでしょう。幼い頃から家族や友人への気遣いを見せ、自分のことが疎かになる傾向があります。人に尽くすには、まず自分の社会基盤を築く必要があることを教えましょう。

♓魚座生まれ

あなたの子供は、エキセントリックな個性を発揮する子に育ちそうです。予想のつかない言動で周囲から浮く心配がありますが、特異なキャラで支持を集める可能性もあるでしょう。年長者に対する敬意はきちんと教えること。

Ceres

セレスが水瓶座

多くの人と交流させ さまざまな価値観を学ばせる

理想の育児スタイル

博愛と平等の精神を象徴する水瓶座にセレスを持つあなたにとっては、わが子のユニークな側面を伸ばしていくと同時に、他のすべての人々に対する敬意を持たせることが、子育てのテーマとなるでしょう。実際、あなたは自分と異なる価値観を持つ人々でも、分け隔てなく公平につき合うことの大切さを、さまざまな場面で子供に教えようとするはずです。

特に、子供が友人関係を作る段階で、その方針が徹底されます。あなたは自分の子供がどんな友人とつき合うようになっても、ほとんど干渉することはないはずです。むしろ、特別な環境で育ってきて、バラエティー豊かな個性を発揮している友達を持つことに、母親として大きな喜びを感じるでしょう。

あなたの内なる母親は、私たちが幸福であるためには、すべての人々が本来の自分のままで生きられる社会環境が必要であることを理解しています。自分の子供の未来だけでなく、社会全体の未来にも愛情を捧げていくのが、あなたの母性の本質なのです。もちろん、あなた自身も子供のお手本となれるように、サークル活動や社会奉仕などを通じて、多くの友人と交流していくでしょう。

子育ての壁

あなたが子育ての壁にぶつかるとしたら、それは個人主義と利己主義を混同した生き方をしている時でしょう。

水瓶座のセレス意識が十分に成熟していない母親は、一見すると他者に寛容な態度を取りつつも、実際には自分のこと以外には全く無関心なところがあります。そのような傾向は、当然、子供の精神にも影響し、人間関係においてエゴとナルシズムを暴走させてしまうのです。

結果的に、あなたの子供は同じ目線でつき合える友人を持つことができなくなってしまいます。両親や他の権威的な存在、あるいは社会全体に対しても、反抗を繰り返すようになってしまうのです。

ママとしての心得

あなたが子育てに成功するためには、あなた自身が良き友人関係を持ち、他者と連帯していく経験が必要です。

まずは、何らかの夢や目標を掲げるグループに参加して、自分の母性的な経験や能力を生かしてみましょう。もしそれが親子で参加できる活動であれば、なおさらベターです。そして、個性的であることと、異質の人々と共存して協力していくことを両立することができる喜びを知ってください。

そうすれば、あなたの意識は常に社会とリンクし、自分の人生に意義を感じられるようになるばかりか、子供に対しても友情の大切さを教えられる母親になれるでしょう。

♈ 牡羊座生まれ

あなたの子供は、個性豊かで環境の影響を受けにくいタイプかもしれません。協調性や愛想に欠けるものの、友人には親切なので人望を集めます。無駄なことに熱中する傾向がありますが、親としては手を出さずに見守りましょう。

♉ 牡牛座生まれ

あなたの子供は、社会的なルールに従順な子になりそうです。没個性的な優等生タイプですが、仲間と共に長期的な努力ができる人間に成長します。友人をライバル視しても、友情を否定するようなことはないので心配しないこと。

♊ 双子座生まれ

あなたの子供には、行動範囲が広く活発なところがあります。ユニークな人間関係を広げていき、その中で社会性や教養を身につけます。長じるにつれて改革精神が発達しますが、理想だけで突っ走る傾向は改めさせてください。

♋ 蟹座生まれ

あなたの子供は、深い絆を求めるでしょう。友人関係や恋愛で特定の相手に強い愛着を持ちますが、だからといって病的な依存と断定してはなりません。わが子の自立を願うなら、まずは母と子の間に確実な信頼関係を作ること。

♌ 獅子座生まれ

あなたの子供は、誰とでも心を通わせる開放的な子に育ちそうです。人に流される傾向がありますが、人間を理解するために必要な体験となります。個性は自然と身についていきますから、さまざまな友人と遊ばせましょう。

♍ 乙女座生まれ

あなたの子供は、人の役に立つことに喜びを覚えるタイプかもしれません。友人関係は限定されやすいのですが、交際は誠実でしょう。自立した人生のためには、ユニークな知識や技術、アイデアに価値があることを教えましょう。

♎天秤座生まれ

あなたの子供は、エネルギッシュで創造的な子になりそうです。何かに熱中させると個性が育ちます。ただし、自分を特別視する傾向がいきすぎると孤立を招くので、自分も多くの人間の中の一人であることを自覚させましょう。

♏蠍座生まれ

あなたの子供には、他者への共感力が豊かなところがあります。家族や親しい人との親密な関係を求めますが、自立が遅れたり視野が狭くなったりする心配がありま す。早いうちからさまざまな人たちと交流させるとよいでしょう。

♐射手座生まれ

あなたの子供は、バラエティー豊かな人間関係を求めるでしょう。人への好奇心が旺盛なので、交流の輪は自然と広がります。一貫性のない行動パターンが心配の種ですが、それは適応力に優れている証。過剰な心配は無用でしょう。

♑山羊座生まれ

あなたの子供は、豊かな感性と集中力を備えた子に育ちそうです。孤独好きな面もありますが、少数の友人と長いつき合いをする傾向もあります。優れた五感や手先の器用さを発揮するので、習いごとはどんどんさせてください。

♒水瓶座生まれ

あなたの子供は、直感に任せてダイナミックに行動するタイプかもしれません。未知の体験に刺激を感じるので、どんな世界にも飛び込めるでしょう。奇人変人の友人を多く作りますが、流されることはないので心配無用です。

♓魚座生まれ

あなたの子供は、繊細でスピリチュアルな感受性に恵まれた子になりそうです。人に振り回されることもしばしばですが、深い友情も体験するはず。早いうちからボランティア的な活動をさせると、しっかりした自我が発達します。

Ceres

セレスが魚座

子供を愛し育てると同時に
他者をも
愛する姿勢をつらぬく

理想の育児スタイル

魂を癒す慈愛の精神を象徴する魚座にセレスを持つあなたの母性は、すべてを包み込む大海のようなスケールを持っているでしょう。実際、あなたが母親となった時には、自分の存在を遥かに超えた大いなる意志に動かされているという感覚を持つようになり、子育てはある種の神聖な行為として認識されるはずです。

その養育の方針は、わが子の善意を無条件に信じること、そして喜びや苦しみといった感情に深く共感していくことという、母親として最も基本的でシンプルな原則に基づいています。そして、子供に対して何の見返りも期待せず、無私の精神で子供に仕えることができた時に、あなたは母としての喜びと自信を手に入れることができるのです。もちろん、あなたは自分の子供に対しても、社会的な弱者に対して救いの手を差し伸べることの素晴らしさを教えていきます。あなたの内なる母親は、他者を救済することが自分自身の魂も救う行為であることをよく理解しているからです。

そんなあなたに育てられた子供は、世界に対して無条件の愛を示すことの素晴らしさと同時に、自分がこの世に生まれた意味があることを信じられる人間へと成長していくでしょう。

子育ての壁

あなたが子育ての壁にぶつかるとしたら、それは自己犠牲的な子育てにマゾヒスティックな感情を抱いている時でしょう。

魚座のセレス意識が未熟な母親は、自分自身が愛情への不信や飢餓感を抱えている傾向があります。そのため、わが子に尽くすことで自己の愛情を確認しようとしますが、それがいきすぎると、無意識下では子供が不幸な状況にあることを歓迎するという、歪んだ愛情パターンに陥る可能性があるのです。

結果的に、あなたの子供は母親に愛されたいがために不幸であり続けることを選択し、他の人間関係においても常に弱者を演じる人間になってしまうのです。

ママとしての心得

あなたが子育てに成功するためには、わが子が立派に独り立ちを果たし、自分の支えを必要としなくなることを、心から喜べるようになる必要があります。

まずは、自分がこの世に生を受けて、母親という仕事を与えられたことに対し、改めて子供に感謝の気持ちを持つようにしてください。そして、ほんの少しの時間でよいですから、子供の未来が幸福であるように祈ることを、毎日の習慣にしてみましょう。

そうすれば、あなたの魂は日々浄化されていき、いつかは子供が自分の下から巣立っていくことを夢見るような、大らかな愛を表す母親に成長できるでしょう。

♈ 牡羊座生まれ

あなたの子供には、環境の変化に感応するセンシティブなところがあります。虚弱な印象がありますが、家族や友人の愛情を支えに強く生きることができます。この子の魂を癒し、成長を促すためには、大自然に触れさせること。

♉ 牡牛座生まれ

あなたの子供は、夢と希望を抱く理想主義者でしょう。みんなが幸せに暮らすユートピアを夢見る傾向があり、それが仕事や人間関係に反映されます。ただ、持久力に欠けるので、地道な努力ができるように教育してください。

♊ 双子座生まれ

あなたの子供は、社会の現実に意識を向ける子に育ちそうです。世の中の矛盾や偽善について悩んだり傷ついたりすることが多く、それに共感することが親の役目となります。親子で福祉的な活動に携わってみるのもよいでしょう。

♋ 蟹座生まれ

あなたの子供は、世のため人のために役立つことを夢見る、奉仕的なタイプかもしれません。自己犠牲の精神で、どんな仕事でも使命感を持ってやり遂げる人物になるでしょう。現実の社会事情に疎い点は改める必要があります。

♌ 獅子座生まれ

あなたの子供は、他者との深い絆の中で生きる子になりそうです。しかし、怒りの感情が人間関係を混乱させるため、人を許すことの大切さを教えることが親の重要な役目となります。親離れも子離れも意識的な努力が必要です。

♍ 乙女座生まれ

あなたの子供には、他者に強い関心を持つ傾向があります。母親から十分に愛情を受ければ、周囲の人々に最善のかたちでサポートを与えられる人物に成長するでしょう。親と正反対の側面も多く持ちますが、その個性を尊重すること。

♎天秤座生まれ

あなたの子供は、合理的で何でも突き詰めて考えるでしょう。自分の感情も理屈で割り切る傾向がありますが、非情ではないので安心しましょう。あなたの愛情を受け継げば、具体的な知識や技術で他者を助ける人生を送ります。

♏蠍座生まれ

あなたの子供は、天真爛漫で明るい子に育ちそうです。やんちゃな雰囲気が、人の心を和ませる不思議な魅力を持ちます。挫折を乗り越える力を育てるためにも、早いうちから芸術やスポーツなどに親しむ機会を与えてください。

♐射手座生まれ

あなたの子供は、家族や親しい人の集団に帰属することに生きがいを感じるタイプかもしれません。慣れ親しむ関係では人懐っこく親切ですが、知らない人には警戒心を抱くでしょう。先入観を排除することを教える必要があります。

♑山羊座生まれ

あなたの子供は、知的で生き生きとした精神を持つ子になりそうです。おしゃべり好きも放浪癖も、心が豊かで健康である証拠。ユーモアで人の心を癒す才能を引き出すために、親子でコミュニケーションする時間を多く持って。

♒水瓶座生まれ

あなたの子供は、内面に豊かな想像力を秘めた孤高の芸術家タイプです。確かに内向的ですが、家族や少数の仲間を深く愛する人になるでしょう。独り遊びを好む傾向も、この子の個性を育てるために必要な過程だと理解して。

♓魚座生まれ

あなたの子供は、荒々しいエネルギーが内面に渦巻いているでしょう。積極的な人生ですが、人間関係で不和を起こしやすい傾向は否定できません。弱者を守るために戦う人物となれるよう、思いやりの精神を育てていきましょう。

セレスが魚座

Column 4

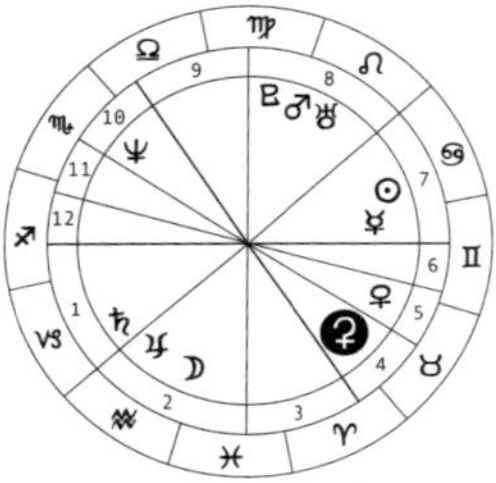

セレス的女の人生

ダイアナ元皇太子妃

(1961年〜1997年)

現在もなお世界中の人々に愛されているダイアナ元英国皇太子妃は、その華やかな印象とは裏腹に、プライベートでは薄幸な女性だったようです。彼女は自身が過食症を患っていることを告白していますが、それは6歳の頃に母親が父親と別れて家を出て行ったことで受けた、心の傷が原因だったといわれています。

ダイアナの小惑星セレスは、「食欲の星座」である牡牛座に位置し、占星術では「家庭の温もり」を象徴する第4ハウスにも入っていますから、母の愛を見失った彼女が、摂食障害に罹るのも無理はありません。その後、自分を救ってくれる「白馬の王子さま」だと信じた夫チャールズの不倫が発覚し、ついには自殺未遂まで引き起こしてしまいます。

そんなダイアナの心を支えてくれたのは、二人の息子、ウイリアムとヘンリーでした。「信頼できる男性は息子たち　だけです」と公言していた彼女は、自ら母となることで、内なる大地母神の孤独も癒したのです。そして、インドのスラム街で貧者のために働いていた修道女、マザー・テレサとの出会いも、彼女からより普遍的な母性を引き出しました。

ダイアナはマザーの弟子となり、病人に触れたり、孤児に食事を与えたりといった奉仕活動を続けながら、やがては彼女を聖母マリアと同一視する人々が現れるほどの、偉大な母として生まれ変わったのです。

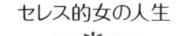

第6章

パラスが示す「自己愛／自己実現」

Pallas

【発見年】1802年

【発見者】ハインリッヒ・オルバース（ドイツ）

【大きさ】588km

【公転周期】4.62年

【名称の由来】ギリシア神話の「知恵と戦争、工芸の女神」

【記号の由来】防御用の盾

1 小惑星パラスとは

神話……正義と平和を司る知的な女神の物語

小惑星パラスの名称は、ギリシア神話の戦争と工芸の女神パラス・アテナに由来しています。彼女は神々の王ゼウスと知恵の女神メティスの娘でしたが、その誕生譚《たん》は大変奇妙なものです。

ゼウスは祖父母のウラノスとガイアから、「お前は自分の子から王の座を奪い取られるだろう」と予言され、それを防ぐために懐妊したメティスを飲み込んでしまいます。しかし、メティスは不死なる神なので、そのままゼウスの体内で生き続け、胎児も順調に育っていきました。そのうち激しい頭痛を感じ始めたゼウスが、自分の頭を斧でかち割ってみたところ、全身に黄金の甲冑《かっちゅう》を身に着けたアテナが飛び出してきたのでした。

アテナは母の優秀な頭脳を受け継いでおり、気高く美しい女神でもあったため、ゼウスから大変かわいがられました。そして、父の期待に応えて、男勝りの大活躍をしていくのです。アテナは正義の戦士のパトロンとして、ペルセウスやヘラクレス、アキレスといった名だたる英雄に戦略を授け、彼らを勝利に導きました。

彼女は暴力を好んではいませんでしたが、平和を守る戦いのためには、進んで知恵を働かせたのです。海の神ポセイドンと、アッティカという土地の領有権を巡って対立した時にも、アテナは「私たちから土地の住民に贈り物をして、支持を得られた者を主としましょう」と、平和的な解決を提案しました。ポセイドンは大地か

郵便はがき

料金受取人払郵便

新宿北局承認

4621

差出有効期間
平成30年7月
31日まで
(切手不要)

169-8790

116

東京都新宿区西早稲田1-1-6

株式会社 説話社

「愛読者カード」係行

フリガナ お名前	
年齢層 10代 20代 30代 40代 50代 60代以上	性別 男・女
フリガナ ご住所 〒	
E-mail	

※このハガキにご記入の個人情報を小社の商品・イベント情報のご案内のために利用させていただいてよろしいでしょうか？

□利用可　□利用不可

小社の本をお買い上げいただき、ありがとうございました。

●ご購入の本の書名をご記入ください

〔　　　　　　　　　　　　　　　　　　　〕

●本書をお知りになったきっかけは？

1. 書店　2. インターネット　3. 友人・知人の紹介　4. 小社出版物
5. 小社ホームページ　6. 新聞広告（　　　　　　新聞）
7. その他（　　　　　　　　　）

●本書をご購入された理由

1. 題名にひかれて　2. テーマやジャンルに興味があるので
3. 著者が好き　4. カバーデザインがよかった
5. その他（　　　　　　　　　）

●小社の本をお買い上げいただくのは？

1. 今回はじめて　2. 2～4回　3. 5回以上

●今後、読んでみたい占術家の著者、好きな占い師の先生は？

●占い以外に読まれる本のジャンルは？

小説　エッセイ　スピリチュアル　自己啓発　ノンフィクション
歴史書　科学書　コミック　趣味実用書　その他（

●こんな本が読みたい、など、興味のあるテーマは？

●本書のご意見、ご感想をお聞かせください

ご協力ありがとうございました

ら塩水の泉を出現させましたが、海岸でいくらでも塩が取れるアッティカ人にとって、それは無用の長物です。対するアテナは、アッティカのやせた土地でも育ち、食料や燃料、医薬品、さらには家具の材料にまでなるオリーブの木をプレゼントし、見事に勝利を収めたのでした。

その一方では、アテナは工芸の女神でもあり、糸紡ぎや機織り、刺繡《ししゅう》などの技術を人間の女性に指導したことでも知られています。また、彼女は一切男性と交わることなく、永遠の処女として生きることを宣言していましたが、決して女らしさを捨てることはありませんでした。

事実、最も美しい女神を決めるコンテストが開かれた時にも、彼女は自ら立候補して、ヘラやアフロディーテらの強豪とその座を争ったと伝えられています。

象徴するもの……男性性と女性性

父親の額から武装した姿で生まれ、女性でありながら軍事や産業の発達に貢献したというパラス・アテナは、ジェンダー（性差）の垣根を飛び越えた、両性具有の神であったと表現してもよいでしょう。ゼウスが知恵の女神メティスを飲み込んだのは、男性と女性のそれぞれの特性を融合させて、より優れた知性を手に入れようとしたことのメタファーであると考えられます。その結果として生まれたのが、まさしくスーパーガールのアテナだったわけです。

小惑星占星術では、このユニークな女神にちなんで命名された小惑星パラスにも、私たちの内面にある男性性と女性性の調和を図り、最も完成された人間に近づいていこうとする意識が象徴されていると考えています。パラスが発見された19世紀初頭から、女性も男性と同じように自己決定権を持ち、積極的に社会に進出していくことを目標とした、いわゆるフェミニズム運動が盛んになり始めたのは、非常に興味深い符合ではないでしょうか。

女性は娘の頃はおとなしく母親の言いつけを守り、長じては結婚して子供を産むことが当たり前だと思われていた時代に、パラスは彼女たちが政治活動や実業などに、もっと積極的に関われるように勇気づけようとして出現したのかもしれません。

実際、ホロスコープの中で小惑星パラスが目立っている女性を観察していくと、男性にも負けない自己主張や決断力を持っていて、仕事や社会活動で大活躍しているケースは大変多いのです。そして、やはり神話の中のパラス・アテナがそうであったように、彼女たちは生来の女性的な美意識や直感的な知性を否定するどころか、それらを最大限に活用しながら、いまだ男性中心である社会の中でサバイバルしていることにも気づきます。

その一方で、小惑星パラスには、女性が競争社会の中で生きていくに当たって体験しがちな、心理的なバランスの不均衡も表すことがあります。原因はさまざまですが、成功するために感情を押し殺したり、自分の力を誇示するために職権を乱用したりといったネガティブな姿勢になると、本来有益であったはずの女性性まで生かせなくなり、結果としてスランプに見舞われることになるのです。

小惑星パラスは、女戦士であるあなたのパトロンであり、同時にあなた自身でもあるのです。

この章で占うこと

巻末の小惑星運行表を使って、小惑星パラスのいる星座を調べてください。

最初は、あなたがどのような仕事を通じて社会に貢献し、自己実現を果たしていくのかについて占っていきます。それは、あなたがこれから職業を選択するに当たっても参考にしていただけますし、現在の仕事をより充実させるためのヒントにもしていただけます。

また、あなたが一生懸命努力をしているのに、どうしても仕事が上手くいかない時のために、解決のヒントについても女神にお伺いを立ててみましょう。

次に、あなたが自己実現できる適職のイメージについて太陽星座別に紹介してあります。

Pallas

パラスが牡羊座

未知の分野を開拓する
適性があり
常に最前線での活躍を望む

あなたのライフワーク

開拓精神を象徴する牡羊座に小惑星パラスを持つあなたは、社会におけるパイオニアとしての役割を果たすことが、仕事の中心的なテーマとなるでしょう。実際、あなたは先進的な分野の仕事や冒険的なプロジェクトに関わっている時に、最も知的でエネルギッシュな状態になれるのではないでしょうか?

あなたの内なる女戦士は、この世界に新しい動きを起こすことによって、閉塞した社会環境に風穴を開けることを望んでいるのです。その試みは、もちろんあなた自身が持っている未知の可能性を探求する行為でもあり、仕事で成功しようが失敗しようが、必ずや新しい力と目的に目覚めることができるはずです。ある意味では、あなたの仕事はいつまでも完成することはありません。

牡羊座のパラスから無尽蔵の創造力を引き出すためには、常に新鮮な刺激や環境の変化にさらされることが必要であり、仕事が一定のパターンに陥ると、あなた本来の力と未来への希望が見失われてしまいます。もしかすると、あなたが社会に残す功績も、初めに予測していたものと異なってくるかもしれません。しかし、あなたにとってはそれこそが真の成功と呼べるものなのでしょう。

自己実現を阻むもの

あなたの仕事が行き詰まるとしたら、それは地道な努力を続けることの大切さを理解していない時でしょう。

牡羊座のパラス意識がアンバランスな人物は、長期的な集中力が要求される仕事を嫌うどころか、恐怖心さえ抱く場合があります。そのため、せっかくの良いアイデアを持っていても、それなりのかたちになる直前に放棄してしまうことが多く、結果的に不満を残してしまうのです。

場合によっては、仕事の責任を周囲に押しつけたり、実績もないのに自分を権威づけたりして、社会的な評価を自ら貶めてしまう可能性もあるでしょう。このままでは、本当の意味で社会に貢献できる日はやってこないのです。

仕事で成功するためのヒント

あなたが仕事を通じて自己実現を果たすためには、一時的に力を集中させて発揮することを繰り返しながらも、物事を最後まで成し遂げるための最低限の気力と実務能力を身につけなければなりません。

まずは、どんな分野でもよいので、地道で単調な基礎訓練を繰り返し、長期的なプロジェクトに関わって全うするといった経験をしてください。そうして、あらゆる仕事の現場で通用するような、基礎的な実務能力と忍耐力、そして責任感を養うのです。

そうすれば、あなたは自分の夢をかたちにしていく過程を楽しめるようになり、いつかは真のパイオニアとして功績を残すことになるでしょう。

牡羊座生まれ

あなたは、鋭い直感力とフットワークが要求される仕事で活躍できそうです。マスコミ、特に取材記者に適性があるかもしれません。単独行動の方が仕事はスムーズですが、成功するにはチームワークに適応する努力も必要です。

牡牛座生まれ

あなたの適職は、人々の心や感性に刺激を与える仕事です。デザインやイベントプランニングの分野で、斬新なセンスを発揮できるかもしれません。アイデアの具体化に苦労する傾向もありますが、経験で克服していきましょう。

双子座生まれ

あなたには、古いものを扱う仕事が合うでしょう。過去の文化に新しい生命力を吹き込み、再び流行させることに力を注ぐとよさそうです。ただしニーズを考えずに、思い入れだけで行動すると失敗を招くので注意しましょう。

蟹座生まれ

あなたに適しているのは、社会的ムーブメントの指導者です。創業者あるいは学問や芸術の新派を立ち上げることで、確かなステイタスを獲得するでしょう。無用に敵を作る傾向は、必ず仕事にマイナスになるので改めましょう。

獅子座生まれ

あなたの才能は、思想や哲学の世界で生かせるでしょう。どの分野に進んでも、その道の精神的指導者になる可能性があります。しかし、単なる夢想家といわれないように、それなりの社会経験を積んで説得力を持ちましょう。

乙女座生まれ

あなたは、一つのテーマを追求する仕事で活躍できそうです。専門家や研究職で成功する可能性が高く、何かを粘り強く掘り下げるうちに真理を発見します。経済的に豊かになるには、ビジネス感覚も身につける必要があります。

♎ 天秤座生まれ

あなたの適職は、人と出会う仕事です。営業やコンサルティングの他に、社会に認知されていない人材の発掘でも大いに成功が期待されます。一方で、古い人脈を大切にする気持ちを持たないと、社会生活が不安定になるでしょう。

♏ 蠍座生まれ

あなたには、小規模のチームかフリーの仕事が合うでしょう。特に物を作る職人、あるいは医療や教育分野で成功する可能性があります。大企業や古い体質の団体では才能が伸び悩みますが、一時的に身を置くなら有意義です。

♐ 射手座生まれ

あなたに適しているのは、エンターテイメントの世界です。レジャーに新しい楽しみ方や付加価値をつけることで、社会の活性化に成功するでしょう。独りよがりな発想に傾きやすいので、率直な意見交換のできる仲間が必要です。

♑ 山羊座生まれ

あなたの才能は、ライフスタイルを提案する仕事で生かせるでしょう。インテリアコーディネイターや料理家として創造力を発揮すると成功するかもしれません。仕事を安定させるには、プライベートも楽しく豊かにすること。

♒ 水瓶座生まれ

あなたは、情報を伝える仕事で活躍できそうです。マスコミ全般に適性がありますが、他の分野でも情報伝達の才能を発揮できるでしょう。一方では舌禍《ぜっか》に陥りやすい傾向もあるため、適切な表現を選ぶ習慣も持ってください。

♓ 魚座生まれ

あなたの適職は、新しいモノに触れる仕事です。製品開発、あるいは新製品を評価する分野に進むと、やりがいと社会的な評価を得られるでしょう。この欲求が私生活に表れると、買い物依存に陥る可能性があるので要注意です。

パラスが牡牛座

地道にモノ作りに励むことで
自己表現と自己成長ができる

あなたのライフワーク

身体的な感覚を象徴する牡牛座に小惑星パラスを持つあなたにとって、仕事とは現実の世界に目に見えるかたちで成果を残していくことと同義であるといってよいでしょう。実際、あなたはモノを作ったり、アレンジしたりする職人的な仕事に興味を示す可能性が高く、見たり聞いたり、あるいは味わったりといった、五感をフルに発揮する分野に従事することになるかもしれません。そうでなくとも、自分の足跡を何らかのかたちで記録して、積み上げてきた仕事の成果を一つひとつ確認しながら生きていこうとするはずです。

そのような傾向は、さまざまなパラスの顔のうち、工芸の女神としての性質が牡牛座で強調されるからなのです。ですから、何らかの具体的なゴールに向かって、コツコツと作業を続けていくという環境に身を置けば、あなたはその豊かな才能を思い切り開花させられると同時に、精神的な成長も達成することができるのです。

あなたが、子供の頃から夢中になってきた趣味があるなら、それをそのまま職業とすることも難しくはないでしょう。その仕事への愛情と持久力が、才能をストレートに生かして社会貢献することを可能にしてくれるのです。

自己実現を阻むもの

　あなたの仕事が行き詰まるとしたら、それは自分の趣味嗜好だけに絶対的な価値を置いているような時でしょう。

　牡牛座のパラス意識が未発達な人物は、自分の満足感を脅かす存在を敵対視し、強い嫌悪感や怒りを持つようになります。そして、自分とは異なる感性を持つ人と無用な摩擦を起こし続け、さらには周囲との協調性を失っていくという悪循環に陥ったりするのです。排他的な感情に支配されている間は、自分の才能を生かすことができません。

　また、社会のニーズを受けて仕事をすればするほど、自分の価値観を裏切っているような気になり、多くの不満を残す可能性もあります。

仕事で成功するためのヒント

　あなたが仕事を通じて自己実現を果たすためには、自分自身の感受性の幅を、可能な限り広げていく努力が必要です。

　まずは、これから関わる人々の価値観を、自分のセンスに合わないからといって、むやみに拒絶するのはやめましょう。そして、世界には多様な美意識があることを理解して、良いものに対しては自分の仕事にも取り入れていくという柔軟性を持つのです。

　そうすれば、あなたは人とのコミュニケーションから芸術的なインスピレーションを受けて、人々の要求に応えて行う仕事に対しても、クリエイティブな意識で携われるようになっていくでしょう。

♈ 牡羊座生まれ

あなたは、人々のライフスタイルを洗練させる仕事に適性があります。食べものや日用品などに独自のセンスを表現できそうです。若い頃はこだわりが強すぎて周囲と衝突しますが、指導者について学べば柔軟性も獲得できます。

♉ 牡牛座生まれ

あなたに適しているのは、感覚的な識別力が要求される仕事です。味覚に自信があるなら、料理人やソムリエが適職。親しみやすいキャラで顧客を集める才能もあります。作業に時間がかかる点は、克服する必要があるでしょう。

♊ 双子座生まれ

あなたの才能は、希少価値のあるモノや高級品を扱う仕事で生かせるでしょう。感性にもゴージャスな傾向があり、常に本物に触れることで成功を導きます。私生活の金銭管理が甘く、損失を招く傾向もあるため注意してください。

♋ 蟹座生まれ

あなたは、センスと価値観で勝負する分野で活躍できそうです。組織に属さない方が実力を発揮しやすいので、可能ならば自営が望ましいでしょう。若いうちに専門的な学習を始めないと、自立した生活が維持できなくなります。

♌ 獅子座生まれ

あなたの適職は、日常生活にサービスを提供する仕事です。会社や役所の中で働いても、かなりの程度で自分の裁量を持つことができるでしょう。ただし、職業上の権限や権力を乱用すると立場を危うくするので注意が必要です。

♍ 乙女座生まれ

あなたには、外国製品や衣食住の伝統を導入する仕事が合うでしょう。特に、海外に出かけてさまざまな体験をすると、より優れた仕事ができます。ただし、仕事の範囲を広げすぎると、実力を発揮できなくなるので注意して。

♎ 天秤座生まれ

あなたに適しているのは、他者の所有物を預かってマネジメントする仕事です。金融関係はその典型ですが、エステや整体など身体を預かる仕事も有力。法から逸脱すると社会的信用を落とすきっかけになるので気をつけましょう。

♏ 蠍座生まれ

あなたは、持ち前の才能を生かせる仕事で活躍できそうです。容姿が良ければモデルやタレントが考えられますが、成功するには人一倍の訓練が必要。あなたの魅力と才能を売り込んでくれるパートナーを探すとよいでしょう。

♐ 射手座生まれ

あなたの才能は、健康的な物質環境を保つ仕事で生かせるでしょう。どの分野でも、エコロジーや労働環境の整備といったテーマを意識すれば、成功の確率が高まります。収入をアップしたければ、冒険することも必要です。

♑ 山羊座生まれ

あなたの適職は、人を楽しませるモノを提供する仕事です。グッズの制作や販売に関わると満足感が得られるかもしれません。成功すると足を引っ張られる傾向があるため、必要以上の自己顕示は控えた方が賢明です。

♒ 水瓶座生まれ

あなたには、家庭を持つ女性にサービスする仕事が合うでしょう。家庭や育児のサポートにセンスを発揮しますが、実体験が成功の可能性をさらに高めます。同業者のまねばかりすると、結局仕事が行き詰まるのでほどほどに。

♓ 魚座生まれ

あなたに適しているのは、宣伝販売に関わる仕事です。消費者の感覚に訴える広告を作ったり、意外性のあるモノの使い方を普及させたりして成功するでしょう。ただし、過去の栄光にすがると、急速に支持を失うので注意して。

Pallas

パラスが双子座

情報を集めて発信することで
知的刺激を自他共に与える

あなたのライフワーク

知識とコミュニケーションの星座である双子座に小惑星パラスを持つあなたの仕事のテーマは、情報を集めて人々に伝えていくことです。実際、あなたはどのような職業に就いたとしても、業界の最新情報をキャッチできるようアンテナを張り、知り得たことを仲間に話さずにはいられないのではないでしょうか？　また、社会人になってからでも、仕事能力を向上させるために学校に通ったり、資格試験にチャレンジしたりするでしょう。

そうして、常に自分と周囲の人々に知的な刺激を与え続けながら、社会の知的環境をリフレッシュしていくことが、あなたの最高の自己実現の道なのです。あなたを通じて収集され、発信されていく情報は、実にさまざまな影響力を発揮します。仕事をより高度化させたり、人々の心に癒しや感動を与えたりすることはもちろんですが、時には社会の問題点を鋭く指摘して、物議を醸すこともあるでしょう。

いずれにしても、いつも同じ作業を繰り返すだけでは、あなたのコミュニケーターとしての才能は開花しません。仕事を通じて柔軟で奥行きのある知性を獲得し、複雑な現代社会に適応していくことが、あなたの真の成功となるでしょう。

自己実現を阻むもの

あなたの仕事が行き詰まるとしたら、情報というものの危険性を十分に理解していない時でしょう。

双子座のパラス意識が未熟な状態の人物には、新しくて刺激的であるという理由だけで情報を鵜呑《うの》みにしてしまう傾向が現れます。そして、知らず知らずのうちに自分の考えを他人にコントロールされてしまったり、周囲の人々に誤解や偏見を広げてしまったりすることがあるのです。

気がついた時には、あなたは自分の考えを持たないロボットになっているどころか、怪しげな情報の発信者というマイナスのレッテルを張られて、社会的な信用をすっかり失っているかもしれません。

仕事で成功するためのヒント

あなたが仕事を通じて自己実現を果たすためには、世の中に溢れる情報の真偽を見抜き、それを正しく伝えていく知性を身につけることが必要です。

まずは、どんな情報を得た時でも、その真偽を検討して、発信者の本当の意図を推理する習慣を持ってください。そして、あなたが知っている情報が社会に及ぼす影響を十分に考えてから、人々に伝えるようにするのです。人に害を与えそうな情報は避けるようにしてください。

そうすれば、あなたは自分自身の精神の自由と健康を守れるようになるばかりか、権力者や企業のコントロールから市民を解放する英雄として、大いに活躍することになるでしょう。

牡羊座生まれ

あなたは、フットワークとマルチな才能が必要とされる分野で活躍できそうです。常に学び続けること、移動し続けること、環境刷新を繰り返すことが、仕事の成功につながるでしょう。意見が変わりやすいところは要注意です。

牡牛座生まれ

あなたの才能は、特定の知識や技術を深める分野で生かせるでしょう。その道を極める過程で異業者と連携するため、狭い世界に閉じこもることはありません。ただし利益をしっかり考えないと、仕事運が停滞するので注意して。

双子座生まれ

あなたの適職は、時代の最先端を紹介する仕事です。特にテクノロジーの世界で働くと、あなたの興味と才能を同時に生かせるでしょう。ただし、新しい考え方をわかりやすくかたちにする能力を得るには、知識や社会経験が必要です。

蟹座生まれ

あなたには、気配りが必要な仕事が合うでしょう。適切な距離を保ちつつ情緒的なコミュニケーションが取れるので、相談業に適性があります。イメージを言語化する力もありますが、執筆で生計を立てるには相当の修行が必要です。

獅子座生まれ

あなたに適しているのは、常識を打ち破る発想力が求められる分野です。保守的な業界では危険視されますが、そこで重要な改革を成し遂げる可能性もあるでしょう。一方、非常識な言動が仕事の障害になる場合もあるので要注意。

乙女座生まれ

あなたの才能は、情報を用いて秩序を守る分野で生かせるでしょう。教科書作成や行政の広報担当が該当しますが、他の業種でも正確で信頼できる情報発信者になります。知らずに情報操作の片棒を担ぐ危険には注意してください。

♎天秤座生まれ

あなたは、哲学や思想など理想主義を広める仕事で活躍できそうです。実力がつけばブームを起こすことも可能でしょう。人の心に生きる希望を与えることがテーマ。あなた自身が偏った思想にとらわれないよう注意してください。

♏蠍座生まれ

あなたの適職は、霊的なメッセージを伝える仕事です。宗教やオカルトの分野が該当しますが、他の一般的な職業に就いても、人知を超えたパワーに助けられます。ただし、他者への愛情や献身がなければ成功しないでしょう。

♐射手座生まれ

あなたには、人と議論したり情報交換したりする仕事が合うでしょう。学者や研究家、インタビュアーが適職かもしれません。他の業種でも人脈が自己実現に結びつきます。自分が発した情報に責任を持つことが成功の条件です。

♑山羊座生まれ

あなたに適しているのは、精密な作業や慎重な計画が必要な仕事です。細かいことに神経を使い、要求に応えることで評価されるでしょう。忙しい環境下で活躍しますが、ストレスを蓄積しやすい面もあるので気をつけましょう。

♒水瓶座生まれ

あなたの才能は、知性と行動力が要求される分野で生かせるでしょう。私的な趣味や興味が仕事に直結することが多く、オタク的な見識や子供っぽい感性によって成功します。飽きっぽいので、短期集中型の仕事が向いているかも。

♓魚座生まれ

あなたは、人と人の縁を結ぶ仕事で活躍できそうです。結婚相談や人材派遣が典型ですが、他業種でも異なる価値観や能力を持つ人の紹介に生きがいを見い出すでしょう。過度に八方美人な態度は信頼を損ねるので気をつけて。

パラスが双子座

Pallas

パラスが蟹座

育てる、育むことが生きがい
包容力で社会に貢献する

あなたのライフワーク

母性愛を象徴する蟹座に小惑星パラスを持つあなたにとっては、何かを保護したり育成したりすることが仕事の中心的なテーマとなるでしょう。実際、あなたは子供や病人といった社会的弱者を世話する仕事を選ぶ可能性が高いのですが、他のどのような職業に就いても、何かを守り育てたいという意識を持って働くでしょう。例えば、まだ世の中に知られていない新しいサービスや商品を、まるで自分の子供を育てるかのように、長い時間をかけて発展させていくかもしれません。

また、あなたが仕事をしていくに当たっては、一緒に働く仲間との感情的な交流をとても大切にします。職場という環境においても、文字通りの「母」としての役割を負うのです。現実的に、あなたは働く場所に心の安定が保たれないと、本来の能力を発揮することができません。そのために、自然と職場のムードメーカーとなって、仲間の心を和ませようとするのです。

いずれにしても、あなたは仕事を通じて自らの深い愛情を引き出し、愛するものを育てていく喜びを知ることで自己実現を果たすことができます。そして、殺伐とした世界に人間的な温もりを取り戻すことで社会に貢献するのです。

自己実現を阻むもの

あなたが仕事で行き詰まるとしたら、仕事に対して極端な受け身の姿勢を続けてしまうことが原因でしょう。

蟹座のパラス意識が十分に成熟していない人物は、人々に奉仕したいという気持ちはあっても、自分から新しい動きを起こすことはめったにありません。そして、誰かのニーズに応えることに終始しているうちに、自分の個性的な仕事能力を開花させるチャンスを失ってしまうのです。

結果的に、あなたはただ環境に流され、人からは都合よく使われるだけの人間になってしまいます。いくら仕事や職場の仲間に愛情を注いでも、自身の人生には不満を残すことになってしまうかもしれません。

仕事で成功するためのヒント

あなたが自分の仕事に心から満足するためには、もっと能動的な姿勢で仕事に関わり、自分から変化を起こしていくことが必要です。

まずは、仲間と意見が対立することを恐れずに、自分のアイデアを積極的に出していきましょう。また、時には自分が守り育てている人々に対して、愛のムチを与えることも忘れないでください。あなたに与えられた役割として、人を育てるためには厳しく接することも必要なのです。

そうすれば、仕事に発展性が生まれ、あなたはそれまで以上に自分の仕事を愛せるようになるはずです。職場の人間関係もより親密になり、偉大な母としての力を存分に発揮していくことができるでしょう。

♈ **牡羊座生まれ**

あなたの適職は、家系や地域のアイデンティティーに深く関わる仕事です。実際、親の仕事を継いだり、国や地方の伝統技芸を保護したりするかもしれません。しかし、井の中の蛙にならないよう、広い世界にも目を向けて。

♉ **牡牛座生まれ**

あなたには、面倒見の良さとコミュニケーション力を要求される仕事が合うでしょう。あらゆる世代の人と信頼関係を作ることで、社会的なステイタスを獲得します。相手に感情移入して、客観性を失いやすい点には注意が必要。

♊ **双子座生まれ**

あなたに適しているのは、日常生活に密着した仕事です。外食産業やインテリア、ハウスキーピングの他に、女性をターゲットにしたサービスで才能を発揮できます。しかし、他業者のビジネススタイルをまねるのはやめましょう。

♋ **蟹座生まれ**

あなたの才能は、社会的弱者のトラブルを防ぐ仕事で生かせるでしょう。警察官や法律家がその典型ですが、他の分野でも同じ役割を負う傾向があるでしょう。悪に負けない強い精神を持てるかどうかが成功のカギになります。

♌ **獅子座生まれ**

あなたは、心の世界に関わる仕事で活躍できそうです。カウンセリングやセラピーの分野で優れた能力を発揮するでしょう。その他の業界でも、人の深層心理を洞察することで成功します。守秘義務には注意してください。

♍ **乙女座生まれ**

あなたの適職は、古い伝統や過去の流行を復活させる仕事です。忘れ去られた貴重な文化に愛情を注ぐことで、それらは新しい可能性を伴って息を吹き返します。あなたが成功するためには、同じ意志を持つ仲間との連帯が必要。

♎ 天秤座生まれ

あなたには、新人教育やプロデュースに関わる仕事が合うでしょう。どのような分野でも、後進の指導や支援をすることで大きな成果を上げられます。しかし、職権乱用をすると、確実に転落するので自重しましょう。

♐ 射手座生まれ

あなたの才能は、先達の遺志を引き継ぐ仕事で生かせるでしょう。長い歴史を持つ分野か、世代をまたぐ長期的計画に関わることが大切です。保守的な業界で自由が制限されても、あなたの自己実現のマイナスにはなりません。

♒ 水瓶座生まれ

あなたの適職は、専門的な知識や技術を要求される仕事です。マンツーマンで訓練を受ける、徒弟制度的な環境に身を置くことで、自己実現の道を見い出すでしょう。後進の指導に当たると、あなた自身の仕事もより向上します。

♏ 蠍座生まれ

あなたに適しているのは、貿易や文化交流など異文化を取り入れる仕事です。一時的なブームではなく、新しい生活様式として定着させることがテーマ。外国で心から愛せる何かを見つけられるかが、人生のカギとなるでしょう。

♑ 山羊座生まれ

あなたは、巧みな連携プレーが要求される仕事で活躍できそうです。チームを作る時に、プロとしての真価が発揮されるでしょう。仲間との親密な信頼関係は成功の絶対条件ですが、甘えが生じる危険にも注意してください。

♓ 魚座生まれ

あなたには、子育て支援の仕事が合うでしょう。幼児教育や保育、子供向けのエンターテイメントなど、数多くの分野に自己実現の道が開けています。親となって子育てを経験することも、成功の可能性を高めるでしょう。

Pallas

パラスが

獅子座

想像力と純粋な遊び心で
周囲を巻き込み活性化させる

あなたのライフワーク

生命の光を象徴する獅子座に小惑星パラスを持つあなたにとって、仕事とはこの世に新しい何かを創造することにほかなりません。あなたが社会活動をスタートさせる時には、自分の遊び心や自己顕示欲を満足させたい、あるいは子供の頃からの夢を実現させるといった欲求が主な動機となるでしょう。しかし、より深層の目的意識としては、社会全体の創造性を活性化して、より多くの人々に面白おかしく人生を過ごすチャンスをもたらすという大きなテーマがあるのです。

そんなあなたの仕事のスタイルは、まさにクリエイティブという形容詞が当てはまります。どんな分野の仕事に就いたとしても、あなたはその中で最も創造的なエリア、例えば企画や開発といった部署に活路を見い出す可能性が高いでしょう。あるいは、すっかり閉塞してしまった職場環境において、優れたリーダーシップを発揮して、人々仕事に対する熱意を取り戻させる役割を担うかもしれません。

いずれにしても、あなたは自分の内面にある豊かなイメージと情熱の渦に、多くの人々の感情を巻き込んでいくことによって、自己実現を果たすことができるのです。

自己実現を阻むもの

　あなたの仕事が行き詰まるとしたら、社会に自分の存在感を示すことだけを求めているような時でしょう。

　獅子座のパラス意識が十分に成熟していない人物は、プライドが高い割には、自信がなく、人からどう評価されているのかを過剰に気にしてしまいます。そして、脆弱《ぜいじゃく》な自分の姿をカムフラージュするために、虚飾の名声を求めてしまうことがあるのです。

　しかし、自分を大きく見せて人の承認を求めることばかりにエネルギーを割いているうち、実際の社会貢献がすっかり疎かになってしまいます。そうなると、いつしか「裸の王様」と呼ばれてしまうようになるのです。

仕事で成功するためのヒント

　あなたが仕事で成功するためには、現在の自分を等身大で受け入れて、地道な努力を積み重ねていくことが必要です。

　まずは、人前で自分のことばかり自慢するのはやめてみましょう。また、何か素晴らしいアイデアを思いついた時に、それを他人にひけらかすことなく、無言で着手する習慣もつけるようにしてください。

　そうすると、あなたは人から注目されなくても不安にならないばかりか、ありのままの自分を愛せるようになっていくはずです。そして、黙々と自分の仕事に打ち込んでいるうちに、自己実現の本当の意味を知り、内面から本物の魅力が溢れ出してくることでしょう。

牡羊座生まれ

あなたに適しているのは、世の中に新しいトレンドを作り出す仕事です。インパクトある流行を仕掛けることで、あなたの自己実現も達成できるでしょう。流行《はや》り廃《すた》りの波に直接乗ることになるので、常に走り続ける姿勢が重要。

牡牛座生まれ

あなたの才能は、人々のアイデンティティーを強化する仕事で生かせるでしょう。地域や組織、グループなどを盛り上げると同時に、結束力を強められます。保守的な世界で創造性を発揮するには、伝統や権威者への敬意も必要。

双子座生まれ

あなたは、アピール力が必要な分野で活躍できそうです。インパクトある言葉で人の感情を高揚させるため、営業や説得、交渉などで自己実現を果たすでしょう。成功するためには、本当に売り込む価値があるものや分野を選んで。

蟹座生まれ

あなたの適職は、日常生活にワクワク感を提供する仕事です。衣食住に関わるサービスに創造性を発揮して、人の遊び心を刺激することができるでしょう。仕事の可能性を広げるには、自分の趣味にこだわりすぎないこと。

獅子座生まれ

あなたには、人々に感動や興奮、未来への夢を与える仕事が合うでしょう。スポーツやギャンブルに限らず、どんな分野でも盛り上げることが可能です。アイデアが豊富なので、実務能力を鍛えることが成功の条件になります。

乙女座生まれ

あなたに適しているのは、エンターテイメントで人を癒す世界です。芸術や文芸、芸能、アミューズメントに携われば、多くの人の心を支えます。創造性が抑圧される環境では、あなた自身が病んでしまうので注意しましょう。

♎天秤座生まれ

あなたの才能は、人に創造性を発揮する機会を提供する仕事で生かせるでしょう。才能発掘やクリエイターのネットワークを作る活動で成果を上げられます。ただし、他者を援助する前に、あなた自身の社会的基盤を固める必要が。

♏蠍座生まれ

あなたは、社会を改革する仕事で活躍できそうです。政治や地方自治、市民運動が典型ですが、他のどんな領域でも自由で人間らしい生活を人々にもたらす役割を負うでしょう。偏った思想にはまると、自滅する危険があります。

♐射手座生まれ

あなたの適職は、人々の個性と創造性を伸ばす仕事です。教育機関はもちろんのこと、実業の世界でもユニークな後進を育てることに貢献できます。ただし、あなたに排他的な傾向があると、無益な派閥闘争を生むかもしれません。

♑山羊座生まれ

あなたには、歴史と伝統を受け継ぐ仕事が合うでしょう。伝統芸能や工芸、あるいは長期的なプランを継承する立場に就くと、創造性が最大限に発揮されるでしょう。業界全体の発展を考えることが自己実現のカギになります。

♒水瓶座生まれ

あなたに適しているのは、顧客のニーズに応える仕事です。結婚式や旅行、イベントのコーディネートや、オーダーメイドのモノ作りなどが典型です。才能をフルに発揮するには、私的満足だけを追求する姿勢を改めましょう。

♓魚座生まれ

あなたの才能は、腕一本で渡り歩く職人的な仕事で生かせるでしょう。創造力を引き出すには、自分のこだわりが反映する仕事環境を確保してください。一人前になるまでは、弟子入りやチームワークも経験する必要があります。

Pallas

パラスが乙女座

物事を秩序立てて整理する
補佐的役割で頭角を現す

あなたのライフワーク

鋭い識別力を象徴する乙女座に小惑星パラスを持つあなたにとっては、混乱した社会に少しでも秩序を与えていくことが、仕事の根本的なテーマとなるでしょう。実際、あなたはどのような職業に就いたとしても、複雑化した仕事をシンプルにしたり、ケアレスミスをチェックしたり、曖昧な情報の真偽を確かめるといった、調整者としての役割を負う傾向があるはずです。

そのような仕事には、あなた自身の精神や肉体のコンディションも同時に整えて、完全な人間像に近づいていくという、自己実現の意志も反映されています。その意味では、あなたは長期間の厳しい下積み生活を経験した方が、将来の成功もより確実になるといえるでしょう。

また、あなたは自らリーダーシップを取るよりも、アドバイザーや補佐役のようなナンバーツーの立場に立って、誰かの仕事を微調整する役目を任された方が、生来の優れた分析力や器用さをより有益なかたちで活用できるかもしれません。人々に要求される目の前の仕事に、一つひとつ柔軟に対応し、責任感を持って応えていくことが、あなたが社会の中で自己の存在を証明していく最適な道となるのです。

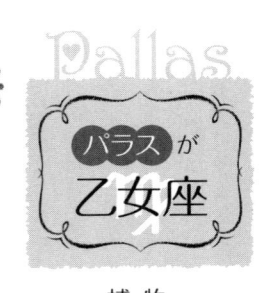

自己実現を阻むもの

あなたの仕事が行き詰まるとしたら、それは物事の細部にこだわるあまりに、仕事を取り囲んでいる全体的な環境が見えなくなってしまっているからでしょう。

乙女座のパラス意識が十分に発達していない人物は、自分が与えられた責務を全うすることに意識を集中しすぎるあまり、一緒に働く人々への感情的な配慮ができなくなることがあります。そして、自分の思い通りに動かない人々の批判に終始したり、時には心を閉ざして人と関わらなくなってしまったりするのです。

しかし、あなたがそのような姿勢を続ければ、仕事の流れはますます滞ってしまい、かえって混乱した状況を招いてしまうでしょう。

仕事で成功するためのヒント

あなたが自分の仕事を成功させるためには、仕事そのものに対してだけでなく、共に働く人々の人間性に対しても、深い理解と共感を持つ必要があります。

まずは、あなたが不完全であるように、他の人々も完璧ではないことを認めてください。そして、仕事仲間をロボットのように無機質な存在として見なすのをやめて、個々人の立場や感情、さまざまな価値観を知らなければなりません。その上で職場全体の空気を読む習慣を持つのです。

そうすると、あなたはチームワークこそが仕事を成功させるカギであったことを悟り、作業を効率化させることも、人間関係を楽しむこともできるようになっていくでしょう。

♈ 牡羊座生まれ

あなたは、消費者の個別のニーズに応える仕事で活躍できそうです。顧客と長期的なつき合いを持ち、アフターフォローの必要がある業種なら、あなたのサービス精神が生かせるでしょう。ただ、働きすぎには注意が必要です。

♉ 牡牛座生まれ

あなたの適職は、控えめで清潔感溢れる人物イメージが要求される仕事です。相手を威圧したりトリックを仕掛けたりしないので、多くの人々から信用されるでしょう。ただ、真面目すぎるので、適当に手を抜くセンスも必要。

♊ 双子座生まれ

あなたには、生活空間を清潔で機能的にする仕事が合うでしょう。健康的な衣食住へのこだわりが、ハウスクリーニングや栄養管理といった仕事に役立ちます。実用性だけでなく、人々の美意識も満足させることが成功の極意です。

♋ 蟹座生まれ

あなたに適しているのは、情報分析の仕事です。マスコミや調査、通信といった業種が典型ですが、あなたならどんな職種でも情報の質と量を向上させられます。できれば、自分の感情やアイデアを表現する機会も持ちましょう。

♌ 獅子座生まれ

あなたの才能は、金融や保険、ファイナンシャルプランニングなど、財産の管理や運用を支援する仕事で生かせるでしょう。あなた自身もビジネスや投資に関心を持ちますが、ギャンブルに近い仕事は避けた方が無難です。

♍ 乙女座生まれ

あなたは、知性や情緒、身体のバランスを保つ仕事で活躍できそうです。特に医療関係や幼児教育の分野で、あなたの能力が求められるでしょう。人に冷淡な雰囲気を与えやすいので、職場では穏やかな対人姿勢を心がけること。

♎天秤座生まれ

あなたの適職は、心の世界にアプローチする仕事です。心理カウンセラーや宗教家といった職業に就けば、人間に対する知的な洞察力と深い共感性が引き出されます。もちろん、あなた自身にも悩みや苦しみを乗り越える体験が必要。

♏蠍座生まれ

あなたには、人々のグループやネットワークに関わる仕事が合うでしょう。人事や総務、協議会や交流会のコーディネートで、あなたの人間関係の調整力が高く評価されます。派閥に縛られると、仕事に制約が出るでしょう。

♐射手座生まれ

あなたに適しているのは、客観的な視点と細密な分析力が要求される仕事です。データを集めて検討する科学や医療、マーケティングの分野で業績を残すでしょう。人づき合いは苦手でも、関係者との信頼を築くことは重要です。

♑山羊座生まれ

あなたの才能は、自己主張や議論を求められる仕事で生かせるでしょう。学者や評論家として活動できれば、鋭い思考力と批判精神が評価されます。ただし、感情的になって個人攻撃をすると、イメージダウンになるので注意して。

♒水瓶座生まれ

あなたは、一般的にはマニアックと目される分野で活躍できそうです。何か特殊な興味を持っているなら、それを仕事に結びつけると自己実現を果たせるでしょう。流行を度外視して、自分の道を進めるかどうかが成功のカギです。

♓魚座生まれ

あなたの適職は、新しい出会いを経験する仕事です。実際、多くの人と関わるうちに観察力が引き出され、痒いところに手が届くサービスができるようになるでしょう。仕事の幅を広げるには、豊富な趣味を持つことも必要。

Pallas

パラスが天秤座

交渉や調整に才能を発揮
人間関係の協調を目指す

あなたのライフワーク

エネルギーの均衡を象徴する天秤座に小惑星パラスを持つあなたにとって、仕事とはこの世のあらゆる領域に調和をもたらすことにほかなりません。あなたは自分の仕事を進めるに当たって、さまざまな立場にある人々の意見に耳を傾けて、誰もが公平にメリットを得られるように努力する傾向があるのではないでしょうか？

あなたには生まれついての優れた調整能力が備わっており、多角的な視点と臨機応変な適応力が求められる環境であるほど、伸び伸びと才能を発揮することが可能です。実際、どのような職業に就いたとしても、人事や交渉、調停といった仕事で活躍する可能性が高いはず。あなたはそのような調整者としての役割を負うことによって、自分自身の人間性のバランスを取ると同時に、人と人との平和で生産的な協力関係を増加させていくことによって、自己実現を達成できるのです。

当然、あなたは独りで黙々と働いても、大きな成果を上げることはできません。特定のパートナーシップ、あるいは複数の仲間とのチームを組むことによって、初めてあなたのモチベーションが引き出され、真に社会に貢献する道も開かれるのです。

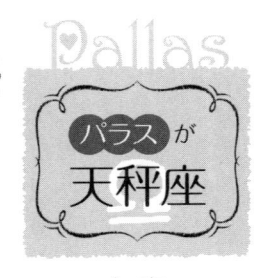

自己実現を阻むもの

あなたの仕事が行き詰まるとしたら、それは主体性をすっかり失ってしまった状態で働いている時でしょう。

天秤座のパラス意識が十分に成熟していない人物は、人の意見に流されるだけで、いつまでたっても自分自身が納得できる妥協点を見つけることができません。また、実務的な面でも仕事仲間に過剰に依存する傾向が出やすく、仕事に必要な知識や技術を高めようとする努力を放棄してしまうこともあるでしょう。

そして、気がついた時には、あなたは周囲の人々の考えを理解するどころか、自分自身の存在意義と方向性を見失い、誰からもパートナーとして求められなくなってしまうのです。

仕事で成功するためのヒント

あなたが仕事で自己実現を果たすためには、人を頼るのではなく、人から頼られる人物になることを目指さなければなりません。

まずは、どんなに小さなことでもよいので、仕事に対するあなたなりのポリシーを持ち、それをはっきりと自己主張できるようにしましょう。そして、仲間との積極的な意見交換を通じて、全く新しいアイデアを生み出していく経験を重ねるようにするのです。

そうすれば、あなたは独りでも何かを決断したり、行動したりできるようになるばかりか、他者との協力関係から最大限のメリットを引き出し、精力的に仕事をこなしていくことができるようになるでしょう。

♈ 牡羊座生まれ

あなたには、パートナーと進める仕事が合うでしょう。公私にわたる相棒と組むことで成功を収めます。ただし、どんなに共通の目標や利害の一致がある相手でも、どこか異なる部分があることは意識しておく必要があるでしょう。

♉ 牡牛座生まれ

あなたに適しているのは、学習や改善、適応が求められる仕事です。仕事環境を変化させたり、さまざまな職業を遍歴したりすることで、才能と人脈が広がるでしょう。鋭い知性がありますが、言葉が辛辣《しんらつ》になりやすい面は注意が必要。

♊ 双子座生まれ

あなたの才能は、スポーツやアート、ゲームなど、多くの仲間と遊び心を共有する仕事で生かせるでしょう。レジャーを通じて築いた人脈は、仕事にチャンスをもたらします。ただ、異性関係の乱れは立場を危うくするので注意。

♋ 蟹座生まれ

あなたは、ローカルな環境の下、人の縁を結ぶ仕事に活躍の場があります。地元の企業や団体で働くと、地域の活性化を通じて自己実現を果たせるでしょう。複雑な利害関係に関わることで、調停者の資質が引き出されます。

♌ 獅子座生まれ

あなたの適職は、交渉を行う仕事です。優れたコミュニケーション能力と博識さによって本音を引き出して、頑固な人を説得することが使命となるでしょう。余計な一言が命取りになる傾向には、ある程度の注意が必要です。

♍ 乙女座生まれ

あなたには、カラーコーディネイターや栄養士など、生活のバランスを整える仕事が合うでしょう。他の分野でも、美しく健康的な環境を整備することで評価されます。私生活で金銭管理がアバウトだと、仕事にも響くので注意。

♎ 天秤座生まれ

あなたに適しているのは、魅力を前面に打ち出した仕事です。芸能関係はもちろん、あらゆる業界において注目を集めて組織をまとめるために、独特のタレント性を発揮します。八方美人になりすぎないように注意しましょう。

♏ 蠍座生まれ

あなたの才能は、人を結びつける仕事で生かせるでしょう。実業界の仲介や結婚相談などで、親しめるキャラと深い人間観察力によって成功します。若い頃は人を信用しすぎて失敗しがちですが、常に経験から学ぶ努力をして。

♐ 射手座生まれ

あなたは、業種や派閥を超えた交流が求められる仕事で活躍できそうです。持ち前の社交性でサークルやネットワークを形成し、社会貢献するでしょう。複雑な利害関係の中で折衷案を見い出す能力を培うことが成功の条件です。

♑ 山羊座生まれ

あなたの適職は、人望と指導力が求められる仕事です。もちろん、人の意見を参考にした上での決断や、部下の自主性を重んじるといった支配体制があなたの本分。しかし、自己の責任を他者に転嫁すると求心力を失います。

♒ 水瓶座生まれ

あなたには、古典的な美意識や思想を体現した仕事が合うでしょう。根回しや終身雇用などのビジネススタイルを見直して、現代的にアレンジすることで支持を集めます。ただし、古いだけで価値があると思い込まないこと。

♓ 魚座生まれ

あなたに適しているのは、他人の利害関係を調整する仕事です。弁護士がその典型ですが、他の立場でも人々の財産や権利に関するトラブルを解決することで社会貢献するでしょう。公私混同するとキャリアを損ねるので要注意。

Pallas

パラスが蠍座

未知の分野に光を当てる時代の先駆者的役割を持つ

あなたのライフワーク

探究心を象徴する蠍座に小惑星パラスを持つあなたにとっては、目に見えない真実を追い続けることが仕事の中心的なテーマとなるでしょう。実際、あなたは一度ある仕事に意識を集中させると、寝食を忘れて没頭してしまうタイプではないでしょうか？　その逆に、不本意な仕事を任されると、全く投げやりになってしまうという困った傾向もあるかもしれません。

しかし、あなたが本当の意味で社会に貢献していくためには、そのようなこだわりを捨てるべきではないでしょう。たとえどのような職業を選択したとしても、あなたはその世界における未知の領域に踏み込み、徹底して何かをつかもうとします。そして実際に、他の人々が触れることすらできなかったその対象をとらえることで、自己実現を果たそうとするのです。

あなたが全身全霊で取り組もうとする仕事は、場合によっては時代の流行とは無関係である可能性もあります。しかし、あなたが自分の道だと確信する分野は、後になって脚光を浴びる可能性が非常に高いといえるでしょう。それは、大衆の意識に深く潜在している願望に、あなたが強く反応する性質を持っているからなのです。

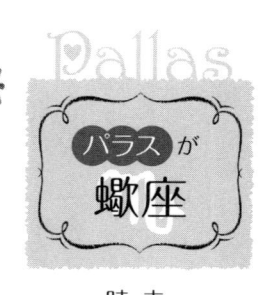

自己実現を阻むもの

あなたが仕事に行き詰まるとしたら、周囲の人と適切で生産的な関係を築けなくなっていることが原因でしょう。

蠍座のパラス意識が十分に成熟していない人物は、仕事に対する態度と同様に、人間関係に対してもオール・オア・ナッシングの姿勢を取ってしまいがちです。例えば、目的のためならどんなかたちでも他人を利用して構わないと考えたり、自分の仕事に異を唱える人には、強い恨みを持って攻撃したりするところがあるのです。

結果的に、あなたはギクシャクとした人間関係に振り回されて仕事を台無しにしたり、せっかくの業績も日の目を見ることがなくなったりしやすいでしょう。

仕事で成功するためのヒント

あなたが仕事で成功するためには、人間関係における寛容さを学び、純粋な意味で人づき合いを楽しめるようになる必要があります。

まずは、あなたが個人で達成できる仕事には限界があることを認めてください。そして、他のさまざまな個性や才能を持つ仲間と目的意識を共有して、集団のパワーを活用する経験をしていくようにするのです。

そうすると、あなたは仕事への集中が邪魔されるどころか、一緒に働く人々との信頼関係を通じて、自分の限界を突破できたり、社会への影響力を発揮できたりする可能性に気づくでしょう。必要な時には、仲間の協力を得ることが自然とできるようになるはずです。

パラスが蠍座

♈ 牡羊座生まれ

あなたは、他人の財産や才能を生かす仕事で活躍できそうです。金融、タレント育成、ヘッドハンターの分野なら、鋭い眼力と粘り強さで成功できるでしょう。他人のお金や権利を無意識のうちに自分のものと思い込む傾向には注意。

♉ 牡牛座生まれ

あなたの才能は、特定の顧客やパートナーとの長期的なつき合いが求められる仕事で生かせるでしょう。相手の人生に関わるため、実務能力と同時に誠実さや思いやりを持てるかどうかが成功の条件。頑固な性格は改めましょう。

♊ 双子座生まれ

あなたには、規模の大きい力のある組織が合うでしょう。運命共同体的な関係性の中で、強いモチベーションや特異な才能などに目覚めていきます。過酷な要求に応えることに生きがいを感じますが、過労で健康を損ねないように。

♋ 蟹座生まれ

あなたの適職は、夢やロマンの追求に人生をかけた仕事です。一般的には実現不可能、利益が上がらないと思われることにチャレンジして、結果的には成功するでしょう。社会的に認められていない時期でも楽しめる仕事を選ぶこと。

♌ 獅子座生まれ

あなたに適しているのは、家族や親しい人の遺志を継ぐ仕事です。家業や伝統に関わる仕事を引き継ぐ道で、生きがいを見い出すでしょう。思い切った改革もできますが、保守派を全否定する仕事は成果が期待できないので注意。

♍ 乙女座生まれ

あなたの才能は、特定分野の知識を深める仕事で生かせるでしょう。学者や研究者がその典型ですが、他の職業でも歩く辞書のような存在として一目置かれるはず。専門性を生かすためには、知識が偏りすぎないことも重要。

♎ 天秤座生まれ

あなたは、集団の管理や他者のマネジメントをする仕事で活躍できそうです。仲間や顧客に惚れ込むことが、バイタリティーと仕事の質を向上させるでしょう。人心掌握術に長けますが、組織を閉鎖的にして停滞させないように。

♏ 蠍座生まれ

あなたの適職は、終末医療や葬祭、宗教など、生と死に関わる仕事です。場合によっては生命のリスクを伴う仕事で願望を満たそうとする可能性も。仕事を通じて自分の人生の意義を深く考えると、公私共に生活が充実します。

♐ 射手座生まれ

あなたには、精神世界を探求していく仕事が合うでしょう。心理学や宗教、神秘学などの研究と実践によって社会貢献できます。若年期は悩みや、経済的に苦労する傾向がありますが、それを乗り越えることが成功の条件です。

♑ 山羊座生まれ

あなたに適しているのは、未来のために破壊と創造を繰り返す仕事です。何の分野でも抜本的な改革、新計画の始動、あるいは再生といった仕事に関わる傾向が。敵ですら味方にする度量を持てるかどうかが成功を左右します。

♒ 水瓶座生まれ

あなたの才能は、厳しい職業倫理を守る仕事で生かせるでしょう。聖職と呼ばれる分野に従事すると、徹底した自己管理と向上心によって尊敬を集めます。いったん高い立場を手に入れると、権威主義に陥る傾向には注意が必要。

♓ 魚座生まれ

あなたは、外国文化に関わる仕事で活躍できそうです。知識や技術のみならず宗教や歴史レベルから異文化を理解することで、国際交流や政治、教育、貿易の分野で功績を上げるでしょう。自国の問題にも関心を持つことが必要です。

Pallas

パラスが射手座

知的レベルの向上と発展に
能力の限界まで力を注ぐ

あなたのライフワーク

世界を知的に理解しようとする射手座に小惑星パラスを持つあなたにとって、仕事とは自分自身の知性の限界に挑む行為でもあるでしょう。実際、あなたは仕事に必要な知識を貪欲に吸収するだけでなく、歴史的あるいは思想的な観点から仕事全体を眺め、そのあり方について深く考えながら働きます。そのため、あまり実務的な作業に縛られない、常に新しい知識や発想が求められるフィールドが、最も適した仕事環境であるといえるでしょう。

また、あなたが培った仕事への知的なアプローチを他の大勢の人々と共有すること、そして次代を担う後進に伝えていくことも、あなたの重要な使命です。そのため、あなたは自分と意見を異にする人々と積極的にディスカッションしたり、教育者という立場で働くことになったりしますが、あなた自身がそこから学べることは非常に大きいものがあるでしょう。

あなたはそのような仕事を通じて、社会全体の知的レベルを底上げすることに貢献します。個人的な利益だけではなく業界全体、ひいては社会全体に、常に拡大と発展をし続ける意識の流れを作ることが、あなたの自己実現に通じるのです。

自己実現を阻むもの

あなたが仕事で行き詰まるとしたら、社会的な責任を負うことから逃避してしまっているからでしょう。

射手座のパラス意識が十分に成熟していない人物は、頭でっかちになりがちで、せっかくの高度な知性を現実社会で上手く応用していくことができません。そのため、いつまでも学校に留まろうとしたり、転職を繰り返したり、あてもなく海外を放浪したりして、社会と正面から向き合うことを意識的に避けるようになってしまう可能性があるのです。

結果的に、あなたは自己不全感を抱えたまま、貴重な時間を無駄にし続ける人生を送ることになるかもしれません。

仕事で成功するためのヒント

あなたが仕事で成功するためには、常に生々しい現実と関わりながら、地に足の着いた感覚を持ち続ける必要があります。

まずは、自分の可能性が限定されてしまうという恐れを捨てて、今与えられている仕事に全力投球してみてください。そして、自分の知識を実用化して、仕事に自分の理想を反映させるチャンスを粘り強く追求していきましょう。

そうするうちに、あなたは社会的な役割を全うすることの意義の大きさに気づくばかりか、自分が諦めさえしなければ夢が叶うことを確信するようになるでしょう。自分のポジションを明確にすることで、さまざまな可能性が広がっていくことがわかるのです。

♈ 牡羊座生まれ

あなたの適職は、人々を知的な面からサポートする仕事です。どのような業種でも戦略を練る立場に就けば、創造性を存分に発揮できるでしょう。言動に一貫性を持たせないと、アドバイザーとしての信頼を失うので要注意です。

♉ 牡牛座生まれ

あなたには、特殊な問題を研究する仕事が合うでしょう。あまり一般的でない学問領域や、オタク系カルチャーに対する知的なアプローチで、社会から高く評価されます。知性を鈍らせないためには、権威主義に陥らないこと。

♊ 双子座生まれ

あなたに適しているのは、観察力を要求される仕事です。偏見に縛られず他人を評価する姿勢は、学問やジャーナリズムの分野で歓迎されるでしょう。派閥闘争などに巻き込まれやすいので、フリーな立場を確保する必要があります。

♋ 蟹座生まれ

あなたの才能は、多様な価値観を持つ人々と交流する仕事で生かせるでしょう。異なる考えをぶつけ合うことが重要なので、議論の多い職場を選んでください。ディスカッションの苦手な相手に対しては、手加減の必要があります。

♌ 獅子座生まれ

あなたは、知的な遊戯に関わる仕事で活躍できそうです。頭脳プレーが必要なスポーツやゲーム、あるいは推理小説などを通じて、人々の知性を向上させることがあなたの使命。退屈な雑務もこなせることが成功の極意となります。

♍ 乙女座生まれ

あなたの適職は、外国の文化を導入する仕事です。異文化をそのまま取り入れるのではなく、日本人に受け入れられやすいかたちに改変することが、あなたのテーマでしょう。いわゆる外国かぶれの状態になりやすい傾向には注意が必要。

♎ 天秤座生まれ

あなたには、知識や教養が求められる仕事が合うでしょう。優れた情報収集力と表現力が、文学やマスコミの分野で重宝されます。実力の割には自信がなく、単なる物好きで終わってしまう心配も。公の場で経験を積みましょう。

♏ 蠍座生まれ

あなたに適しているのは、モノの価値を見極める仕事です。骨董品《こっとうひん》の鑑定などがその典型ですが、蘊蓄《うんちく》豊かな傾向は他の分野でも重宝されるでしょう。利益優先で文化をないがしろにすると、社会的な立場を失うので注意。

♐ 射手座生まれ

あなたの才能は、新しいライフスタイルを提示する仕事で生かせるでしょう。ユニークな生活を紹介したり実践したりすることで、多くの人の発想を転換させることができます。仕事が中途半端になりがちなので、忍耐力を養うこと。

♑ 山羊座生まれ

あなたは、哲学や宗教、オカルトに関連した仕事で活躍できそうです。精神論を展開するだけではなく、問題に対して具体的なアドバイスを与えられるかどうかが成功の条件。あなた自身、実社会で揉まれる経験が必要不可欠です。

♒ 水瓶座生まれ

あなたの適職は、情報のネットワークを作る仕事です。多種多様な知識やアイデアを持つ人々が交流できる場所で、あなた自身も大きな利益と社会的評価を得るでしょう。各界の権威者の理解と信頼を得られるかどうかが成功のカギ。

♓ 魚座生まれ

あなたには、難解な情報を理解できるかたちにして伝える仕事が合うでしょう。教育や報道の分野に適性がありますが、他の仕事でも人々の知的レベル向上に貢献できます。成功するためには、苦手な分野を克服する経験が必要です。

Pallas

パラスが山羊座

秩序と現場を重んじリーダーとしての資質に優れる

あなたのライフワーク

厳しい現実感覚と保守的な気質を象徴する山羊座にパラスを持つあなたの仕事には、常に秩序の安定というテーマがつらぬかれるでしょう。実際、どのような職業を選択したとしても、伝統の保護やシステムの維持といった目的を果たすために、何らかの責任ある立場を引き受けることが多いはず。自分だけではなく、一緒に働く仲間のすべてが生産的なかたちで働けるような仕事環境を維持することで、あなたの自己実現が可能になるのです。

また、あなたは非常に現実的な考え方をするタイプで、社会の状況をありのままに理解し、その中で実力を発揮するチャンスを確実につかんでいきます。さらには、シビアな視点で人材を評価できるので、自分が関わるべき人間を的確に判断したり、適材適所の人事を行ったりすることも得意でしょう。

こういったあなたの資質は、長い経験を通じて洗練されていき、いつかはリーダーとして多くの人々を先導する立場につく可能性が高いといえます。しかし、どんなに高いステイタスを獲得したとしても、あなたは常に仕事の現場に身を置いて、自ら汗水をたらして働くことに生きがいを感じるでしょう。

自己実現を阻むもの

　あなたが仕事で行き詰まるとしたら、野心や自己保身の欲求のみに突き動かされていることが原因でしょう。

　山羊座のパラス意識が十分に成熟していない人物は、仕事環境の秩序を守ることと、自分の立場を守ることとをすり替えてしまう場合があります。そして、自分にとって都合の悪い人々を排除しようとして、他の人々の成果を自分のものにしてしまうといった行動に走ってしまう可能性があるのです。

　しかし、そのような行為を繰り返しているうちに、ふと気がついたら孤立状態に追い込まれていたり、次世代に追い立てられてしまったりすることになるでしょう。

仕事で成功するためのヒント

　あなたが仕事で成功するためには、働くことそのものに対して純粋な喜びを見い出さなければなりません。

　まずは、周囲のライバルを蹴落とすために、無用な時間とエネルギーを消費するのをやめるようにしてください。そして、自分が与えられた職務において、実力をフルに発揮することだけを意識するのです。そうすれば、あなたは社会に貢献している自分に誇りが持てるようになるだけでなく、驚くほど生産的に仕事をこなせるようにもなっていくでしょう。

　あなたが仕事を愛し続け、具体的な成果を少しずつでも上げていけば、地位や名声は後からついてくるのです。

牡羊座生まれ

あなたに適しているのは、古き良き伝統を守る仕事です。どのような仕事でも保守派と見なされますが、安定を求められる現場では優れた働きをするでしょう。息の長い活動をするには、他分野に関心を持つようにしてください。

牡牛座生まれ

あなたの才能は、綿密で実際的な思考力を要求される仕事で生かせるでしょう。科学や法律、医療の分野なら実績を積んで信頼を得られます。アイデアに欠ける面は否めないので、なるべく人々の意見を聞く機会を持ってみましょう。

双子座生まれ

あなたは、先達の事業や研究を受け継ぐ仕事で活躍できそうです。高い学習能力と献身的な態度が評価され、後継者として白羽の矢が立つでしょう。権威的な存在に依存した人生になりますが、その方が実力を発揮しやすいはず。

蟹座生まれ

あなたの適職は、個人と個人あるいは集団同士を結びつける仕事です。巧みな外交術によってパートナーシップを維持したり、コラボレーションを成功させたりするでしょう。ただし、人を見抜く力を身につけるには長い社会経験が必要。

獅子座生まれ

あなたには、いわゆる職人的な仕事が合うでしょう。成功を確実にしたければ、下積み経験が必要。専門的な知識や技術の伝達者として、後進の指導でも評価されます。ステイタスを保つには、私生活でもそれなりの自己管理を。

乙女座生まれ

あなたに適しているのは、夢やイメージにかたちを与える仕事です。何の職業に就いても、企画実現や商品プロデュースなどで優れた能力を評価されるでしょう。他人のわがままな欲求に、忍耐強く耳を傾けられる寛容さが必要です。

♎ 天秤座生まれ

あなたの才能は、生活環境に秩序を与える仕事で生かせるでしょう。家族関係や家計、あるいは地域社会の問題解決に優れた手腕を発揮できます。ボランティア精神がありますが、仕事に熱中しすぎて私生活を疎かにしないように。

♏ 蠍座生まれ

あなたは、社会常識や教養を教える仕事で活躍できそうです。子供の教育に関わるとか、社会人に仕事の基本や対人マナーを指導する方向で役立つでしょう。ただ、正論だけを振りかざす態度は、後進の人望を失うので注意して。

♐ 射手座生まれ

あなたの適職は、シビアな金銭感覚が求められる仕事です。組織や団体の財政、あるいは家庭のマネープランを管理し安定させることで社会貢献するでしょう。私的には安定収入にこだわって、豊かになるチャンスを見逃すことも。

♑ 山羊座生まれ

あなたには、新しい仕事の基礎を作る役割が合うでしょう。創業や新展開、実験といった動きがある場所で、あなたの実務能力が生かされます。長期的な仕事の過程で、いつでも初心に返れる謙虚さを持つことが成功のカギです。

♒ 水瓶座生まれ

あなたに適しているのは、大事業や社会運動の裏方的な仕事です。評価に振り回されず黙々と職務を遂行することで、社会的な評価を得られるでしょう。名誉欲から無用に表に出たがると、かえって影響力を失うので気をつけて。

♓ 魚座生まれ

あなたの才能は、社会に新しい秩序を作り出す仕事で生かせるでしょう。古い制度や習慣の意義を理解しつつも、時代にマッチした改革や刷新を促します。若い頃にリスクを犯して失敗する経験があることも、かえって成功の条件に。

Pallas

パラスが水瓶座

未来的・独創的なアイデアで
旧体制に改革を巻き起こす

あなたのライフワーク

型にはまらない自由な精神を象徴する水瓶座にパラスを持つあなたにとって、仕事とは新しい価値観やルールを社会に持ち込むことにほかなりません。実際、あなたは常識にとらわれない独自の視点から物事を観察し、世の中の矛盾や欠陥を鋭く見抜くことができます。そして、どのような職業に就いたとしても、その職場や業界全体、あるいは人々の日常的な生活環境にこびりついている古い価値観や体制を刷新する役割を負うことになるのです。

もちろん、あなたの改革への意志は、保守的な人々から危険視される可能性もあります。しかし、自分の利害を度外視してまで環境の活性化を図ろうとするあなたの姿勢に共感して、同じような問題意識を持つ仲間もたくさん集まってくるはずです。その仲間のネットワークからは、あなたが理想を実現させるために必要な知恵がいくらでも入ってきますし、あなたの独創的なアイデアも、彼らのサポートを通じて具体的なかたちが与えられていくでしょう。

そうして、一部の人々の利益に偏ることなく、万人の未来のための改革を達成することによって、あなたは自己実現を果たせるのです。

自己実現を阻むもの

あなたの仕事が行き詰まるとしたら、それは社会に対して自分の意志を通すこと自体が目的になっているような時でしょう。

水瓶座のパラス意識が十分に成熟していない人物は、既存の価値観やルールが古いというだけで悪と決めつけ、それが生まれた背景を理解することができません。そして、保守的な人々と対決して勝利することが、問題を解決する唯一の道だと考えてしまうのです。

しかし、そのような思い込みだけで仕事を進めていると、次第に無用な敵を増やしていくことになってしまいます。それだけでなく、仲間だと思っていた人々も、あなたの元を離れていってしまうでしょう。

仕事で成功するためのヒント

あなたが仕事で成功するためには、敵も味方も含めたすべての人々の利益を図る、博愛と平等の精神が必要です。

まずは、自分が反抗のための反抗をするとか、異なる立場の人々をすぐに正義と悪に二極化して分類してしまう傾向を反省してください。そして、自分の仲間だけでなく反対者に対しても、同じように敬意を払い、上手く折り合っていける道を探っていくようにするのです。

そうすれば、あなたは意見や立場を異にする人々とでも、一つの仕事を成功させるためなら連携できることを知り、自分の才能を発揮できるようになるでしょう。そうなって初めて、真の改革を成功させることができるのです。

♈ 牡羊座生まれ

あなたは、理想的な社会を追求する仕事で活躍できそうです。個人的な体験から問題意識を持ちやすく、ボランティア活動を通じて自己実現を図るでしょう。福祉とビジネスをバランスよく考えていくことが成功のカギに。

♉ 牡牛座生まれ

あなたの適職は、先進的かあるいは極端に古風な分野の仕事です。時代のニーズとずれた活動のように見えても、実は流行に先駆けていたことが後から判明するでしょう。成功のためには一時的にでも組織に属する経験が必要です。

♊ 双子座生まれ

あなたには、教育や学問的研究の改革に関係した仕事が合うでしょう。特に社会全体の知的水準が高まるような教育スタイルを追求する時に、優れた手腕が発揮できます。仕事のマニュアル化にこだわると行き詰まるので注意して。

♋ 蟹座生まれ

あなたに適しているのは、保守組織の改革を行う仕事です。組織の一員としてだけでなく、コンサルタントとして外部から刷新を促す立場でも成功するでしょう。自分自身にも変化を起こすことが、強い指導力を発揮する条件です。

♌ 獅子座生まれ

あなたの才能は、個性の異なるパートナーと組む仕事で生かせるでしょう。あなたには優れた発想力がありますが、仲間のサポートがなければ、大胆な改革はできません。トラブルメーカーと組む傾向もあるので、相手選びは慎重に。

♍ 乙女座生まれ

あなたは、働きやすく生産的な労働環境を作る仕事で活躍できそうです。合理的精神と人への理解力に優れるので、改革を進めることができるでしょう。ただ、秩序のない職場でも適応できるため、現状に問題意識を持つこと。

♎天秤座生まれ

あなたの適職は、人生の楽しみ方を提示する仕事です。あなたの斬新なアイデアが、イベント企画やネットワークの運営、あるいは文化事業の分野に刷新をもたらすでしょう。仕事をパターン化させると、流行から取り残されます。

♏蠍座生まれ

あなたには、都市生活を快適にする仕事が合うでしょう。建築や環境保護、ストレスマネジメントといった分野で、都会の殺伐とした空気を一新できます。旧式の生活様式をいかに現代的にアレンジできるかが、成功を左右させます。

♐射手座生まれ

あなたに適しているのは、言語表現に新しいスタイルを与える仕事です。作詞やコピーライティングがその典型ですが、言葉のセンスは他の分野でも生かせるでしょう。独りよがりな発想から抜け出せるかどうかが成功のカギ。

♑山羊座生まれ

あなたの才能は、前衛的な芸術に関連する仕事で生かせるでしょう。創作はもちろん、美術評論や芸術家の育成を通じても、アートの世界に新陳代謝を促します。審美的な価値観に偏りすぎると、ビジネスが成り立たないので注意。

♒水瓶座生まれ

あなたは、科学技術に関わる仕事で活躍できそうです。科学者やエンジニアとして、実用的な技術を発明・発見することで業績を上げるでしょう。成功するためには、すべての問題を科学的な手段で解決できると考えないこと。

♓魚座生まれ

あなたの適職は、心の世界に新しい方向から光を与える仕事です。心理学や宗教、あるいは文学から、現代人の複雑な精神構造を解き明かし、多くの人に支持されるでしょう。権威に依存する傾向から脱却することが成功の条件です。

Pallas

パラスが

魚座

奉仕の精神を仕事で発揮
心の交流を大切にする

あなたのライフワーク

自己犠牲の精神を象徴する魚座にパラスを持つあなたにとって、仕事とは無償の愛によって世界に奉仕することと同義でしょう。実際、あなたはどのような職業を選択したとしても、豊かな共感性とおもてなしの精神を発揮して、献身的な働きぶりを見せるはずです。

職場においては、あなたはいつも裏方に回ろうとする傾向があります。また、人が嫌がる仕事を進んで引き受けることも多い上、その仕事の成果を仲間に譲ってしまうことすらあるかもしれません。それでも、あなたは職場のムードメーカーとして機能し、殺伐となりがちな仕事の現場において、人々の心に温かい感情を呼び戻す役割を負うことになるでしょう。もちろん、その無私の精神と深い愛情は、特定の組織だけではなく、あなたのサービスを求めるすべての人に対しても向けられます。たとえビジネスを通じた関係であっても、多くの人々が求めるものが人間的な思いやりであることを、あなたはよく理解しているのです。

いずれにしても、あなたは自分の職務を通じてできる最大限の奉仕を人々に捧げ、世界に対する普遍的な愛を表現することによって自己実現を果たすでしょう。

自己実現を阻むもの

あなたの仕事が行き詰まるとしたら、特定の個人や組織の意志に無批判に従っているような時でしょう。

魚座のパラス意識が十分に成熟していない人物は、深い共感能力が裏目に出て、他者のネガティブな感情におぼれてしまうことがあります。例えば、目上の人物を理想化して熱狂的に信奉するとか、組織の不条理な原則ですら正義であると思い込んで、疑うことを知らないといった事態が起こり得るのです。

そして、誰かのエゴのために搾取され続け、反社会的な行為に加担させられた上、スケープゴートとして問題の全責任を負わされたりするかもしれません。

仕事で成功するためのヒント

あなたが仕事で成功するためには、自分が奉仕すべき対象とは特定の人なのではなく、世界のすべての人々であることを忘れないようにすることが重要です。

まずは、現実社会には残念ながら、他人の善意を不当に利用する者が数多く存在しているのだという事実を認めてください。そして、与えられた要求に応えることが、本当に人々のためになるのかどうか、あなたは常に心の声に問いかける習慣を持つようにするのです。

そうすれば、あなたは人からいいように利用されることがなくなるばかりか、自分の進むべき道を自分で選び、普遍的な愛のために存分に奉仕できるようになるでしょう。

♈ 牡羊座生まれ

あなたには、一般的な社会ではまだ認知されていない特殊な仕事が合うでしょう。見過ごされがちな領域に目をつけ、細かいサービスを提供することで評価されます。自営に向きますが、自己管理能力の有無が成功を左右します。

♉ 牡牛座生まれ

あなたに適しているのは、理想的な社会の実現を目指す仕事です。どの分野でも長期的なビジョンを持つことで、結果的に大きな成功を手に入れるでしょう。さまざまな専門領域を持つ仲間と連帯することが成功の条件となります。

♊ 双子座生まれ

あなたの才能は、差別や偏見と戦う仕事で生かせるでしょう。言論や教育などさまざまですが、被差別者の救済に関わる可能性が高そうです。あなた自身も社会の歪みを体験しますが、公明正大な姿勢で意識変革を訴えましょう。

♋ 蟹座生まれ

あなたは、精神的な文化を保護する仕事で活躍できそうです。失われつつある技芸や宗教的伝統の知識を持つと同時に、その価値を人々に伝えることに使命感を感じるでしょう。非営利的な活動を全うするには、経済力も必要です。

♌ 獅子座生まれ

あなたの適職は、組織や団体の結束を固める仕事です。仕事への献身と深い包容力によって、多くの仲間の心を一つにまとめるでしょう。ナンバーツーの立場が理想ですが、ある程度のリーダーシップも身につける必要があります。

♍ 乙女座生まれ

あなたには、悩み相談の仕事が合うでしょう。心理カウンセラーやソーシャルワーカーが典型ですが、他の分野の仕事に就いても、個人の心の問題に関わる可能性が高そう。他者の感情に飲み込まれない強い意識が必要です。

♎ 天秤座生まれ

あなたに適しているのは、職人的な知識や技術で奉仕する仕事です。微妙なニーズを敏感に感じ取った仕事をすることで、高い評価を得るでしょう。完全主義からストレスを抱え込んで、仕事中毒になりやすい面には注意が必要。

♏ 蠍座生まれ

あなたの才能は、子供の成長を促す仕事で生かせるでしょう。保育や幼児教育はもちろん、子育て中の親をサポートする分野であれば、無私の愛が体現できます。多様な教育理論を現場で学び、柔軟な発想で仕事をしてください。

♐ 射手座生まれ

あなたは、環境の浄化に関わる仕事で活躍できそうです。公務員や科学者などが考えられますが、市民が安心して暮らせるよう、公害や犯罪の防止に優れた手腕を発揮するでしょう。仕事の取り組みは、闘志と忍耐力が求められます。

♑ 山羊座生まれ

あなたの適職は、芸術によって人に癒しを与える仕事です。クリエイティブな活動を通じて社会にメッセージを送り、人に生きる希望と勇気を与えるでしょう。社会的な野心に駆られると、本来の豊かな創造力が失われるので注意。

♒ 水瓶座生まれ

あなたには、金銭やモノへの思いやりを必要とされる仕事が合うでしょう。財産運用の相談に乗るとか、道具や住居のメンテナンスをする分野で、抜群のホスピタリティーを発揮します。成功には、経済的に苦労する体験も必要。

♓ 魚座生まれ

あなたに適しているのは、信仰心やボランティア精神が必要とされる仕事です。聖職や慈善事業などが考えられますが、他の分野でも弱者の救済を考えることが成功につながります。カルト思想に染まらないように注意して。

Column 5

パラス的女の人生

マリー・キュリー

(1867年〜1934年)

マリー・キュリーはポーランド出身の科学者で、ラジウムやポロニウムといった放射性物質の発見とその化合物の研究により、女性として初めて、しかも二度もノーベル賞を獲得した人物です。現在では誰もがキュリーを天才的な科学者であると認めますが、彼女が生きた時代の科学界は、まだまだ保守的な「男性社会」で、女性が学者として大成するのは容易ならざることでした。

キュリーは、故郷のワルシャワでは女性であることを理由に大学に入れてもらえず、ノーベル賞を受賞した仕事についても、夫で共同研究者でもあったピエール・キュリー(不慮の事故で死別)の功績にすぎないなどといわれたりしたのです。

そのような状況下でも、キュリーが持ち前の知性をいかんなく発揮し、最終的に世界に実力を認めさせることができた背景には、知の女神である小惑星パラスの力がありました。

実際、彼女のパラスは、「学問的な探求」を意味する射手座にあり、さらにそれは占星家が「目に見えないものの家」と呼ぶ第12ハウスにも入っているのです(放射能は目に見えません!)。

女性の知が科学の進歩に貢献できることを証明し、それまで男性科学者たちの裏方として扱われてきた仲間を勇気づけたキュリーは、パラス意識の最高の体現者の一人だったといってもよいのではないでしょうか。

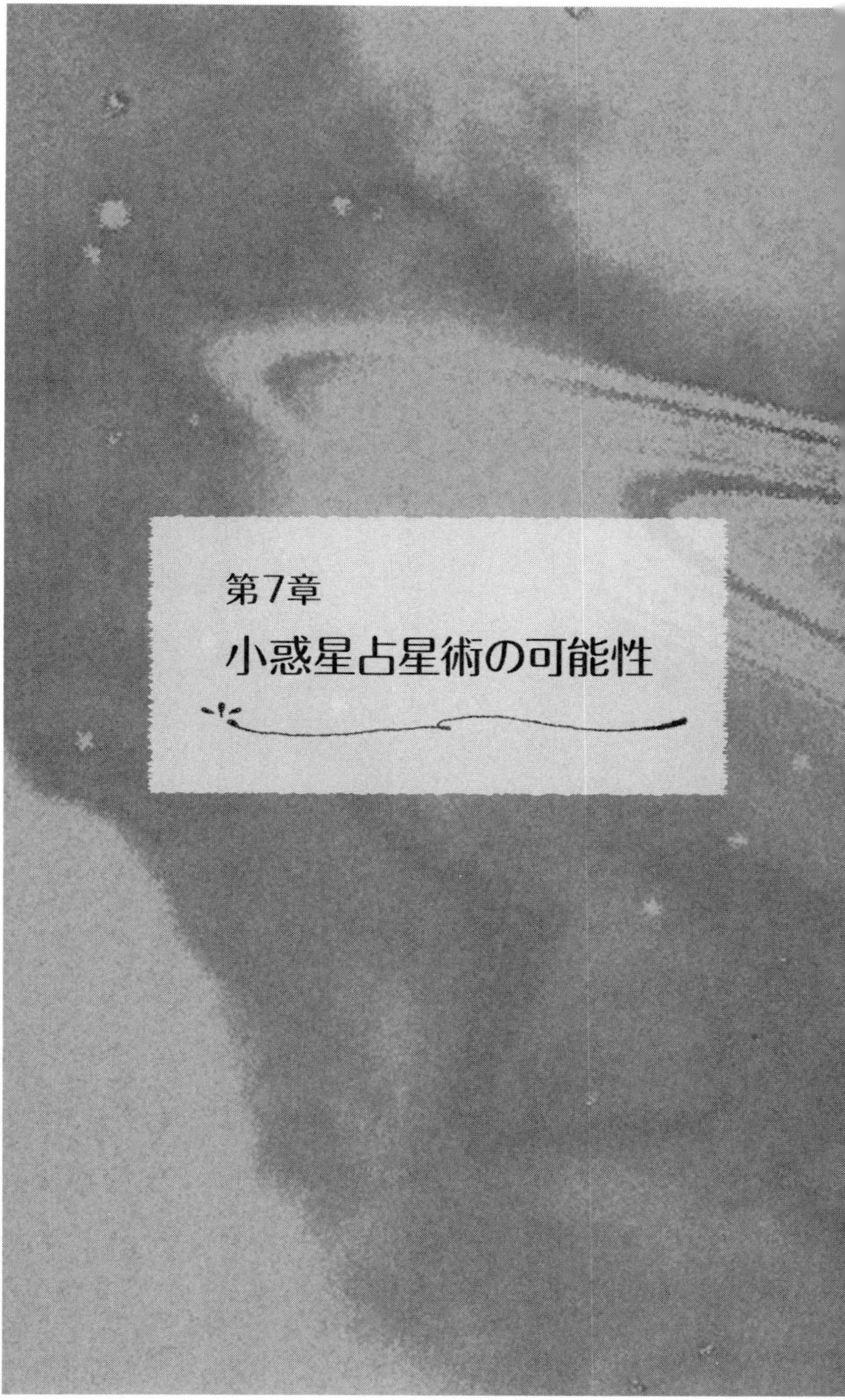

第7章

小惑星占星術の可能性

本書で取り上げたエロス、アモル、ジュノー、セレス、パラス以外にも、太陽系には47万個の小惑星の存在が確認されています。そして、その数はこれからも確実に増加していく見込みです。

また最近では、新天体エリスの登場により、冥王星が惑星の地位から「転落」してしまうという、天文学史上の大事件も起こりました。

本章では、天文学の発達とともに進化し続ける小惑星占星術の現状と、未来の可能性についてお話しさせていただきます。

無数の小惑星をどう活用したらいい？

第1章でもお話しした通り、占星家が真っ先に研究を始めた小惑星は、セレス、パラス、ジュノー、ヴェスタの四つでした。しかし、それらが一般的に普及し始めると「他の何千という名前のついた小惑星にも、占星術的に重要な意味があるのではないか？」という疑問も広がり始めます。エロスやアモルといった、独特のキャラクターに注目が集まったことは、当然の成り行きだったのです。しかし、ホロスコープに書き込めないほど大量の小惑星が導入されることで、星占いが大混乱に陥るという心配をする人々も少なくありませんでした。

その不安に対し、米国のレーマン博士は「私はすべての人のホロスコープに、小惑星アイーダを書き込むことはしない。しかし、クライアントがソプラノ歌手で、歌劇『アイーダ』を生涯に渡って愛し続けているなら、それを採用するだろう」と答えています。つまり、占う人物のプロフィールや、そのときどきの占いのテーマに合わせて、関連のありそうな小惑星をピックアップすればよいというわけです。

私自身も、子育てに関する悩みを抱える人には必ずセレスを使って相談に乗りますし、トライアスロンの選手を占う時には、小惑星トライアスロンを使うことになるかもしれません。実際、ロックミュージシャンの相談に乗る時には、ロックンロールという小惑星が問題の本質をずばり突いている可能性があるのですが、ロックに関心のない人々にとっては、その星の配置はほとんど意味を持たないことでしょう。

ユニークな小惑星名は宇宙が放つジョーク!?

小惑星には、映画や小説の中に登場する人物にちなんだ名前を持つものが数多く存在しています。一例を挙げると、ピノキオやハンプティ・ダンプティ、ジェームズ・ボンドなどがあります。また、トトロやアンパンマンといった日本のキャラクターも、一部で採用されています。

神々の名前がついた小惑星の占星術的な意味を、その神話のエピソードから推測するのと同様の方法で、私たち小惑星占星家は、文学や映画、コミックなどの資料を通じてでも、それらのシンボリズムを探求する試みを続けています。

ルイス・キャロルが書いた『不思議の国のアリス』を読めば、小惑星ハンプティ・ダンプティの影響力について洞察が得られるというわけです。

もしキャロルの大ファンであるならば、占星家より適切にメッセージを読むことができるかもしれません。しかし、多くの人々は、アンパンマンのような天体を占いに用いることに、かなりの抵抗を感じてしまうようです。神聖な天のメッセージを解読するに当たって、アニメキャラクターの協力を仰ぐことは不適切な行為ではないかというのです。

それに対し、小惑星研究のパイオニアであるジッポラー・ドビンズは、小惑星にユニークな名前がつけられるという事実そのものが、大宇宙の意志にユーモアの精神が含まれていることの証であるとコメントしています。実際、ホロスコープを日常的に観察していると、私たちを楽しませようとしている運命の神の意図が、はっきりと伝わってくることがあります。私たちが物事を複雑に考えすぎて感情が閉塞しているような時に、小惑星は軽妙なジョークを飛ばして心を解放してくれることもあるのです。

興味深い実例として、日本のSF漫画の主人公にちなんで命名された、カメンライダーという小惑星が挙げられます。石ノ森章太郎の原作によると、仮面ライダー1号に変身する本郷猛は、1948年の8月15日に生まれたことになっていますが、この日のホロスコープを作ってみると、小惑星カメンライダーは太陽とピッタリ重なっているのです。

占星術では、太陽は人生のメインテーマを表す星ですから、本郷猛は生まれながらにして仮面ライダーになることを運命づけられていたことになります。たとえ架空の人物であっても、宇宙の意志は星を通じて魂を与えていたのです!

人命や地名のついた小惑星で相性を占う

小惑星を発見した天文家が、その星に自分や家族、友人などの名前をつけることがよくあります。そのため、デビッドやメアリー、シンプソンといった、欧米では比較的ポピュラーな名前は、ほとんど小惑星のリストに載っているといってもよいでしょう。最近では、ある人が小惑星名として自分の名前を申請しようとしたところ、既に同じ名称の星が存在していたため、却下されるという事態まで起こっています。

日本は小惑星の発見数で第3位を誇るため、アキコやシゲル、アンドウといった一般的な日本人名もよく使われています。それらの個人名をつけられた小惑星も、星占いにとって意味があるのでしょうか？　答えはイエスです！

例えば、久美子さんのホロスコープで小惑星クミコが蠍座にあったとしたら、久美子さんは蠍座の性格を強く持っていると判断するのです。また、久美子さんと交際している男性のホロスコープで、小惑星クミコの位置から彼女との相性を占うこともできます。

また、小惑星名には、チャイナ（中国）やシブヤ（渋谷）、バルセロナといった国名や市町村名も数多く採用されています。これらの地名小惑星も、人名小惑星と同様に、占星術に応用することができます。あなたが引っ越しを希望している街の名前が小惑星にあれば、その土地に住むことで人生がどのように変化するのかを占えるというわけです。

例を挙げると、小惑星トキオ（東京）が水星（知性）と重なっているなら、勉強をするには東京が有利だと考えるとか、オオサカ（大阪）が金星（愛情）と重なっているなら、大阪に住むと結婚運に恵まれるといった具合です。

このようなテクニックは、人名や地名がついた小惑星が登場してから初めて可能になったもので、従来の占星術には存在していませんでした。一見するとクレイジーな占い方ですが、これが驚くほど正確で、有益な情報を占星家に与えてくれるのです。

小惑星の研究が地球を救う

現代の天文学者が小惑星の軌道の特定を急いでいる理由は、単なる競争心や好奇心からではありません。実は、NEO（ニア・アース・オブジェクト）と呼ばれる、将来地球に衝突する可能性のある小惑星や彗星を監視する必要性があるのです。

小天体の地球への衝突は、SFものの小説や映画ではよく用いられる主題ですが、極めて少ない確率ではあるものの、いつかは必ず現実となる事態であると科学者は警告しています。実に恐ろしい話ですが、直径がわずか10メートルほどの小惑星でも、広島型の原子爆弾と同程度の破壊力があるそうで、6万5000年前の恐竜の絶滅も、小天体の衝突が原因の一つになっていのではないかといわれています。

何と、本書で紹介した小惑星エロスも、天文学者によって衝突の可能性を指摘されたNEOの一つです。直径22キロメートルもあるエロスの直撃を受ければ、それこそ人類も滅亡しかねません。ただしそれが起こり得るのは、今から

100万年以上先の話だとか!

地球の環境に深刻な影響を与えるような小天体の衝突は、確率的には10万年に1回程度にすぎず、現在発見されている約4千個あまりのNEOの軌道も、今のところは心配に及ばないそうです。それでも、万が一に備えるのが科学者の仕事ですから、最近ではNEOに核爆弾を仕掛けて爆発させ、その軌道を逸らすという地球防衛案が持ち上がっています。人類滅亡の危険をはらむ核エネルギーが、いつかは人類を救うことになるとは実に皮肉なことですが、今のところ他に確実な代替案はなさそうです。

2005年の7月、NASA（米国航空宇宙局）が行った彗星破壊実験に対し、ロシアの占星術家マリーナ・バイが「宇宙の秩序を乱した」として訴訟を起こすという珍事が起きましたが、私たちが星占いを楽しんでいる今この瞬間も、天文学者は人類のために地道な研究を続けているのですから、むしろ感謝の気持ちを持たなければならないでしょう。

小惑星占星術とのつき合い方

2005年の1月、アメリカのブラウン博士が率いる天文学者のチームが、海王星よりも外側の領域に一つの大型天体を発見しました。その星こそ、後に天文学界に大騒動を引き起こすことになった2003UB313です。その星が冥王星よりも大きいとわかったことで、「ついに第10番惑星の発見か!?」と多くの人々が色めきたつ一方、「そもそも冥王星は惑星と呼ぶにはあまりにも小さく、本来は小惑星に分類するべきではなかったのでは?」という議論も沸騰し始めます。

かくして、2006年のプラハで開かれた国際天文学連合の総会では、冥王星は惑星と小惑星の中間に当たる「準惑星(ドワーフ・プラネット)」という新しいカテゴリーに分類されることとなり、1930年の発見以来75年以上も保ってきた太陽系第9惑星の地位を失うこととなりました。20世紀末から次々と発見され始めた大型の小惑星が、ついに太陽系の概念まで変えてしまったのです。

新惑星2003UB313は、ブラウン博士の提案により「エリス」と名づけられました。エリスとはギリシア神話の不和の女神で、人々の間に愚かな争いを起こさせる力を持ち、彼のトロイア戦争の遠因を作ったと伝えられています。天文学者の間で繰り広げられた、各国の対抗意識むき出しの議論に対する、強烈な皮肉とも取れる命名です。

エリスの出現と冥王星の降格は、結果的には惑星と小惑星の境目が実に曖昧なものであるということを明らかにしました。これは「オーストラリアは島なのか? 大陸なのか?」というテーマと同じで、合理的に決着をつけることは難しい問題です。

この問題に対し、星占いに関わる人々はどう対応したのでしょうか? 意外に思われるかもしれませんが、冥王星の転落劇に関して、世界の占星家の反応は実に冷静なものでした。それもそのはずで、過去の数百年の天文学の進歩により、太陽系のモデルは何度も変更されてきたのですから、今さら大騒ぎするような問題ではなかったのです。むしろ、現代の占星術の世界では、従来の宇宙への認識が覆ること自体が、私たち人類の世界観の変化を象徴するものとして、好奇心を持って観察されています。

私自身、小惑星とどのようにつき合っていくかは、占星術に関わる一人ひとりが自己決定すればよい問題だと考えています。オーソドックスな占星術で扱われていた10個の惑星だけでも、私たちは十分に有益な情報を得ることができるからです。しかし、価値観やライフスタイルが多様化した現代社会では、個々人の人生の機微をより詳しく判断できる、新しい時代の占星術が求められています。つまり、痒いところに手が届くような、オーダーメイドの占いが必要だということです。

星のメッセージの繊細なニュアンスを読み取れる小惑星占星術は、そのような現代的なニーズに応えられる有力なツールの一つとして、これからも発展し続けることでしょう。

小惑星運行表について

小惑星は他の大きな惑星の重力によって軌道にブレが生じやすいため、正確な天文暦を作成するには大変高度な技術が必要です。本書の小惑星運行表は、占星術専用の天文データ計算では本邦で最高度の技術力を誇るテレシスネットワーク株式会社様にご提供をいただきました。

前著『愛の小惑星占星術』の天文暦と異なるデータもございますが、本書のデータは現代の高度な計算システムを用いてより正確なものになっています。

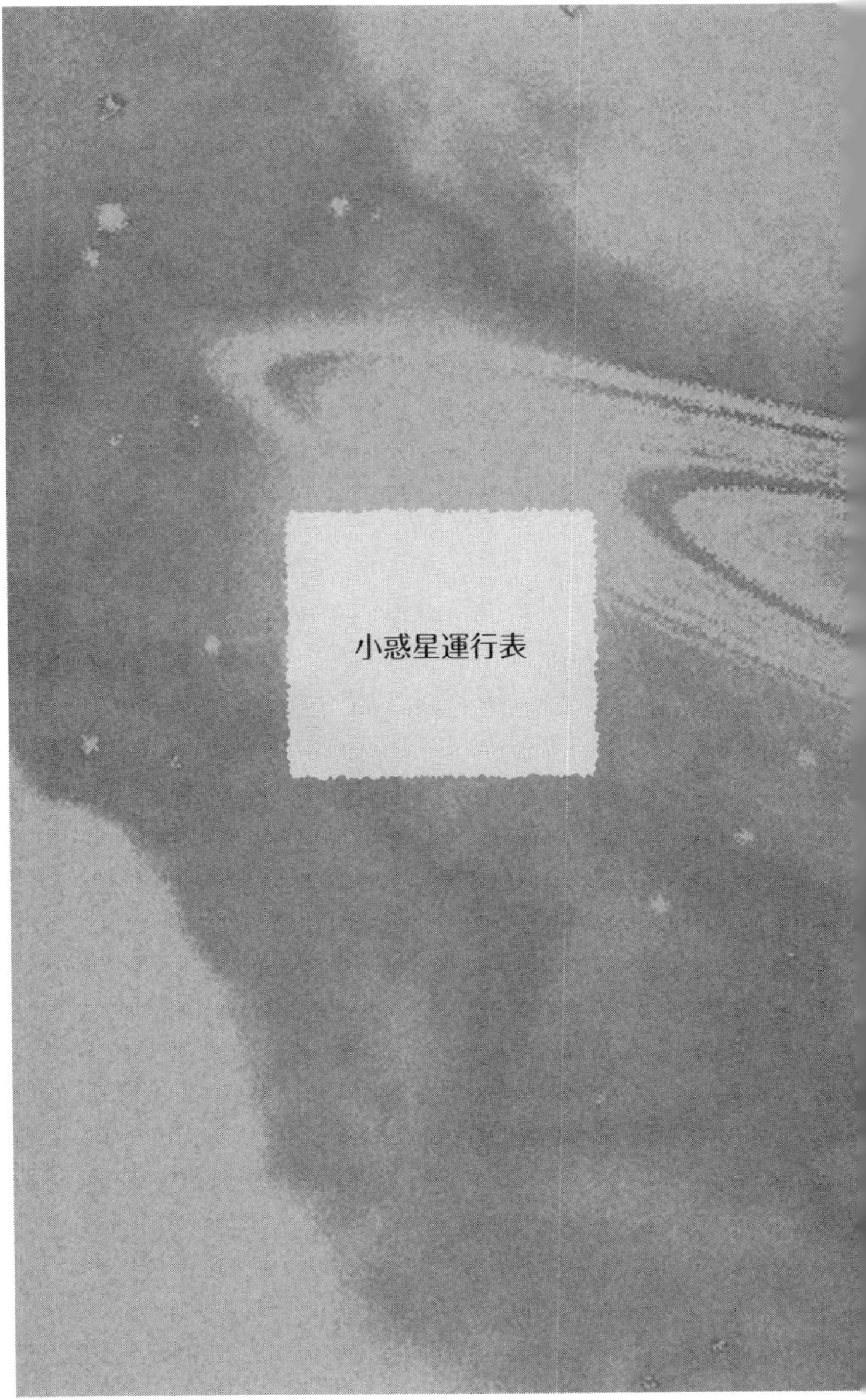

小惑星運行表

小惑星運行表の見方

❶ 302ページ、小惑星エロスを見てください。運行表で「1940/02/01 09:11:37」とあるのは、1940年2月1日9時11分37秒を意味しています。

❷ 同じく運行表で「射手座」とあるのは、その時間に小惑星エロスがその星座に入ったことを意味します。

❸「1940/02/01 09:11:37 ／射手座」の下の行を見ると、「1940/03/26 00:26:05 ／山羊座」とありますが、これは、1940年3月26日0時26分5秒に小惑星エロスが射手座から山羊座に移動したことを意味しています。

❹ つまり、小惑星エロスは、1940年2月1日9時11分から1940年3月26日0時25分まで、射手座にいた、ということになります。

❺ これにより、1940年2月1日9時11分から1940年3月26日0時25分までに生まれた方は、エロスの星座が射手座であるということがわかります。

❻ 調べたい各小惑星の暦において、自分の生年月日と出生時間が含まれている期間の星座が、その小惑星の星座となります。

※本書の運行表では秒数まで出しておりますが、分までで問題はありません。

【例1】1975年8月1日14時30分生まれの人の小惑星エロスの星座

1974/03/29 11:15:59	魚座
1974/05/21 15:53:20	牡羊座
1974/07/13 23:54:04	牡牛座
1974/09/04 09:57:31	双子座
1974/10/27 09:46:25	蟹座
1975/02/25 06:26:16	獅子座
1975/04/21 08:12:03	乙女座
1975/06/09 02:58:15	天秤座
1975/07/29 22:06:54	蠍座
1975/09/20 08:55:21	射手座
1975/11/12 01:08:16	山羊座
1976/01/02 19:37:10	水瓶座
1976/02/21 22:46:51	魚座
1976/07/02 22:15:55	双子座

小惑星エロスの暦を探すと、「1975/07/29 22:06:54／蠍座」と「1975/09/20 08:55:21／射手座」の期間に当てはまるとわかります。つまり、この人の小惑星エロスの星座は蠍座です。

※注意事項
出生時間がわからず、かつ、星座の境目にいる人は候補となる二つの星座の両方をチェックしてください。

【例2】1985年6月7日生まれ（出生時間不明）の人の小惑星アモルの星座

1984/07/29 08:14:17	双子座
1984/12/08 17:04:05	牡牛座
1985/03/01 09:32:43	双子座
1985/04/28 09:30:42	蟹座
1985/06/07 18:19:32	獅子座
1985/07/11 02:54:01	乙女座
1985/08/10 02:53:02	天秤座
1985/09/08 14:06:09	蠍座
1985/10/10 11:07:10	射手座
1985/11/16 20:22:01	山羊座
1986/01/01 07:10:50	水瓶座

小惑星アモルの暦を探すと、ちょうど「1985/06/07 18:19:32／獅子座」が見つかりました。この人が18時19分以降に生まれた場合は、獅子座で問題ないのですが、18時18分以前に生まれた場合では、前の行の「1985/04/28 09:30:42／蟹座」に当たります。ですので、この人の小惑星アモルの星座は蟹座と獅子座の両方を見ることになります。

Eros

エロス

日時	星座名
1940/02/01 09:11:37	射手座
1940/03/26 00:26:05	山羊座
1940/06/06 02:10:26	射手座
1940/09/28 19:28:17	山羊座
1940/11/30 05:02:00	水瓶座
1941/01/20 17:51:50	魚座
1941/03/07 12:33:46	牡羊座
1941/04/17 17:06:12	牡牛座
1941/05/25 02:06:38	双子座
1941/06/28 16:12:04	蟹座
1941/07/31 16:26:03	獅子座
1941/09/02 08:30:40	乙女座
1941/10/05 22:16:07	天秤座
1941/11/10 16:50:25	蠍座
1941/12/20 01:15:01	射手座
1942/02/02 14:03:35	山羊座
1942/03/27 06:15:18	水瓶座
1942/12/10 09:47:42	魚座
1943/01/27 10:23:48	牡羊座
1943/03/08 02:24:17	牡牛座
1943/04/12 12:33:06	双子座
1943/05/15 17:51:28	蟹座
1943/06/17 06:37:19	獅子座
1943/07/20 10:47:27	乙女座
1943/08/24 13:28:05	天秤座
1943/10/01 18:24:01	蠍座
1943/11/12 18:37:49	射手座
1943/12/28 16:27:19	山羊座

日時	星座名
1944/02/16 06:26:22	水瓶座
1944/04/09 09:09:13	魚座
1944/06/05 09:24:11	牡羊座
1944/08/10 00:14:49	牡牛座
1944/11/07 09:25:31	牡羊座
1945/01/02 03:22:49	牡牛座
1945/02/15 02:45:17	双子座
1945/03/20 12:15:45	蟹座
1945/04/21 15:41:24	獅子座
1945/05/25 22:24:15	乙女座
1945/07/03 14:33:55	天秤座
1945/08/16 10:17:38	蠍座
1945/10/03 09:24:06	射手座
1945/11/22 13:58:18	山羊座
1946/01/12 08:59:41	水瓶座
1946/03/03 15:36:21	魚座
1946/04/21 06:01:58	牡羊座
1946/06/05 17:29:59	牡牛座
1946/07/16 22:47:05	双子座
1946/08/22 20:08:22	蟹座
1946/09/25 11:11:21	獅子座
1946/10/27 11:10:55	乙女座
1946/11/28 14:40:53	天秤座
1947/01/01 23:34:51	蠍座
1947/02/11 10:22:44	射手座
1947/10/10 22:37:01	山羊座
1947/12/08 02:27:37	水瓶座
1948/01/27 23:54:49	魚座
1948/03/14 00:17:09	牡羊座
1948/04/24 16:38:26	牡牛座
1948/06/01 13:40:52	双子座
1948/07/06 10:45:48	蟹座
1948/08/08 13:14:07	獅子座
1948/09/10 03:05:09	乙女座

日時	星座名
1948/10/13 09:38:48	天秤座
1948/11/17 19:19:27	蠍座
1948/12/26 19:36:47	射手座
1949/02/09 10:16:01	山羊座
1949/04/05 05:04:06	水瓶座
1949/08/25 11:23:46	山羊座
1949/10/10 13:14:45	水瓶座
1949/12/19 01:54:59	魚座
1950/02/03 19:54:54	牡羊座
1950/03/15 14:03:50	牡牛座
1950/04/20 07:14:17	双子座
1950/05/23 19:02:52	蟹座
1950/06/25 09:54:46	獅子座
1950/07/28 11:44:46	乙女座
1950/09/01 06:40:07	天秤座
1950/10/08 21:39:45	蠍座
1950/11/19 06:52:14	射手座
1951/01/03 18:05:53	山羊座
1951/02/22 10:11:05	水瓶座
1951/04/17 18:00:01	魚座
1951/06/18 08:29:33	牡羊座
1951/11/13 08:23:41	魚座
1951/11/21 20:17:31	牡羊座
1952/01/25 02:20:21	牡牛座
1952/03/01 14:32:40	双子座
1952/04/03 03:06:46	蟹座
1952/05/05 00:57:08	獅子座
1952/06/07 15:20:25	乙女座
1952/07/14 20:42:21	天秤座
1952/08/25 18:06:07	蠍座
1952/10/10 22:14:25	射手座
1952/11/28 22:13:10	山羊座
1953/01/18 06:13:02	水瓶座
1953/03/09 18:28:03	魚座

日時	星座名
1962/06/17 17:15:36	双子座
1962/07/23 05:53:07	蟹座
1962/08/25 13:22:24	獅子座
1962/09/26 23:09:13	乙女座
1962/10/29 19:19:09	天秤座
1962/12/03 13:18:21	蠍座
1963/01/11 02:31:37	射手座
1963/02/25 16:00:19	山羊座
1963/05/05 14:57:19	水瓶座
1963/06/19 04:32:23	山羊座
1963/11/09 10:56:33	水瓶座
1964/01/03 23:23:34	魚座
1964/02/18 18:52:38	牡羊座
1964/03/30 01:25:12	牡牛座
1964/05/05 11:37:10	双子座
1964/06/08 10:35:18	蟹座
1964/07/11 05:48:52	獅子座
1964/08/13 03:12:40	乙女座
1964/09/16 08:06:31	天秤座
1964/10/23 01:27:48	蠍座
1964/12/02 09:00:59	射手座
1965/01/16 03:47:41	山羊座
1965/03/07 09:54:13	水瓶座
1965/05/04 23:57:02	魚座
1966/01/04 22:37:01	牡羊座
1966/02/15 01:11:57	牡牛座
1966/03/22 04:59:33	双子座
1966/04/23 22:33:28	蟹座
1966/05/26 03:51:45	獅子座
1966/06/28 11:21:41	乙女座
1966/08/03 09:55:03	天秤座
1966/09/12 03:36:44	蠍座
1966/10/25 23:23:28	射手座
1966/12/12 06:06:07	山羊座

日時	星座名
1957/09/08 20:09:46	天秤座
1957/10/16 00:28:00	蠍座
1957/11/25 20:13:06	射手座
1958/01/09 22:25:52	山羊座
1958/02/28 19:39:08	水瓶座
1958/04/25 20:36:48	魚座
1958/07/06 08:38:11	牡羊座
1958/09/13 08:59:20	魚座
1958/12/23 22:14:49	牡羊座
1959/02/05 17:39:26	牡牛座
1959/03/13 03:04:32	双子座
1959/04/14 16:26:49	蟹座
1959/05/16 17:45:24	獅子座
1959/06/19 03:27:02	乙女座
1959/07/25 14:26:40	天秤座
1959/09/04 06:05:29	蠍座
1959/10/19 02:45:02	射手座
1959/12/06 04:06:01	山羊座
1960/01/25 03:56:44	水瓶座
1960/03/16 00:11:07	魚座
1960/05/05 10:11:29	牡羊座
1960/06/22 14:13:28	牡牛座
1960/08/05 14:15:02	双子座
1960/09/13 11:28:00	蟹座
1960/10/17 22:06:44	獅子座
1960/11/18 21:26:22	乙女座
1960/12/21 03:17:58	天秤座
1961/01/27 08:25:16	蠍座
1961/08/29 23:10:30	射手座
1961/10/28 03:52:52	山羊座
1961/12/21 00:46:09	水瓶座
1962/02/09 06:46:56	魚座
1962/03/28 00:10:38	牡羊座
1962/05/09 20:13:13	牡牛座

日時	星座名
1953/04/28 04:31:28	牡羊座
1953/06/13 20:07:55	牡牛座
1953/07/26 04:43:36	双子座
1953/09/01 19:49:39	蟹座
1953/10/05 16:17:27	獅子座
1953/11/06 13:11:55	乙女座
1953/12/08 13:04:06	天秤座
1954/01/12 08:34:45	蠍座
1954/02/26 02:53:20	射手座
1954/05/17 11:05:45	蠍座
1954/08/13 17:45:08	射手座
1954/10/20 02:04:21	山羊座
1954/12/14 16:17:17	水瓶座
1955/02/03 04:01:33	魚座
1955/03/21 12:08:24	牡羊座
1955/05/02 17:45:34	牡牛座
1955/06/10 01:55:29	双子座
1955/07/15 06:38:42	蟹座
1955/08/17 11:39:35	獅子座
1955/09/18 23:29:52	乙女座
1955/10/22 01:11:53	天秤座
1955/11/26 02:34:24	蠍座
1956/01/03 20:10:40	射手座
1956/02/17 17:47:54	山羊座
1956/04/16 08:31:23	水瓶座
1956/07/22 12:07:52	山羊座
1956/10/28 09:22:22	水瓶座
1956/12/26 19:32:45	魚座
1957/02/10 22:02:16	牡羊座
1957/03/22 21:23:34	牡牛座
1957/04/27 22:44:33	双子座
1957/05/31 15:33:00	蟹座
1957/07/03 08:39:37	獅子座
1957/08/05 08:21:05	乙女座

日時	星座名
1976/09/10 16:39:38	獅子座
1976/10/12 22:00:45	乙女座
1976/11/14 08:17:57	天秤座
1976/12/18 15:57:27	蠍座
1977/01/26 09:13:32	射手座
1977/03/17 03:08:48	山羊座
1977/06/26 23:36:19	射手座
1977/09/19 22:59:57	山羊座
1977/11/25 16:15:24	水瓶座
1978/01/16 20:31:29	魚座
1978/03/03 16:20:29	牡羊座
1978/04/13 17:43:27	牡牛座
1978/05/20 23:24:14	双子座
1978/06/24 11:20:59	蟹座
1978/07/27 10:53:23	獅子座
1978/08/29 03:41:30	乙女座
1978/10/01 19:26:48	天秤座
1978/11/06 16:49:18	蠍座
1978/12/16 03:22:57	射手座
1979/01/29 13:05:11	山羊座
1979/03/22 06:30:34	水瓶座
1979/06/01 16:49:26	魚座
1979/08/02 01:09:58	水瓶座
1979/12/04 09:14:46	魚座
1980/01/22 22:27:06	牡羊座
1980/03/02 19:08:46	牡牛座
1980/04/07 04:34:02	双子座
1980/05/10 08:16:52	蟹座
1980/06/11 19:55:25	獅子座
1980/07/15 00:12:46	乙女座
1980/08/19 05:06:23	天秤座
1980/09/26 14:44:46	蠍座
1980/11/07 20:46:59	射手座
1980/12/23 22:30:36	山羊座

日時	星座名
1971/12/09 18:02:50	射手座
1972/01/23 07:14:53	山羊座
1972/03/14 03:09:56	水瓶座
1972/05/15 20:01:57	魚座
1972/09/03 17:49:50	水瓶座
1972/11/21 00:48:21	魚座
1973/01/13 23:43:24	牡羊座
1973/02/23 03:51:34	牡牛座
1973/03/30 08:43:50	双子座
1973/05/02 07:04:55	蟹座
1973/06/03 15:43:44	獅子座
1973/07/06 21:35:35	乙女座
1973/08/11 10:39:57	天秤座
1973/09/19 11:08:23	蠍座
1973/11/01 10:43:49	射手座
1973/12/18 01:56:36	山羊座
1974/02/05 15:42:34	水瓶座
1974/03/29 11:15:59	魚座
1974/05/21 15:53:20	牡羊座
1974/07/13 23:54:04	牡牛座
1974/09/04 09:57:31	双子座
1974/10/27 09:46:25	蟹座
1975/02/25 06:26:16	獅子座
1975/04/21 08:12:03	乙女座
1975/06/09 02:58:15	天秤座
1975/07/29 22:06:54	蠍座
1975/09/20 08:55:21	射手座
1975/11/12 01:08:16	山羊座
1976/01/02 19:37:10	水瓶座
1976/02/21 22:46:51	魚座
1976/04/09 15:03:23	牡羊座
1976/05/23 20:08:38	牡牛座
1976/07/02 22:15:55	双子座
1976/08/08 04:17:45	蟹座

日時	星座名
1967/01/30 23:53:24	水瓶座
1967/03/23 06:24:37	魚座
1967/05/13 21:53:47	牡羊座
1967/07/03 03:52:21	牡牛座
1967/08/18 21:27:51	双子座
1967/09/29 13:38:24	蟹座
1967/11/05 06:46:44	獅子座
1967/12/09 07:29:21	乙女座
1968/01/15 17:16:21	天秤座
1968/07/13 08:38:05	蠍座
1968/09/10 06:57:59	射手座
1968/11/04 10:28:12	山羊座
1968/12/27 01:51:53	水瓶座
1969/02/15 04:56:46	魚座
1969/04/03 08:45:17	牡羊座
1969/05/16 20:15:46	牡牛座
1969/06/25 06:56:21	双子座
1969/07/31 03:49:01	蟹座
1969/09/02 13:46:34	獅子座
1969/10/04 21:33:48	乙女座
1969/11/06 12:47:05	天秤座
1969/12/11 00:54:33	蠍座
1970/01/18 13:28:08	射手座
1970/03/06 11:10:41	山羊座
1970/11/18 03:50:38	水瓶座
1971/01/10 13:54:14	魚座
1971/02/25 07:32:36	牡羊座
1971/04/06 22:39:22	牡牛座
1971/05/13 18:10:06	双子座
1971/06/16 23:25:12	蟹座
1971/07/19 20:45:20	獅子座
1971/08/21 15:53:05	乙女座
1971/09/24 14:12:33	天秤座
1971/10/30 21:24:13	蠍座

日時	星座名
1990/07/20 21:36:47	双子座
1990/08/27 05:19:45	蟹座
1990/09/30 00:18:10	獅子座
1990/10/31 23:08:30	乙女座
1990/12/02 23:36:23	天秤座
1991/01/06 08:38:29	蠍座
1991/02/16 19:31:34	射手座
1991/06/19 11:53:54	蠍座
1991/07/26 10:36:47	射手座
1991/10/14 13:11:46	山羊座
1991/12/10 12:56:22	水瓶座
1992/01/30 08:07:43	魚座
1992/03/16 14:34:59	牡羊座
1992/04/27 15:52:09	牡牛座
1992/06/04 20:00:45	双子座
1992/07/09 22:34:57	蟹座
1992/08/12 03:18:04	獅子座
1992/09/13 16:14:53	乙女座
1992/10/16 20:01:43	天秤座
1992/11/20 23:39:17	蠍座
1992/12/29 17:29:16	射手座
1993/02/12 06:15:19	山羊座
1993/04/09 01:40:05	水瓶座
1993/08/10 05:48:39	山羊座
1993/10/19 02:49:16	水瓶座
1993/12/22 04:19:43	魚座
1994/02/06 18:42:01	牡羊座
1994/03/18 17:58:26	牡牛座
1994/04/23 16:59:16	双子座
1994/05/27 07:50:32	蟹座
1994/06/29 00:08:33	獅子座
1994/08/01 00:28:15	乙女座
1994/09/04 14:36:45	天秤座
1994/10/11 22:51:32	蠍座

日時	星座名
1985/10/09 05:16:32	天秤座
1985/11/13 17:23:34	蠍座
1985/12/22 18:54:07	射手座
1986/02/05 04:05:31	山羊座
1986/03/30 09:08:42	水瓶座
1986/12/13 21:53:57	魚座
1987/01/30 12:03:08	牡羊座
1987/03/11 07:58:38	牡牛座
1987/04/15 23:35:54	双子座
1987/05/19 08:47:43	蟹座
1987/06/20 22:56:48	獅子座
1987/07/24 01:25:21	乙女座
1987/08/27 22:48:05	天秤座
1987/10/04 19:11:46	蠍座
1987/11/15 09:36:33	射手座
1987/12/30 23:39:24	山羊座
1988/02/18 11:58:34	水瓶座
1988/04/12 01:01:29	魚座
1988/06/09 17:49:17	牡羊座
1988/08/29 05:34:40	牡牛座
1988/09/27 19:57:57	牡羊座
1989/01/15 01:21:26	牡牛座
1989/02/22 16:01:02	双子座
1989/03/27 10:56:25	蟹座
1989/04/28 08:35:00	獅子座
1989/06/01 02:42:42	乙女座
1989/07/08 19:48:17	天秤座
1989/08/20 11:26:56	蠍座
1989/10/06 10:06:45	射手座
1989/11/24 23:18:20	山羊座
1990/01/14 12:32:12	水瓶座
1990/03/05 22:00:43	魚座
1990/04/23 22:45:32	牡羊座
1990/06/09 01:22:56	牡牛座

日時	星座名
1981/02/11 10:20:56	水瓶座
1981/04/04 23:20:31	魚座
1981/05/30 07:38:17	牡羊座
1981/07/28 08:23:52	牡牛座
1982/02/01 05:38:04	双子座
1982/03/09 21:47:55	蟹座
1982/04/12 01:00:10	獅子座
1982/05/17 06:54:43	乙女座
1982/06/26 06:21:53	天秤座
1982/08/10 12:02:46	蠍座
1982/09/28 14:46:47	射手座
1982/11/18 12:46:54	山羊座
1983/01/08 15:02:19	水瓶座
1983/02/27 20:18:07	魚座
1983/04/17 03:15:48	牡羊座
1983/06/01 04:43:31	牡牛座
1983/07/12 01:07:21	双子座
1983/08/17 17:56:03	蟹座
1983/09/20 08:49:01	獅子座
1983/10/22 11:02:37	乙女座
1983/11/23 16:18:02	天秤座
1983/12/27 21:58:04	蠍座
1984/02/05 07:48:53	射手座
1984/04/04 08:39:44	山羊座
1984/05/19 08:12:23	射手座
1984/10/03 07:58:12	山羊座
1984/12/02 18:17:52	水瓶座
1985/01/23 02:46:04	魚座
1985/03/10 02:56:56	牡羊座
1985/04/20 15:41:36	牡牛座
1985/05/28 08:09:46	双子座
1985/07/02 03:08:43	蟹座
1985/08/04 05:05:09	獅子座
1985/09/05 19:46:08	乙女座

日時	星座名
2003/10/21 22:44:57	射手座
2003/12/08 12:49:50	山羊座
2004/01/27 08:24:35	水瓶座
2004/03/18 08:58:25	魚座
2004/05/08 09:06:16	牡羊座
2004/06/26 13:10:52	牡牛座
2004/08/10 19:48:03	双子座
2004/09/19 22:07:54	蟹座
2004/10/25 05:12:39	獅子座
2004/11/26 17:02:39	乙女座
2004/12/29 19:06:16	天秤座
2005/02/10 17:02:05	蠍座
2005/04/09 15:24:21	天秤座
2005/06/29 02:36:50	蠍座
2005/09/04 00:30:45	射手座
2005/10/31 01:15:27	山羊座
2005/12/23 08:11:52	水瓶座
2006/02/11 14:04:29	魚座
2006/03/30 14:19:40	牡羊座
2006/05/12 20:04:44	牡牛座
2006/06/21 01:54:25	双子座
2006/07/26 20:17:46	蟹座
2006/08/29 06:08:10	獅子座
2006/09/30 15:16:46	乙女座
2006/11/02 08:24:47	天秤座
2006/12/06 21:46:43	蠍座
2007/01/14 07:04:47	射手座
2007/03/01 03:31:41	山羊座
2007/11/13 00:24:14	水瓶座
2008/01/06 15:56:10	魚座
2008/02/21 13:44:09	牡羊座
2008/04/02 03:12:18	牡牛座
2008/05/08 19:53:15	双子座
2008/06/11 23:03:05	蟹座

日時	星座名
1999/06/13 10:43:52	双子座
1999/07/18 21:07:06	蟹座
1999/08/21 04:33:54	獅子座
1999/09/22 15:46:34	乙女座
1999/10/25 14:09:48	天秤座
1999/11/29 10:09:27	蠍座
2000/01/06 22:18:35	射手座
2000/02/20 21:16:17	山羊座
2000/04/22 02:01:41	水瓶座
2000/07/09 07:51:01	山羊座
2000/11/02 02:06:29	水瓶座
2000/12/29 17:26:53	魚座
2001/02/13 20:03:47	牡羊座
2001/03/26 01:32:14	牡牛座
2001/05/01 09:01:18	双子座
2001/06/04 05:52:47	蟹座
2001/07/07 00:14:37	獅子座
2001/08/08 22:13:40	乙女座
2001/09/12 05:17:23	天秤座
2001/10/19 02:08:23	蠍座
2001/11/28 13:27:06	射手座
2002/01/12 09:09:45	山羊座
2002/03/03 07:05:54	水瓶座
2002/04/29 05:25:28	魚座
2002/07/22 12:09:51	牡羊座
2002/08/18 00:22:54	魚座
2002/12/29 18:07:00	牡羊座
2003/02/10 03:38:40	牡牛座
2003/03/17 11:46:50	双子座
2003/04/19 04:09:06	蟹座
2003/05/21 07:14:13	獅子座
2003/06/23 14:14:20	乙女座
2003/07/29 16:06:53	天秤座
2003/09/07 17:18:59	蠍座

日時	星座名
1994/11/21 23:09:20	射手座
1995/01/06 03:15:15	山羊座
1995/02/24 18:49:15	水瓶座
1995/04/20 17:16:12	魚座
1995/06/24 10:54:11	牡羊座
1995/10/10 11:29:22	魚座
1995/12/13 13:05:10	牡羊座
1996/01/30 19:34:59	牡牛座
1996/03/06 17:22:28	双子座
1996/04/08 06:28:29	蟹座
1996/05/10 05:10:45	獅子座
1996/06/12 14:52:50	乙女座
1996/07/19 07:26:30	天秤座
1996/08/29 10:15:41	蠍座
1996/10/13 20:04:27	射手座
1996/12/01 07:23:02	山羊座
1997/01/20 10:36:01	水瓶座
1997/03/12 02:32:34	魚座
1997/05/01 00:46:25	牡羊座
1997/06/17 11:12:18	牡牛座
1997/07/30 16:15:08	双子座
1997/09/06 23:08:49	蟹座
1997/10/11 03:10:24	獅子座
1997/11/12 00:41:36	乙女座
1997/12/13 23:52:38	天秤座
1998/01/18 07:03:11	蠍座
1998/03/11 07:57:44	射手座
1998/04/19 20:38:27	蠍座
1998/08/21 10:46:15	射手座
1998/10/23 06:36:03	山羊座
1998/12/17 01:53:36	水瓶座
1999/02/05 12:40:49	魚座
1999/03/24 03:14:26	牡羊座
1999/05/05 18:10:05	牡牛座

日時	星座名
2017/08/14 22:55:42	天秤座
2017/09/22 13:29:38	蠍座
2017/11/04 01:44:06	射手座
2017/12/20 07:54:17	山羊座
2018/02/07 18:43:23	水瓶座
2018/03/31 20:37:46	魚座
2018/05/24 22:45:51	牡羊座
2018/07/19 11:16:52	牡牛座
2018/09/16 07:21:19	双子座
2019/02/19 01:33:42	蟹座
2019/03/29 07:10:36	獅子座
2019/05/06 08:12:15	乙女座
2019/06/17 19:52:51	天秤座
2019/08/04 04:20:08	蠍座
2019/09/23 18:12:54	射手座
2019/11/14 12:18:58	山羊座
2020/01/04 22:54:16	水瓶座
2020/02/24 03:49:55	魚座
2020/04/12 04:39:59	牡羊座
2020/05/26 21:31:17	牡牛座
2020/07/06 10:49:18	双子座
2020/08/11 23:58:00	蟹座
2020/09/14 14:41:56	獅子座
2020/10/16 18:45:09	乙女座
2020/11/18 01:38:19	天秤座
2020/12/22 05:41:42	蠍座
2021/01/30 00:26:03	射手座
2021/03/22 20:56:27	山羊座
2021/06/11 23:26:41	射手座
2021/09/25 17:15:50	山羊座
2021/11/28 08:22:12	水瓶座
2022/01/19 06:05:34	魚座
2022/03/06 06:39:23	牡羊座
2022/04/16 16:03:36	牡牛座

日時	星座名
2013/04/05 22:04:48	牡羊座
2013/05/19 20:20:13	牡牛座
2013/06/28 16:57:24	双子座
2013/08/03 20:11:49	蟹座
2013/09/06 08:29:26	獅子座
2013/10/08 15:20:35	乙女座
2013/11/10 03:21:05	天秤座
2013/12/14 11:11:16	蠍座
2014/01/21 21:31:42	射手座
2014/03/10 12:46:12	山羊座
2014/07/18 15:10:09	射手座
2014/09/07 15:03:58	山羊座
2014/11/21 02:43:04	水瓶座
2015/01/13 01:37:22	魚座
2015/02/27 23:10:49	牡羊座
2015/04/09 22:01:21	牡牛座
2015/05/17 00:38:25	双子座
2015/06/20 10:35:46	蟹座
2015/07/23 09:36:43	獅子座
2015/08/25 03:17:19	乙女座
2015/09/27 21:09:33	天秤座
2015/11/02 21:26:50	蠍座
2015/12/12 10:12:34	射手座
2016/01/25 18:03:50	山羊座
2016/03/16 18:13:23	水瓶座
2016/05/20 23:45:29	魚座
2016/08/20 22:03:58	水瓶座
2016/11/26 14:56:54	魚座
2017/01/17 10:10:18	牡羊座
2017/02/26 13:43:14	牡牛座
2017/04/02 22:46:48	双子座
2017/05/06 00:52:54	蟹座
2017/06/07 11:15:44	獅子座
2017/07/10 15:37:38	乙女座

日時	星座名
2008/07/14 19:33:20	獅子座
2008/08/16 15:12:06	乙女座
2008/09/19 15:25:28	天秤座
2008/10/26 01:35:30	蠍座
2008/12/05 01:02:44	射手座
2009/01/18 13:59:49	山羊座
2009/03/09 22:21:54	水瓶座
2009/05/08 21:52:49	魚座
2009/09/25 04:11:00	水瓶座
2009/11/09 06:52:00	魚座
2010/01/09 02:17:52	牡羊座
2010/02/18 20:23:40	牡牛座
2010/03/26 02:48:34	双子座
2010/04/27 23:56:36	蟹座
2010/05/30 07:01:30	獅子座
2010/07/02 12:33:13	乙女座
2010/08/07 03:56:40	天秤座
2010/09/15 09:44:08	蠍座
2010/10/28 16:26:49	射手座
2010/12/14 13:00:48	山羊座
2011/02/02 03:12:26	水瓶座
2011/03/25 15:02:32	魚座
2011/05/16 23:42:29	牡羊座
2011/07/07 15:11:45	牡牛座
2011/08/25 15:37:25	双子座
2011/10/09 14:27:56	蟹座
2011/11/19 16:41:53	獅子座
2012/01/01 10:48:03	乙女座
2012/05/24 07:28:01	天秤座
2012/07/21 05:08:46	蠍座
2012/09/14 06:01:35	射手座
2012/11/07 01:28:09	山羊座
2012/12/29 06:28:03	水瓶座
2013/02/17 10:28:01	魚座

日時	星座名
2031/06/24 14:26:35	獅子座
2031/07/27 15:09:30	乙女座
2031/08/31 07:34:59	天秤座
2031/10/07 20:04:40	蠍座
2031/11/18 01:10:51	射手座
2032/01/02 07:59:52	山羊座
2032/02/20 19:04:09	水瓶座
2032/04/14 19:54:32	魚座
2032/06/14 16:19:50	牡羊座
2033/01/22 18:53:35	牡牛座
2033/02/28 17:51:05	双子座
2033/04/02 08:53:53	蟹座
2033/05/04 05:24:42	獅子座
2033/06/06 15:53:57	乙女座
2033/07/13 16:01:41	天秤座
2033/08/24 08:44:43	蠍座
2033/10/09 09:50:30	射手座
2033/11/27 08:40:33	山羊座
2034/01/16 16:27:59	水瓶座
2034/03/08 04:58:19	魚座
2034/04/26 16:22:55	牡羊座
2034/06/12 11:18:37	牡牛座
2034/07/25 00:46:54	双子座
2034/08/31 21:17:12	蟹座
2034/10/04 21:53:26	獅子座
2034/11/05 20:34:35	乙女座
2034/12/07 19:03:14	天秤座
2035/01/11 07:53:22	蠍座
2035/02/23 20:58:39	射手座
2035/05/23 11:34:51	蠍座
2035/08/09 21:17:00	射手座
2035/10/18 00:20:20	山羊座
2035/12/12 23:47:40	水瓶座
2036/02/01 16:51:44	魚座

日時	星座名
2026/10/01 18:55:46	射手座
2026/11/20 23:10:13	山羊座
2027/01/10 18:43:17	水瓶座
2027/03/02 02:21:46	魚座
2027/04/19 18:51:38	牡羊座
2027/06/04 10:07:38	牡牛座
2027/07/15 20:17:26	双子座
2027/08/21 22:27:29	蟹座
2027/09/24 16:51:48	獅子座
2027/10/26 18:03:34	乙女座
2027/11/27 20:10:40	天秤座
2028/01/01 00:04:57	蠍座
2028/02/09 21:09:05	射手座
2028/10/07 11:39:34	山羊座
2028/12/05 07:09:21	水瓶座
2029/01/25 11:32:26	魚座
2029/03/12 17:07:24	牡羊座
2029/04/23 14:09:46	牡牛座
2029/05/31 14:26:32	双子座
2029/07/05 14:43:50	蟹座
2029/08/07 18:57:19	獅子座
2029/09/09 08:55:18	乙女座
2029/10/12 14:53:15	天秤座
2029/11/16 21:11:57	蠍座
2029/12/25 16:14:03	射手座
2030/02/07 22:25:45	山羊座
2030/04/02 20:26:57	水瓶座
2030/09/03 14:16:00	山羊座
2030/10/03 03:20:12	水瓶座
2030/12/17 07:07:10	魚座
2031/02/02 13:21:26	牡羊座
2031/03/14 13:35:19	牡牛座
2031/04/19 10:27:51	双子座
2031/05/22 23:12:52	蟹座

日時	星座名
2022/05/24 05:12:17	双子座
2022/06/27 22:11:52	蟹座
2022/07/30 23:46:36	獅子座
2022/09/01 15:32:39	乙女座
2022/10/05 03:18:50	天秤座
2022/11/09 18:19:56	蠍座
2022/12/18 21:37:17	射手座
2023/02/01 02:54:53	山羊座
2023/03/25 04:55:30	水瓶座
2023/06/13 23:36:07	魚座
2023/07/13 22:35:55	水瓶座
2023/12/08 09:25:49	魚座
2024/01/26 03:20:40	牡羊座
2024/03/06 02:34:25	牡牛座
2024/04/10 16:44:45	双子座
2024/05/14 00:00:57	蟹座
2024/06/15 12:59:14	獅子座
2024/07/18 15:40:52	乙女座
2024/08/22 15:22:58	天秤座
2024/09/29 16:21:09	蠍座
2024/11/10 12:14:00	射手座
2024/12/26 05:58:36	山羊座
2025/02/13 15:44:29	水瓶座
2025/04/07 13:26:55	魚座
2025/06/03 05:29:40	牡羊座
2025/08/06 10:48:05	牡牛座
2025/11/15 06:20:37	牡羊座
2025/12/29 04:42:08	牡牛座
2026/02/13 20:35:11	双子座
2026/03/19 13:07:29	蟹座
2026/04/20 16:08:55	獅子座
2026/05/24 19:03:47	乙女座
2026/07/02 06:10:36	天秤座
2026/08/14 21:56:01	蠍座

日時	星座名
2036/03/19 05:25:05	牡羊座
2036/04/30 15:23:35	牡牛座
2036/06/08 03:36:16	双子座
2036/07/13 11:30:27	蟹座
2036/08/15 18:22:20	獅子座
2036/09/17 06:29:41	乙女座
2036/10/20 06:49:00	天秤座
2036/11/24 04:57:59	蠍座
2037/01/01 17:08:01	射手座
2037/02/15 05:05:33	山羊座
2037/04/13 11:38:20	水瓶座
2037/07/27 22:57:01	山羊座
2037/10/25 06:34:55	水瓶座
2037/12/25 04:53:00	魚座
2038/02/09 17:17:37	牡羊座
2038/03/21 22:20:24	牡牛座
2038/04/27 03:25:32	双子座
2038/05/30 22:14:58	蟹座
2038/07/02 15:43:20	獅子座
2038/08/04 14:12:38	乙女座
2038/09/07 23:24:22	天秤座
2038/10/15 00:01:00	蠍座
2038/11/24 15:26:42	射手座
2039/01/08 12:40:39	山羊座
2039/02/27 03:46:11	水瓶座
2039/04/23 18:20:48	魚座
2039/07/02 01:49:47	牡羊座
2039/09/19 12:11:19	魚座
2039/12/21 20:20:30	牡羊座
2040/02/04 16:08:54	牡牛座
2040/03/11 08:24:53	双子座
2040/04/13 00:03:09	蟹座
2040/05/15 00:42:58	獅子座
2040/06/17 07:20:59	乙女座
2040/07/23 13:35:41	天秤座
2040/09/02 00:17:03	蠍座
2040/10/16 16:59:47	射手座
2040/12/03 16:01:30	山羊座

Amor
アモル

日時	星座名
1940/01/09 03:58:11	乙女座
1940/03/17 09:35:57	天秤座
1940/04/07 02:33:10	蠍座
1940/04/28 07:36:18	射手座
1940/08/28 16:25:04	山羊座
1940/11/11 08:43:24	水瓶座
1941/01/19 19:06:51	魚座
1941/04/02 01:36:23	牡羊座
1941/06/28 19:21:06	牡牛座
1941/10/19 13:29:22	牡羊座
1942/02/19 18:46:41	牡牛座
1942/05/03 12:33:05	双子座
1942/06/28 15:23:07	蟹座
1942/08/13 20:13:51	獅子座
1942/09/21 03:45:03	乙女座
1942/10/23 22:21:20	天秤座
1942/11/22 17:56:29	蠍座
1942/12/22 04:23:37	射手座
1943/01/23 01:11:42	山羊座
1943/03/01 23:46:12	水瓶座
1943/04/21 17:41:16	魚座
1943/10/02 06:37:23	水瓶座
1943/11/11 14:15:03	魚座
1944/02/23 02:52:17	牡羊座
1944/05/12 21:00:57	牡牛座
1944/08/11 13:40:12	双子座
1944/11/15 05:53:07	牡牛座
1945/03/13 13:58:43	双子座

日時	星座名
1945/05/07 04:54:33	蟹座
1945/06/16 15:19:45	獅子座
1945/07/20 08:02:56	乙女座
1945/08/19 15:23:50	天秤座
1945/09/18 06:11:57	蠍座
1945/10/19 22:39:22	射手座
1945/11/25 15:44:09	山羊座
1946/01/09 02:20:04	水瓶座
1946/03/04 13:36:18	魚座
1946/05/13 20:44:03	牡羊座
1946/10/19 00:19:12	魚座
1947/01/01 22:24:37	牡羊座
1947/04/04 17:28:38	牡牛座
1947/06/16 10:02:00	双子座
1947/08/23 05:39:49	蟹座
1947/10/27 12:46:35	獅子座
1948/01/03 18:40:56	乙女座
1948/03/07 09:03:56	天秤座
1948/03/30 19:23:18	蠍座
1948/04/19 11:43:14	射手座
1948/08/26 18:02:08	山羊座
1948/11/10 15:53:35	水瓶座
1949/01/19 07:03:19	魚座
1949/04/01 13:27:39	牡羊座
1949/06/27 23:05:40	牡牛座
1949/10/20 21:21:48	牡羊座
1950/02/18 23:05:55	牡牛座
1950/05/02 21:17:20	双子座
1950/06/28 00:18:17	蟹座
1950/08/13 03:48:39	獅子座
1950/09/20 09:15:44	乙女座
1950/10/23 03:19:38	天秤座
1950/11/21 22:50:32	蠍座
1950/12/21 09:34:25	射手座

日時	星座名
1951/01/22 06:53:08	山羊座
1951/03/01 05:44:04	水瓶座
1951/04/20 20:40:54	魚座
1951/10/06 15:32:39	水瓶座
1951/11/07 19:24:55	魚座
1952/02/22 07:12:21	牡羊座
1952/05/12 01:13:34	牡牛座
1952/08/10 00:48:16	双子座
1952/11/17 10:17:23	牡牛座
1953/03/12 13:55:19	双子座
1953/05/06 14:57:18	蟹座
1953/06/16 05:03:00	獅子座
1953/07/20 00:08:34	乙女座
1953/08/19 09:06:27	天秤座
1953/09/18 00:52:10	蠍座
1953/10/19 17:37:32	射手座
1953/11/25 10:15:42	山羊座
1954/01/08 19:35:44	水瓶座
1954/03/04 04:26:59	魚座
1954/05/13 04:57:12	牡羊座
1954/10/20 18:02:18	魚座
1954/12/31 11:03:47	牡羊座
1955/04/03 23:47:48	牡牛座
1955/06/15 16:07:30	双子座
1955/08/22 08:35:59	蟹座
1955/10/26 06:14:04	獅子座
1955/12/31 12:51:27	乙女座
1956/03/01 07:03:38	天秤座
1956/03/26 10:39:27	蠍座
1956/04/14 18:08:10	射手座
1956/08/24 23:37:15	山羊座
1956/11/09 22:44:43	水瓶座
1957/01/18 16:56:45	魚座
1957/03/31 22:06:17	牡羊座

日時	星座名
1969/09/14 14:17:31	蠍座
1969/10/16 06:53:48	射手座
1969/11/22 03:42:44	山羊座
1970/01/05 20:44:13	水瓶座
1970/03/01 11:22:06	魚座
1970/05/10 00:06:23	牡羊座
1970/10/29 05:50:56	魚座
1970/12/24 21:12:10	牡羊座
1971/04/01 07:01:06	牡牛座
1971/06/12 17:04:43	双子座
1971/08/18 06:32:51	蟹座
1971/10/19 04:54:14	獅子座
1971/12/14 15:30:09	乙女座
1972/01/28 06:15:18	天秤座
1972/02/25 05:37:19	蠍座
1972/03/16 17:31:07	射手座
1972/04/09 12:43:11	山羊座
1972/11/04 05:58:38	水瓶座
1973/01/15 07:16:42	魚座
1973/03/28 22:57:51	牡羊座
1973/06/22 05:52:11	牡牛座
1973/10/30 03:29:49	牡羊座
1974/02/13 10:22:20	牡牛座
1974/04/28 20:14:16	双子座
1974/06/23 16:11:56	蟹座
1974/08/08 10:14:34	獅子座
1974/09/15 09:52:47	乙女座
1974/10/18 01:05:47	天秤座
1974/11/16 21:09:01	蠍座
1974/12/16 11:09:34	射手座
1975/01/17 13:52:23	山羊座
1975/02/24 17:39:24	水瓶座
1975/04/15 21:51:53	魚座
1976/02/17 20:38:18	牡羊座

日時	星座名
1963/08/21 07:00:56	蟹座
1963/10/24 09:22:07	獅子座
1963/12/26 02:59:10	乙女座
1964/02/17 16:00:07	天秤座
1964/03/15 05:57:37	蠍座
1964/04/02 17:14:03	射手座
1964/05/10 02:01:01	山羊座
1964/05/22 02:35:38	射手座
1964/08/18 04:10:14	山羊座
1964/11/07 23:43:39	水瓶座
1965/01/17 10:30:26	魚座
1965/03/30 18:38:55	牡羊座
1965/06/25 00:02:19	牡牛座
1965/10/25 09:56:04	牡羊座
1966/02/16 07:18:46	牡牛座
1966/05/01 00:02:25	双子座
1966/06/26 01:34:07	蟹座
1966/08/11 02:58:00	獅子座
1966/09/18 08:02:01	乙女座
1966/10/21 01:51:57	天秤座
1966/11/19 21:59:03	蠍座
1966/12/19 09:51:35	射手座
1967/01/20 08:32:44	山羊座
1967/02/27 07:45:41	水瓶座
1967/04/18 14:30:21	魚座
1968/02/20 02:32:33	牡羊座
1968/05/09 20:17:31	牡牛座
1968/08/05 18:09:11	双子座
1968/11/24 09:14:40	牡牛座
1969/03/09 04:18:46	双子座
1969/05/03 21:12:46	蟹座
1969/06/13 07:30:48	獅子座
1969/07/16 21:18:04	乙女座
1969/08/16 01:37:44	天秤座

日時	星座名
1957/06/26 19:05:53	牡牛座
1957/10/22 13:41:55	牡羊座
1958/02/17 22:37:40	牡牛座
1958/05/02 06:13:04	双子座
1958/06/27 11:12:53	蟹座
1958/08/12 17:17:41	獅子座
1958/09/20 02:01:05	乙女座
1958/10/22 21:49:13	天秤座
1958/11/21 18:22:52	蠍座
1958/12/21 05:27:05	射手座
1959/01/22 02:18:59	山羊座
1959/02/28 23:36:06	水瓶座
1959/04/20 09:52:50	魚座
1959/10/10 08:38:36	水瓶座
1959/11/04 08:20:11	魚座
1960/02/21 13:44:35	牡羊座
1960/05/11 06:16:08	牡牛座
1960/08/08 11:04:53	双子座
1960/11/19 20:36:17	牡牛座
1961/03/11 09:29:09	双子座
1961/05/05 16:42:24	蟹座
1961/06/15 06:29:04	獅子座
1961/07/19 00:42:03	乙女座
1961/08/18 08:57:50	天秤座
1961/09/17 00:25:45	蠍座
1961/10/18 17:37:48	射手座
1961/11/24 11:44:38	山羊座
1962/01/07 23:14:06	水瓶座
1962/03/03 09:20:34	魚座
1962/05/12 05:32:24	牡羊座
1962/10/23 03:06:57	魚座
1962/12/29 15:18:49	牡羊座
1963/04/03 05:07:42	牡牛座
1963/06/14 20:44:59	双子座

日時	星座名
1988/05/03 09:30:37	水瓶座
1988/06/18 06:33:47	山羊座
1988/10/25 15:01:56	水瓶座
1989/01/10 08:06:54	魚座
1989/03/24 19:47:34	牡羊座
1989/06/16 08:59:56	牡牛座
1989/11/10 02:52:07	牡羊座
1990/02/06 10:30:16	牡牛座
1990/04/24 04:35:34	双子座
1990/06/18 16:46:36	蟹座
1990/08/02 22:25:43	獅子座
1990/09/09 13:10:04	乙女座
1990/10/12 00:25:25	天秤座
1990/11/10 21:00:54	蠍座
1990/12/10 15:36:12	射手座
1991/01/12 02:27:02	山羊座
1991/02/19 15:17:30	水瓶座
1991/04/10 16:13:24	魚座
1992/02/13 04:00:50	牡羊座
1992/05/03 07:36:58	牡牛座
1992/07/25 11:09:30	双子座
1992/12/17 11:10:09	牡牛座
1993/02/24 05:35:57	双子座
1993/04/25 02:59:26	蟹座
1993/06/04 08:03:53	獅子座
1993/07/07 09:41:40	乙女座
1993/08/06 02:49:26	天秤座
1993/09/04 09:04:29	蠍座
1993/10/06 05:47:26	射手座
1993/11/12 21:51:28	山羊座
1993/12/28 20:56:55	水瓶座
1994/02/22 11:56:49	魚座
1994/05/02 08:28:15	牡羊座
1995/03/25 08:47:25	牡牛座

日時	星座名
1982/09/12 21:46:36	乙女座
1982/10/15 12:41:45	天秤座
1982/11/14 10:06:44	蠍座
1982/12/14 02:52:13	射手座
1983/01/15 09:27:32	山羊座
1983/02/22 17:06:25	水瓶座
1983/04/13 19:20:58	魚座
1984/02/15 20:27:01	牡羊座
1984/05/05 17:30:13	牡牛座
1984/07/29 08:14:17	双子座
1984/12/08 17:04:05	牡牛座
1985/03/01 09:32:43	双子座
1985/04/28 09:30:42	蟹座
1985/06/07 18:19:32	獅子座
1985/07/11 02:54:01	乙女座
1985/08/10 02:53:02	天秤座
1985/09/08 14:06:09	蠍座
1985/10/10 11:07:10	射手座
1985/11/16 20:22:01	山羊座
1986/01/01 07:10:50	水瓶座
1986/02/25 11:26:43	魚座
1986/05/05 12:52:11	牡羊座
1986/11/17 01:24:08	魚座
1986/12/08 20:15:36	蠍座
1994/09/10 23:44:42	牡羊座
1987/03/28 05:39:56	牡牛座
1987/06/08 07:46:10	双子座
1987/08/12 09:28:14	蟹座
1987/10/10 02:20:37	獅子座
1987/11/29 09:35:22	乙女座
1988/01/07 05:17:14	天秤座
1988/02/04 09:52:10	蠍座
1988/02/27 14:50:40	射手座
1988/03/23 10:02:50	山羊座

日時	星座名
1976/05/07 16:07:43	牡牛座
1976/08/01 18:12:22	双子座
1976/12/01 17:52:08	牡牛座
1977/03/05 07:07:43	双子座
1977/05/01 02:56:51	蟹座
1977/06/10 13:57:18	獅子座
1977/07/14 02:32:27	乙女座
1977/08/13 05:59:53	天秤座
1977/09/11 19:00:33	蠍座
1977/10/13 14:25:03	射手座
1977/11/19 17:18:01	山羊座
1978/01/03 18:25:45	水瓶座
1978/02/27 14:49:13	魚座
1978/05/07 20:44:27	牡羊座
1978/11/05 17:53:03	魚座
1978/12/18 16:35:48	牡羊座
1979/03/30 05:38:17	牡牛座
1979/06/10 10:24:01	双子座
1979/08/15 04:09:32	蟹座
1979/10/14 07:06:54	獅子座
1979/12/06 00:56:31	乙女座
1980/01/15 22:38:13	天秤座
1980/02/13 04:29:31	蠍座
1980/03/06 09:54:52	射手座
1980/03/30 14:48:06	山羊座
1980/10/31 03:00:32	水瓶座
1981/01/13 02:13:40	魚座
1981/03/27 02:08:38	牡羊座
1981/06/19 11:44:23	牡牛座
1981/11/04 05:21:06	牡羊座
1982/02/10 05:35:04	牡牛座
1982/04/26 16:26:46	双子座
1982/06/21 10:15:20	蟹座
1982/08/06 00:24:22	獅子座

日時	星座名
2007/07/01 22:49:44	牡羊座
2007/08/01 01:07:09	魚座
2008/02/07 06:10:24	牡羊座
2008/04/28 01:26:48	牡牛座
2008/07/17 09:40:48	双子座
2009/01/16 12:09:10	牡牛座
2009/02/02 04:37:14	双子座
2009/04/17 07:00:54	蟹座
2009/05/27 14:39:10	獅子座
2009/06/29 06:57:25	乙女座
2009/07/28 13:33:16	天秤座
2009/08/26 13:36:18	蠍座
2009/09/27 15:22:01	射手座
2009/11/05 04:33:00	山羊座
2009/12/22 11:09:23	水瓶座
2010/02/17 03:33:43	魚座
2010/04/26 20:26:33	牡羊座
2011/03/20 01:46:09	牡牛座
2011/05/30 18:55:04	双子座
2011/08/01 09:29:44	蟹座
2011/09/24 20:19:03	獅子座
2011/11/08 21:40:03	乙女座
2011/12/14 13:53:42	天秤座
2012/01/12 11:21:25	蠍座
2012/02/07 13:32:58	射手座
2012/03/06 03:30:40	山羊座
2012/04/10 10:47:27	水瓶座
2012/09/01 14:04:01	山羊座
2012/09/16 01:14:09	水瓶座
2012/12/31 06:11:12	魚座
2013/03/17 02:30:39	牡羊座
2013/06/06 11:53:54	牡牛座
2013/12/04 19:00:17	牡羊座
2014/01/19 10:06:28	牡牛座

日時	星座名
2001/08/01 18:02:00	天秤座
2001/08/30 22:22:26	蠍座
2001/10/01 22:32:08	射手座
2001/11/09 01:35:29	山羊座
2001/12/25 16:21:35	水瓶座
2002/02/19 19:48:15	魚座
2002/04/29 13:36:53	牡羊座
2003/03/22 14:11:58	牡牛座
2003/06/02 06:54:41	双子座
2003/08/04 11:15:07	蟹座
2003/09/28 20:50:57	獅子座
2003/11/13 23:03:36	乙女座
2003/12/20 04:34:28	天秤座
2004/01/17 23:03:50	蠍座
2004/02/12 12:46:55	射手座
2004/03/10 14:48:44	山羊座
2004/04/15 12:02:43	水瓶座
2004/08/03 19:43:35	山羊座
2004/10/07 03:02:35	水瓶座
2005/01/03 16:56:11	魚座
2005/03/19 16:40:34	牡羊座
2005/06/09 16:10:13	牡牛座
2005/11/25 14:08:37	牡羊座
2006/01/26 12:11:57	牡牛座
2006/04/18 03:15:59	双子座
2006/06/12 05:55:56	蟹座
2006/07/26 19:29:15	獅子座
2006/09/01 22:13:58	乙女座
2006/10/04 03:58:25	天秤座
2006/11/03 01:14:01	蠍座
2006/12/03 02:26:03	射手座
2007/01/05 01:26:14	山羊座
2007/02/13 05:04:20	水瓶座
2007/04/04 09:29:29	魚座

日時	星座名
1995/06/05 05:32:55	双子座
1995/08/08 06:38:15	蟹座
1995/10/04 02:22:32	獅子座
1995/11/20 19:46:02	乙女座
1995/12/27 22:30:19	天秤座
1996/01/25 09:37:03	蠍座
1996/02/18 23:33:50	射手座
1996/03/16 02:01:52	山羊座
1996/04/21 21:41:52	水瓶座
1996/07/14 06:13:01	山羊座
1996/10/17 07:41:08	水瓶座
1997/01/06 22:31:05	魚座
1997/03/22 04:18:32	牡羊座
1997/06/12 21:21:17	牡牛座
1997/11/17 14:15:51	牡羊座
1998/02/01 08:38:04	牡牛座
1998/04/21 02:33:05	双子座
1998/06/15 07:51:36	蟹座
1998/07/30 03:15:25	獅子座
1998/09/05 10:02:12	乙女座
1998/10/07 17:02:25	天秤座
1998/11/06 12:58:02	蠍座
1998/12/06 10:22:29	射手座
1999/01/08 03:21:14	山羊座
1999/02/16 00:01:05	水瓶座
1999/04/07 02:31:05	魚座
2000/02/09 23:39:54	牡羊座
2000/04/30 11:27:44	牡牛座
2000/07/21 00:30:27	双子座
2000/12/30 07:58:51	牡牛座
2001/02/15 16:00:14	双子座
2001/04/21 00:13:21	蟹座
2001/05/31 07:02:59	獅子座
2001/07/03 04:58:34	乙女座

日時	星座名
2027/09/14 15:06:37	獅子座
2027/10/27 14:17:43	乙女座
2027/12/01 09:02:17	天秤座
2027/12/30 17:40:53	蠍座
2028/01/27 01:54:19	射手座
2028/02/24 23:13:18	山羊座
2028/03/31 07:03:09	水瓶座
2028/06/04 02:34:40	魚座
2028/06/30 21:32:23	水瓶座
2028/12/23 02:11:03	魚座
2029/03/11 11:07:26	牡羊座
2029/05/30 20:39:37	牡牛座
2030/04/08 09:27:41	双子座
2030/06/02 02:45:56	蟹座
2030/07/15 15:39:02	獅子座
2030/08/20 22:32:17	乙女座
2030/09/21 17:28:10	天秤座
2030/10/21 13:35:12	蠍座
2030/11/20 23:34:45	射手座
2030/12/24 17:04:35	山羊座
2031/02/02 20:56:11	水瓶座
2031/03/25 12:56:03	魚座
2031/06/08 10:02:04	牡羊座
2031/09/01 08:29:46	魚座
2032/01/28 00:32:46	牡羊座
2032/04/19 18:53:41	牡牛座
2032/07/06 01:36:34	双子座
2032/10/07 08:52:12	蟹座
2032/11/29 12:23:57	双子座
2033/04/03 09:54:00	蟹座
2033/05/14 18:32:07	獅子座
2033/06/15 13:28:17	乙女座
2033/07/13 12:47:59	天秤座
2033/08/10 13:46:14	蠍座

日時	星座名
2020/04/05 00:39:50	水瓶座
2020/12/27 04:43:38	魚座
2021/03/14 06:04:34	牡羊座
2021/06/03 02:40:28	牡牛座
2021/12/21 18:15:49	牡羊座
2022/01/04 19:33:19	牡牛座
2022/04/11 19:47:03	双子座
2022/06/05 13:43:08	蟹座
2022/07/19 08:56:41	獅子座
2022/08/24 20:33:34	乙女座
2022/09/25 17:25:12	天秤座
2022/10/25 12:30:38	蠍座
2022/11/24 18:27:03	射手座
2022/12/28 04:57:38	山羊座
2023/02/06 00:12:48	水瓶座
2023/03/28 11:11:19	魚座
2023/06/13 15:04:30	牡羊座
2023/08/24 15:42:25	魚座
2024/01/31 08:03:26	牡羊座
2024/04/22 09:52:16	牡牛座
2024/07/09 13:46:22	双子座
2025/04/08 06:36:41	蟹座
2025/05/19 02:01:22	獅子座
2025/06/20 04:33:29	乙女座
2025/07/18 15:51:45	天秤座
2025/08/16 01:37:12	蠍座
2025/09/17 05:32:46	射手座
2025/10/26 20:54:47	山羊座
2025/12/14 20:46:37	水瓶座
2026/02/10 22:15:02	魚座
2026/04/20 16:14:22	牡羊座
2027/03/13 17:51:27	牡牛座
2027/05/24 09:22:55	双子座
2027/07/24 10:27:37	蟹座

日時	星座名
2014/04/15 06:06:39	双子座
2014/06/09 05:01:47	蟹座
2014/07/23 10:25:15	獅子座
2014/08/29 06:17:01	乙女座
2014/09/30 07:54:09	天秤座
2014/10/30 03:58:25	蠍座
2014/11/29 06:59:28	射手座
2015/01/01 10:43:47	山羊座
2015/02/09 20:44:44	水瓶座
2015/04/01 02:44:40	魚座
2015/06/21 09:24:44	牡羊座
2015/08/14 01:45:52	魚座
2016/02/04 01:06:39	牡羊座
2016/04/25 10:10:11	牡牛座
2016/07/13 17:48:23	双子座
2017/04/13 10:08:16	蟹座
2017/05/23 19:32:52	獅子座
2017/06/25 04:03:15	乙女座
2017/07/24 00:36:17	天秤座
2017/08/21 16:30:55	蠍座
2017/09/22 17:06:08	射手座
2017/10/31 15:52:42	山羊座
2017/12/18 15:52:41	水瓶座
2018/02/13 22:53:34	魚座
2018/04/23 14:50:56	牡羊座
2019/03/16 20:59:04	牡牛座
2019/05/27 12:38:30	双子座
2019/07/28 07:07:37	蟹座
2019/09/19 12:09:26	獅子座
2019/11/02 08:48:37	乙女座
2019/12/07 12:19:56	天秤座
2020/01/05 15:56:26	蠍座
2020/02/01 11:12:12	射手座
2020/02/29 18:51:16	山羊座

日時	星座名
2033/09/11 19:23:04	射手座
2033/10/22 03:26:57	山羊座
2033/12/11 03:47:59	水瓶座
2034/02/07 23:57:11	魚座
2034/04/17 21:00:44	牡羊座
2034/08/10 12:49:32	牡牛座
2034/08/23 07:30:18	牡羊座
2035/03/10 20:20:18	牡牛座
2035/05/21 16:29:38	双子座
2035/07/21 06:45:02	蟹座
2035/09/10 19:49:56	獅子座
2035/10/23 05:49:25	乙女座
2035/11/26 19:19:11	天秤座
2035/12/26 06:51:57	蠍座
2036/01/22 22:26:01	射手座
2036/02/21 03:06:05	山羊座
2036/03/27 10:26:12	水瓶座
2036/05/23 10:28:43	魚座
2036/07/17 21:59:55	水瓶座
2036/12/19 00:11:17	魚座
2037/03/08 18:28:18	牡羊座
2037/05/27 19:36:54	牡牛座
2038/04/05 05:27:33	双子座
2038/05/29 22:18:44	蟹座
2038/07/12 03:54:34	獅子座
2038/08/17 04:21:36	乙女座
2038/09/17 19:21:20	天秤座
2038/10/17 14:24:08	蠍座
2038/11/17 02:27:28	射手座
2038/12/21 01:17:23	山羊座
2039/01/30 12:34:13	水瓶座
2039/03/22 08:48:00	魚座
2039/06/03 07:50:21	牡羊座
2039/09/09 05:39:26	魚座
2040/01/24 07:45:41	牡羊座
2040/04/17 02:10:11	牡牛座
2040/07/02 16:35:42	双子座
2040/09/26 16:35:16	蟹座
2040/12/16 09:10:19	双子座

Juno

ジュノー

日時	星座名
1940/02/08 02:02:57	牡羊座
1940/04/02 02:26:53	牡牛座
1940/05/22 22:27:43	双子座
1940/07/13 02:19:24	蟹座
1940/09/06 04:21:29	獅子座
1940/11/16 05:40:19	乙女座
1941/02/16 18:31:55	獅子座
1941/05/30 08:39:36	乙女座
1941/08/30 19:37:03	天秤座
1941/11/22 15:00:12	蠍座
1942/10/23 03:30:42	射手座
1943/01/17 21:21:29	山羊座
1943/11/25 18:04:42	水瓶座
1944/02/04 10:52:18	魚座
1944/04/04 14:34:23	牡羊座
1944/05/31 11:49:34	牡牛座
1944/07/27 11:15:55	双子座
1944/10/03 05:16:08	蟹座
1944/12/30 07:55:34	双子座
1945/03/03 04:41:45	蟹座
1945/05/26 09:57:27	獅子座
1945/08/04 10:27:11	乙女座
1945/10/16 14:05:16	天秤座
1946/02/04 13:39:09	蠍座
1946/03/01 23:06:16	天秤座
1946/09/04 08:12:02	蠍座
1946/12/05 05:30:56	射手座
1947/03/25 03:27:59	山羊座

日時	星座名
1947/05/20 15:38:43	射手座
1947/10/28 09:34:23	山羊座
1948/01/17 11:44:08	水瓶座
1948/03/28 16:55:34	魚座
1948/06/13 21:01:59	牡羊座
1949/02/11 12:07:31	牡牛座
1949/04/07 17:04:26	双子座
1949/05/30 19:09:17	蟹座
1949/07/25 07:32:15	獅子座
1949/09/24 20:49:36	乙女座
1949/12/18 01:19:56	天秤座
1950/03/01 14:20:18	乙女座
1950/07/19 06:29:43	天秤座
1950/10/20 05:00:02	蠍座
1951/01/22 07:22:31	射手座
1951/06/01 19:45:55	蠍座
1951/09/10 02:04:01	射手座
1951/12/15 14:30:52	山羊座
1952/03/06 08:42:17	水瓶座
1952/12/22 14:37:50	魚座
1953/02/22 10:19:26	牡羊座
1953/04/16 21:30:25	牡牛座
1953/06/06 19:16:02	双子座
1953/07/28 04:27:41	蟹座
1953/09/22 13:42:39	獅子座
1954/06/19 02:42:23	乙女座
1954/09/10 04:52:32	天秤座
1954/12/02 22:32:44	蠍座
1955/11/02 00:26:15	射手座
1956/01/28 16:39:28	山羊座
1956/12/08 18:11:44	水瓶座
1957/02/15 14:32:39	魚座
1957/04/17 23:34:16	牡羊座
1957/06/16 13:52:51	牡牛座

日時	星座名
1957/08/18 23:51:24	双子座
1958/04/03 21:03:18	蟹座
1958/06/09 21:29:05	獅子座
1958/08/15 04:13:58	乙女座
1958/10/26 13:59:27	天秤座
1959/09/14 16:38:58	蠍座
1959/12/13 19:57:57	射手座
1960/11/07 16:16:39	山羊座
1961/01/26 02:10:57	水瓶座
1961/04/10 05:50:12	魚座
1961/07/23 09:21:38	牡羊座
1961/08/19 10:57:42	魚座
1961/12/28 18:03:22	牡羊座
1962/02/28 18:30:12	牡牛座
1962/04/22 09:14:37	双子座
1962/06/13 07:26:40	蟹座
1962/08/07 01:30:26	獅子座
1962/10/08 01:01:30	乙女座
1963/08/02 16:22:06	天秤座
1963/10/29 14:27:53	蠍座
1964/02/06 13:34:47	射手座
1964/05/06 15:11:08	蠍座
1964/09/23 12:27:25	射手座
1964/12/23 18:05:37	山羊座
1965/03/19 05:22:38	水瓶座
1966/01/06 03:44:04	魚座
1966/03/07 14:09:57	牡羊座
1966/04/30 16:55:42	牡牛座
1966/06/21 16:38:56	双子座
1966/08/13 15:23:53	蟹座
1966/10/14 03:35:48	獅子座
1967/07/05 18:12:33	乙女座
1967/09/21 10:17:49	天秤座
1967/12/15 09:03:30	蠍座

日時	星座名
1988/02/04 15:18:44	牡羊座
1988/03/29 20:22:34	牡牛座
1988/05/19 13:49:33	双子座
1988/07/09 11:55:10	蟹座
1988/09/02 01:17:08	獅子座
1988/11/08 22:32:02	乙女座
1989/03/03 05:48:17	獅子座
1989/05/20 18:11:40	乙女座
1989/08/26 05:47:58	天秤座
1989/11/17 22:57:41	蠍座
1990/10/18 09:23:11	射手座
1991/01/13 12:44:40	山羊座
1991/05/04 15:23:40	水瓶座
1991/06/16 05:30:37	山羊座
1991/11/20 18:26:56	水瓶座
1992/01/31 19:26:18	魚座
1992/03/31 22:10:24	牡羊座
1992/05/27 08:11:47	牡牛座
1992/07/22 06:29:14	双子座
1992/09/23 04:09:33	蟹座
1993/05/20 12:55:27	獅子座
1993/07/30 18:32:03	乙女座
1993/10/11 21:39:46	天秤座
1994/01/18 03:29:45	蠍座
1994/03/22 08:40:00	天秤座
1994/08/29 03:12:00	蠍座
1994/11/30 10:53:39	射手座
1995/03/13 01:45:05	山羊座
1995/06/04 23:11:36	射手座
1995/10/22 04:47:13	山羊座
1996/01/13 06:45:00	水瓶座
1996/03/24 06:23:10	魚座
1996/06/06 22:46:44	牡羊座
1997/02/06 05:23:24	牡牛座

日時	星座名
1979/03/20 01:32:56	牡羊座
1979/05/14 03:24:28	牡牛座
1979/07/06 17:11:17	双子座
1979/08/31 16:57:06	蟹座
1980/05/01 06:20:54	獅子座
1980/07/19 00:50:56	乙女座
1980/10/01 19:23:51	天秤座
1980/12/29 23:45:45	蠍座
1981/04/19 17:28:21	天秤座
1981/08/15 04:52:22	蠍座
1981/11/21 06:03:33	射手座
1982/02/23 10:39:22	山羊座
1982/07/05 01:26:45	射手座
1982/10/05 06:45:12	山羊座
1983/01/02 07:27:58	水瓶座
1983/03/12 12:39:07	魚座
1983/05/19 03:51:47	牡羊座
1983/08/08 09:59:38	牡牛座
1983/10/25 10:29:31	牡羊座
1984/01/06 12:12:52	牡牛座
1984/03/15 22:46:36	双子座
1984/05/11 15:50:31	蟹座
1984/07/08 04:31:06	獅子座
1984/09/08 09:13:49	乙女座
1984/11/22 06:33:40	天秤座
1985/04/18 12:52:23	乙女座
1985/06/19 06:51:32	天秤座
1985/10/06 02:24:06	蠍座
1986/01/04 03:58:20	射手座
1986/12/01 01:50:22	山羊座
1987/02/18 07:29:39	水瓶座
1987/05/19 09:41:19	魚座
1987/08/24 12:44:21	水瓶座
1987/11/26 13:42:24	魚座

日時	星座名
1968/05/22 14:20:22	天秤座
1968/07/23 10:13:21	蠍座
1968/11/10 17:44:32	射手座
1969/02/08 09:02:42	山羊座
1969/12/20 22:46:14	水瓶座
1970/02/27 14:02:36	魚座
1970/05/02 09:16:53	牡羊座
1970/07/06 16:28:52	牡牛座
1971/02/19 03:45:08	双子座
1971/04/25 07:06:22	蟹座
1971/06/25 00:15:12	獅子座
1971/08/27 17:15:03	乙女座
1971/11/08 10:32:08	天秤座
1972/09/24 21:22:18	蠍座
1972/12/23 03:13:21	射手座
1973/11/19 03:24:48	山羊座
1974/02/05 18:57:07	水瓶座
1974/04/25 16:45:33	魚座
1975/01/18 00:37:54	牡羊座
1975/03/15 15:44:02	牡牛座
1975/05/06 02:08:56	双子座
1975/06/26 10:23:41	蟹座
1975/08/19 23:08:07	獅子座
1975/10/22 16:49:33	乙女座
1976/08/14 16:55:43	天秤座
1976/11/07 19:28:45	蠍座
1977/03/14 08:41:44	射手座
1977/03/22 15:42:42	蠍座
1977/10/06 16:41:57	射手座
1978/01/02 20:41:16	山羊座
1978/04/05 00:08:01	水瓶座
1978/07/31 03:21:53	山羊座
1978/11/01 07:01:21	水瓶座
1979/01/19 02:26:00	魚座

日時	星座名	日時	星座名	日時	星座名
2017/12/17 04:18:27	水瓶座	2006/10/22 10:15:52	天秤座	1997/04/03 13:14:35	双子座
2018/02/24 05:10:55	魚座	2007/09/09 12:29:53	蠍座	1997/05/26 23:39:15	蟹座
2018/04/28 16:44:22	牡羊座	2007/12/09 05:06:30	射手座	1997/07/21 14:18:58	獅子座
2018/07/01 17:46:31	牡牛座	2008/11/02 09:46:16	山羊座	1997/09/20 21:53:27	乙女座
2018/09/30 08:44:11	双子座	2009/01/21 20:57:52	水瓶座	1997/12/09 22:18:40	天秤座
2018/10/24 16:46:10	牡牛座	2009/04/05 04:57:46	魚座	1998/03/13 19:47:25	乙女座
2019/02/11 13:21:07	双子座	2009/07/03 10:43:19	牡羊座	1998/07/12 09:18:48	天秤座
2019/04/21 01:38:31	蟹座	2009/09/15 07:59:57	魚座	1998/10/15 17:41:58	蠍座
2019/06/21 11:37:27	獅子座	2009/12/20 07:08:42	牡羊座	1999/01/15 21:08:50	射手座
2019/08/24 09:00:47	乙女座	2010/02/23 20:46:42	牡牛座	1999/06/14 09:50:41	蠍座
2019/11/04 11:28:27	天秤座	2010/04/18 02:05:06	双子座	1999/08/31 18:11:11	射手座
2020/09/20 20:19:32	蠍座	2010/06/09 06:08:08	蟹座	1999/12/11 04:08:04	山羊座
2020/12/19 02:25:15	射手座	2010/08/03 01:59:52	獅子座	2000/03/01 10:52:35	水瓶座
2021/11/15 05:23:35	山羊座	2010/10/03 15:44:05	乙女座	2000/12/17 21:27:59	魚座
2022/02/02 08:04:58	水瓶座	2011/07/28 08:33:26	天秤座	2001/02/18 23:38:40	牡羊座
2022/04/21 00:51:30	魚座	2011/10/25 10:57:44	蠍座	2001/04/13 16:25:36	牡牛座
2023/01/13 15:30:52	牡羊座	2012/01/29 23:13:41	射手座	2001/06/03 13:59:52	双子座
2023/03/12 01:15:46	牡牛座	2012/05/17 15:14:33	蠍座	2001/07/24 19:01:00	蟹座
2023/05/02 13:50:34	双子座	2012/09/17 02:49:48	射手座	2001/09/18 12:08:14	獅子座
2023/06/22 20:40:26	蟹座	2012/12/19 12:25:59	山羊座	2001/12/22 18:33:06	乙女座
2023/08/16 04:29:42	獅子座	2013/03/13 16:12:37	水瓶座	2001/12/29 21:44:23	獅子座
2023/10/17 22:27:23	乙女座	2014/01/01 16:13:54	魚座	2002/06/13 13:27:20	乙女座
2024/08/10 01:35:50	天秤座	2014/03/03 18:58:57	牡羊座	2002/09/06 04:15:22	天秤座
2024/11/03 17:35:16	蠍座	2014/04/26 23:13:53	牡牛座	2002/11/28 05:09:25	蠍座
2025/02/20 12:32:53	射手座	2014/06/17 20:02:51	双子座	2003/10/28 08:06:57	射手座
2025/04/15 15:27:25	蠍座	2014/08/09 10:29:31	蟹座	2004/01/23 19:31:59	山羊座
2025/10/01 16:55:31	射手座	2014/10/08 06:07:47	獅子座	2004/12/04 06:47:23	水瓶座
2025/12/29 23:35:10	山羊座	2015/07/01 07:59:00	乙女座	2005/02/12 01:06:51	魚座
2026/03/29 17:50:21	水瓶座	2015/09/17 18:57:43	天秤座	2005/04/14 09:29:09	牡羊座
2026/08/11 23:43:18	山羊座	2015/12/10 16:50:34	蠍座	2005/06/12 11:29:50	牡牛座
2026/10/24 11:39:57	水瓶座	2016/06/08 08:02:01	天秤座	2005/08/13 00:26:58	双子座
2027/01/15 09:03:00	魚座	2016/07/08 12:44:07	蠍座	2006/03/28 20:58:38	蟹座
2027/03/16 13:08:41	牡羊座	2016/11/06 18:40:01	射手座	2006/06/05 18:32:34	獅子座
2027/05/10 09:52:38	牡牛座	2017/02/03 15:47:11	山羊座	2006/08/11 10:42:02	乙女座

日時	星座名
2027/07/02 12:40:46	双子座
2027/08/26 10:59:04	蟹座
2027/11/08 07:17:30	獅子座
2028/01/01 17:08:03	蟹座
2028/04/23 08:33:35	獅子座
2028/07/14 13:02:00	乙女座
2028/09/27 17:50:36	天秤座
2028/12/23 16:29:15	蠍座
2029/04/30 11:00:43	天秤座
2029/08/07 18:40:40	蠍座
2029/11/17 01:39:10	射手座
2030/02/17 13:35:08	山羊座
2030/07/16 12:16:29	射手座
2030/09/27 01:46:39	山羊座
2030/12/29 17:35:53	水瓶座
2031/03/09 03:27:39	魚座
2031/05/15 03:01:04	牡羊座
2031/07/30 08:53:33	牡牛座
2031/11/16 04:17:50	牡羊座
2031/12/23 17:50:43	牡牛座
2032/03/11 09:49:39	双子座
2032/05/07 20:53:05	蟹座
2032/07/04 14:32:35	獅子座
2032/09/04 16:25:37	乙女座
2032/11/17 03:09:57	天秤座
2033/05/09 02:39:35	乙女座
2033/06/01 00:57:32	天秤座
2033/10/01 16:13:18	蠍座
2033/12/30 04:32:56	射手座
2034/11/27 00:32:18	山羊座
2035/02/14 11:27:53	水瓶座
2035/05/12 10:07:37	魚座
2035/09/05 20:06:00	水瓶座
2035/11/19 12:20:13	魚座

日時	星座名
2036/02/01 05:27:15	牡羊座
2036/03/26 17:51:27	牡牛座
2036/05/16 10:14:28	双子座
2036/07/06 03:39:58	蟹座
2036/08/29 06:17:21	獅子座
2036/11/02 21:36:50	乙女座
2037/03/19 17:50:52	獅子座
2037/05/07 22:21:22	乙女座
2037/08/21 15:00:16	天秤座
2037/11/13 08:14:40	蠍座
2038/10/13 08:34:54	射手座
2039/01/09 03:33:22	山羊座
2039/04/21 05:09:26	水瓶座
2039/07/02 14:27:05	山羊座
2039/11/15 11:28:02	水瓶座
2040/01/28 05:54:29	魚座
2040/03/28 10:24:43	牡羊座
2040/05/23 12:03:02	牡牛座
2040/07/17 14:51:12	双子座
2040/09/15 13:54:13	蟹座

Ceres ⚳ セレス

日時	星座名
1940/07/26 16:27:26	天秤座
1940/10/06 18:41:41	蠍座
1940/12/14 23:18:16	射手座
1941/03/07 14:25:33	山羊座
1941/06/30 18:57:15	射手座
1941/09/28 02:16:15	山羊座
1941/12/29 17:36:37	水瓶座
1942/03/16 18:54:42	魚座
1942/06/21 17:59:00	牡羊座
1942/09/06 07:05:21	魚座
1943/01/12 11:15:07	牡羊座
1943/04/06 03:29:25	牡牛座
1943/06/19 14:04:48	双子座
1943/09/13 11:51:21	蟹座
1943/12/30 23:04:32	双子座
1944/03/23 11:39:03	蟹座
1944/06/15 17:57:24	獅子座
1944/08/21 20:16:05	乙女座
1944/10/26 18:53:39	天秤座
1945/01/13 08:10:00	蠍座
1945/04/28 11:37:16	天秤座
1945/07/22 06:00:06	蠍座
1945/10/20 16:59:51	射手座
1946/01/02 07:40:17	山羊座
1946/03/24 19:18:59	水瓶座
1946/09/02 09:42:26	山羊座
1946/10/07 16:01:31	水瓶座
1947/01/23 12:10:07	魚座

日時	星座名
1947/04/10 13:57:08	牡羊座
1947/07/07 11:25:38	牡牛座
1947/11/04 14:49:46	牡羊座
1948/01/26 02:20:36	牡牛座
1948/04/23 21:27:42	双子座
1948/07/04 08:34:52	蟹座
1948/09/14 23:35:55	獅子座
1949/06/17 17:22:22	乙女座
1949/08/29 07:42:14	天秤座
1949/11/04 04:28:36	蠍座
1950/01/15 07:55:55	射手座
1950/11/08 19:16:47	山羊座
1951/01/25 11:35:14	水瓶座
1951/04/16 15:15:31	魚座
1952/02/15 23:11:38	牡羊座
1952/05/02 04:24:37	牡牛座
1952/07/21 05:52:22	双子座
1953/05/07 00:48:56	蟹座
1953/07/16 11:47:45	獅子座
1953/09/21 12:02:31	乙女座
1953/12/04 20:59:20	天秤座
1954/09/08 10:04:00	蠍座
1954/11/19 16:16:45	射手座
1955/02/01 04:13:04	山羊座
1955/12/02 00:34:44	水瓶座
1956/02/19 18:33:43	魚座
1956/05/09 10:11:19	牡羊座
1957/03/08 00:22:15	牡牛座
1957/05/22 12:19:32	双子座
1957/08/04 09:44:12	蟹座
1958/05/11 14:21:58	獅子座
1958/07/25 12:14:01	乙女座
1958/09/29 16:47:19	天秤座
1958/12/06 17:03:10	蠍座

日時	星座名
1959/09/19 22:58:30	射手座
1959/12/09 06:45:56	山羊座
1960/02/22 22:18:20	水瓶座
1960/12/24 12:09:15	魚座
1961/03/15 17:04:08	牡羊座
1961/06/01 07:09:43	牡牛座
1962/03/24 18:13:26	双子座
1962/06/08 04:56:28	蟹座
1962/08/16 02:23:50	獅子座
1962/10/28 09:27:35	乙女座
1963/07/30 08:10:41	天秤座
1963/10/09 17:17:28	蠍座
1963/12/17 22:11:28	射手座
1964/03/11 12:29:33	山羊座
1964/06/21 21:32:56	射手座
1964/10/02 12:23:31	山羊座
1964/12/31 11:11:01	水瓶座
1965/03/18 11:19:08	魚座
1965/06/26 23:41:28	牡羊座
1965/08/29 00:29:59	魚座
1966/01/15 00:14:50	牡羊座
1966/04/07 13:25:44	牡牛座
1966/06/21 02:33:43	双子座
1966/09/17 00:27:51	蟹座
1966/12/22 22:15:42	双子座
1967/03/28 12:07:17	蟹座
1967/06/18 13:41:05	獅子座
1967/08/24 14:04:47	乙女座
1967/10/29 21:22:32	天秤座
1968/01/19 08:08:28	蠍座
1968/04/17 05:04:07	天秤座
1968/07/28 00:26:52	蠍座
1968/10/23 00:39:40	射手座
1969/01/04 09:17:25	山羊座

日時	星座名
1990/11/01 13:13:16	天秤座
1991/01/26 12:19:59	蠍座
1991/04/05 03:40:22	天秤座
1991/08/03 11:40:08	蠍座
1991/10/26 10:06:46	射手座
1992/01/07 10:21:54	山羊座
1992/03/31 06:05:21	水瓶座
1992/08/10 10:37:34	山羊座
1992/10/23 05:34:49	水瓶座
1993/01/26 22:44:21	魚座
1993/04/13 18:34:05	牡羊座
1993/07/14 05:17:22	牡牛座
1993/10/20 13:06:07	牡羊座
1994/02/02 11:58:55	牡牛座
1994/04/28 09:11:52	双子座
1994/07/09 00:29:31	蟹座
1994/09/21 15:13:34	獅子座
1995/06/25 17:32:24	乙女座
1995/09/04 10:05:36	天秤座
1995/11/10 04:18:24	蠍座
1996/01/23 04:24:40	射手座
1996/11/13 20:11:47	山羊座
1997/01/29 08:14:55	水瓶座
1997/04/22 01:20:36	魚座
1997/10/11 17:33:08	水瓶座
1997/10/29 17:01:56	魚座
1998/02/20 01:51:10	牡羊座
1998/05/07 06:13:21	牡牛座
1998/07/29 02:32:54	双子座
1999/01/03 05:37:12	牡牛座
1999/01/31 02:22:07	双子座
1999/05/13 22:56:46	蟹座
1999/07/22 14:39:01	獅子座
1999/09/28 01:20:34	乙女座

日時	星座名
1980/05/24 19:40:43	双子座
1980/08/07 11:19:45	蟹座
1981/05/16 01:41:30	獅子座
1981/07/28 07:10:30	乙女座
1981/10/02 03:15:22	天秤座
1981/12/09 09:21:24	蠍座
1982/09/22 15:34:01	射手座
1982/12/10 19:24:52	山羊座
1983/02/24 11:50:30	水瓶座
1983/12/27 12:14:39	魚座
1984/03/17 03:38:41	牡羊座
1984/06/03 05:07:45	牡牛座
1985/03/27 10:39:47	双子座
1985/06/10 07:23:39	蟹座
1985/08/18 10:19:28	獅子座
1985/11/01 03:04:54	乙女座
1986/08/02 06:54:39	天秤座
1986/10/11 19:31:19	蠍座
1986/12/19 22:23:41	射手座
1987/03/16 16:26:57	山羊座
1987/06/14 13:43:26	射手座
1987/10/07 00:53:22	山羊座
1988/01/02 21:49:15	水瓶座
1988/03/19 21:19:08	魚座
1988/07/02 21:47:20	牡羊座
1988/08/20 06:42:27	魚座
1989/01/17 05:17:58	牡羊座
1989/04/08 23:05:14	牡牛座
1989/06/22 18:47:47	双子座
1989/09/21 15:12:59	蟹座
1989/12/13 17:12:02	双子座
1990/04/01 18:01:14	蟹座
1990/06/20 19:57:44	獅子座
1990/08/26 19:02:38	乙女座

日時	星座名
1969/03/28 01:14:54	水瓶座
1969/08/20 02:00:57	山羊座
1969/10/17 07:26:06	水瓶座
1970/01/25 08:58:00	魚座
1970/04/12 06:39:03	牡羊座
1970/07/10 18:56:15	牡牛座
1970/10/27 23:11:16	牡羊座
1971/01/29 23:33:08	牡牛座
1971/04/26 13:02:47	双子座
1971/07/06 23:53:17	蟹座
1971/09/18 11:18:47	獅子座
1972/06/21 00:13:30	乙女座
1972/08/31 16:41:25	天秤座
1972/11/06 13:32:59	蠍座
1973/01/18 14:49:21	射手座
1973/11/11 11:17:38	山羊座
1974/01/27 12:46:54	水瓶座
1974/04/19 10:40:54	魚座
1975/02/18 00:58:48	牡羊座
1975/05/05 05:00:33	牡牛座
1975/07/25 14:38:29	双子座
1976/05/10 05:42:15	蟹座
1976/07/19 07:18:57	獅子座
1976/09/24 13:59:44	乙女座
1976/12/10 02:12:39	天秤座
1977/04/13 08:33:05	乙女座
1977/06/08 10:02:49	天秤座
1977/09/11 05:35:18	蠍座
1977/11/21 16:43:32	射手座
1978/02/03 07:25:41	山羊座
1978/12/04 00:42:55	水瓶座
1979/02/21 06:48:37	魚座
1979/05/12 14:18:16	牡羊座
1980/03/10 12:05:00	牡牛座

日時	星座名
2020/09/27 16:22:11	水瓶座
2020/11/09 23:36:55	魚座
2021/02/21 14:20:34	牡羊座
2021/05/08 17:51:09	牡牛座
2021/07/31 17:08:50	双子座
2021/12/21 19:52:41	牡牛座
2022/02/09 11:01:17	双子座
2022/05/15 16:07:44	蟹座
2022/07/24 02:26:09	獅子座
2022/09/29 17:55:32	乙女座
2022/12/19 08:27:16	天秤座
2023/03/23 12:50:36	乙女座
2023/06/21 20:22:26	天秤座
2023/09/15 21:47:04	蠍座
2023/11/25 14:11:17	射手座
2024/02/07 20:08:29	山羊座
2024/12/07 18:13:01	水瓶座
2025/02/24 07:52:30	魚座
2025/05/17 03:19:42	牡羊座
2026/03/15 14:12:42	牡牛座
2026/05/29 08:48:42	双子座
2026/08/12 23:54:16	蟹座
2027/05/22 03:35:47	獅子座
2027/08/01 12:16:48	乙女座
2027/10/06 00:35:47	天秤座
2027/12/13 22:12:44	蠍座
2028/09/26 15:11:32	射手座
2028/12/13 11:11:23	山羊座
2029/02/27 15:29:19	水瓶座
2029/12/31 13:45:20	魚座
2030/03/21 03:35:40	牡羊座
2030/06/08 02:17:32	牡牛座
2031/04/01 15:30:20	双子座
2031/06/14 10:53:42	蟹座

日時	星座名
2011/07/11 18:52:11	牡羊座
2011/08/10 19:48:23	魚座
2012/01/20 03:34:26	牡羊座
2012/04/10 05:37:50	牡牛座
2012/06/24 07:49:50	双子座
2012/09/26 15:55:25	蟹座
2012/12/04 18:12:47	双子座
2013/04/05 07:13:42	蟹座
2013/06/22 21:10:32	獅子座
2013/08/28 19:18:07	乙女座
2013/11/03 23:13:18	天秤座
2014/02/04 02:22:19	蠍座
2014/03/22 23:50:52	天秤座
2014/08/07 12:44:00	蠍座
2014/10/28 07:04:14	射手座
2015/01/09 00:22:49	山羊座
2015/04/03 21:18:00	水瓶座
2015/08/04 08:14:07	山羊座
2015/10/28 00:51:41	水瓶座
2016/01/29 03:39:53	魚座
2016/04/14 23:50:00	牡羊座
2016/07/17 13:06:13	牡牛座
2016/10/13 19:48:03	牡羊座
2017/02/05 09:13:09	牡牛座
2017/04/30 00:39:38	双子座
2017/07/10 20:44:21	蟹座
2017/09/24 14:41:41	獅子座
2018/06/28 18:01:13	乙女座
2018/09/06 15:23:21	天秤座
2018/11/12 06:34:23	蠍座
2019/01/26 03:05:27	射手座
2019/11/16 13:33:43	山羊座
2020/01/31 16:58:59	水瓶座
2020/04/24 05:17:00	魚座

日時	星座名
1999/12/15 14:18:30	天秤座
2000/03/31 17:27:58	乙女座
2000/06/16 01:40:12	天秤座
2000/09/13 05:37:28	蠍座
2000/11/23 04:36:32	射手座
2001/02/05 00:40:45	山羊座
2001/12/05 20:53:54	水瓶座
2002/02/22 19:26:26	魚座
2002/05/14 22:14:50	牡羊座
2003/03/13 20:25:08	牡牛座
2003/05/27 21:46:57	双子座
2003/08/11 03:13:35	蟹座
2004/05/19 02:57:55	獅子座
2004/07/30 03:38:18	乙女座
2004/10/03 17:05:23	天秤座
2004/12/11 03:50:39	蠍座
2005/09/24 11:17:37	射手座
2005/12/11 22:40:22	山羊座
2006/02/25 19:49:15	水瓶座
2006/12/29 09:54:00	魚座
2007/03/19 14:25:42	牡羊座
2007/06/06 03:57:31	牡牛座
2008/03/29 18:20:34	双子座
2008/06/12 00:56:29	蟹座
2008/08/20 06:25:00	獅子座
2008/11/04 02:22:51	乙女座
2009/08/04 04:31:22	天秤座
2009/10/13 03:28:50	蠍座
2009/12/21 05:24:45	射手座
2010/03/19 22:44:11	山羊座
2010/06/08 03:28:08	射手座
2010/10/09 09:14:46	山羊座
2011/01/03 23:41:06	水瓶座
2011/03/22 01:39:41	魚座

日時	星座名
2031/08/22 19:45:55	獅子座
2031/11/07 23:12:13	乙女座
2032/03/23 02:39:10	獅子座
2032/04/30 11:26:15	乙女座
2032/08/06 04:56:19	天秤座
2032/10/14 18:26:14	蠍座
2032/12/23 00:15:54	射手座
2033/03/25 08:33:45	山羊座
2033/05/29 22:15:22	射手座
2033/10/12 13:47:15	山羊座
2034/01/05 15:23:03	水瓶座
2034/03/23 20:04:27	魚座
2035/01/22 11:30:16	牡羊座
2035/04/12 19:52:49	牡牛座
2035/06/27 07:09:10	双子座
2035/10/05 18:59:10	蟹座
2035/11/23 09:19:44	双子座
2036/04/09 08:49:46	蟹座
2036/06/25 10:10:41	獅子座
2036/08/31 06:46:48	乙女座
2036/11/06 22:43:11	天秤座
2037/08/11 17:04:51	蠍座
2037/10/30 09:19:42	射手座
2038/01/10 19:14:37	山羊座
2038/04/07 00:25:06	水瓶座
2038/07/27 21:08:38	山羊座
2038/10/31 17:59:09	水瓶座
2039/01/30 12:57:32	魚座
2039/04/17 11:09:15	牡羊座
2039/07/23 00:38:30	牡牛座
2039/10/06 17:29:12	牡羊座
2040/02/09 14:12:15	牡牛座
2040/05/02 00:24:32	双子座
2040/07/13 02:31:06	蟹座

日時	星座名
2040/09/28 07:59:23	獅子座
2037.10.25 23:51	射手座
2038.01.06 20:00	山羊座
2038.03.30 21:13	水瓶座
2038.08.16 02:59	山羊座
2038.10.21 18:38	水瓶座
2039.01.27 12:52	魚座
2039.04.14 15:36	牡羊座
2039.07.15 05:48	牡牛座
2039.10.22 04:31	牡羊座
2040.02.04 02:06	牡牛座
2040.04.29 01:48	双子座
2040.07.09 17:54	蟹座
2040.09.22 07:30	獅子座
2040.12.31 23:59	獅子座

Pallas

パラス

日時	星座名
1940/01/04 14:59:16	蟹座
1940/04/22 05:25:16	獅子座
1940/07/04 13:11:06	乙女座
1940/09/09 01:26:43	天秤座
1940/11/14 17:00:05	蠍座
1941/01/29 14:50:33	射手座
1941/06/01 15:13:01	蠍座
1941/09/01 10:28:24	射手座
1941/11/28 14:17:44	山羊座
1942/02/15 05:19:53	水瓶座
1943/01/24 09:36:45	魚座
1943/04/25 06:13:03	牡羊座
1944/03/05 06:35:53	牡牛座
1944/05/02 16:40:52	双子座
1944/06/22 22:09:56	蟹座
1944/08/11 23:57:51	獅子座
1944/10/04 15:27:50	乙女座
1944/12/12 08:10:24	天秤座
1945/03/15 19:18:36	乙女座
1945/07/07 06:18:11	天秤座
1945/09/24 17:36:45	蠍座
1945/12/02 14:59:40	射手座
1946/02/14 18:11:48	山羊座
1946/07/28 15:07:34	射手座
1946/09/18 00:55:15	山羊座
1947/01/02 02:08:13	水瓶座
1947/04/01 04:20:08	魚座
1947/10/07 04:50:27	水瓶座

日時	星座名
1947/11/22 20:44:16	魚座
1948/03/10 02:49:47	牡羊座
1948/05/27 14:07:04	牡牛座
1948/08/16 02:15:53	双子座
1948/12/13 18:28:07	牡牛座
1949/02/06 02:23:33	双子座
1949/04/15 12:08:39	蟹座
1949/06/10 17:58:15	獅子座
1949/08/07 13:14:34	乙女座
1949/10/08 02:58:00	天秤座
1949/12/16 09:24:54	蠍座
1950/10/12 11:04:48	射手座
1950/12/25 04:06:39	山羊座
1951/03/15 17:39:21	水瓶座
1951/08/13 12:59:21	山羊座
1951/11/06 01:27:24	水瓶座
1952/02/16 21:46:47	魚座
1952/05/25 04:21:43	牡羊座
1952/09/23 22:35:58	魚座
1953/01/18 00:06:55	牡羊座
1953/04/04 16:15:02	牡牛座
1953/06/03 11:09:33	双子座
1953/07/27 03:28:55	蟹座
1953/09/17 12:45:35	獅子座
1953/11/18 05:20:35	乙女座
1954/02/19 00:05:35	獅子座
1954/05/26 14:58:46	乙女座
1954/08/15 12:06:26	天秤座
1954/10/23 07:00:51	蠍座
1954/12/31 17:50:25	射手座
1955/11/05 10:24:09	山羊座
1956/01/26 22:26:57	水瓶座
1956/05/03 08:34:49	魚座
1956/08/03 22:59:45	水瓶座

日時	星座名
1957/01/02 14:13:26	魚座
1957/04/03 21:03:40	牡羊座
1957/07/04 19:21:34	牡牛座
1957/11/02 04:06:22	牡羊座
1958/01/30 05:21:48	牡牛座
1958/04/04 18:22:16	双子座
1958/05/26 13:50:00	蟹座
1958/07/16 10:42:59	獅子座
1958/09/08 13:40:23	乙女座
1958/11/09 04:33:11	天秤座
1959/08/30 14:40:10	蠍座
1959/11/11 20:18:08	射手座
1960/01/22 02:42:08	山羊座
1960/12/12 02:27:58	水瓶座
1961/03/12 03:12:03	魚座
1962/02/18 20:03:19	牡羊座
1962/05/04 17:51:12	牡牛座
1962/07/10 02:39:22	双子座
1962/09/12 17:12:19	蟹座
1963/05/07 16:47:11	獅子座
1963/07/13 08:04:21	乙女座
1963/09/16 03:15:38	天秤座
1963/11/21 18:33:20	蠍座
1964/02/10 08:33:49	射手座
1964/05/11 16:53:56	蠍座
1964/09/12 16:20:24	射手座
1964/12/04 04:37:52	山羊座
1965/02/20 14:17:36	水瓶座
1966/01/29 09:42:48	魚座
1966/05/01 01:13:20	牡羊座
1967/03/13 06:17:18	牡牛座
1967/05/10 12:13:36	双子座
1967/06/30 22:22:00	蟹座
1967/08/20 01:06:07	獅子座

日時	星座名
1986/03/10 22:23:38	蟹座
1986/05/20 05:27:30	獅子座
1986/07/21 19:53:49	乙女座
1986/09/23 08:45:59	天秤座
1986/11/29 14:13:59	蠍座
1987/03/04 18:45:38	射手座
1987/04/10 09:44:50	蠍座
1987/09/25 01:34:42	射手座
1987/12/12 05:07:03	山羊座
1988/02/28 18:49:28	水瓶座
1989/02/04 07:37:04	魚座
1989/05/08 08:38:50	牡羊座
1989/10/29 05:20:10	魚座
1989/12/25 07:39:54	牡羊座
1990/03/21 02:08:47	牡牛座
1990/05/18 16:34:29	双子座
1990/07/09 18:10:16	蟹座
1990/08/29 09:28:26	獅子座
1990/10/23 14:56:00	乙女座
1991/07/29 06:28:12	天秤座
1991/10/09 10:33:27	蠍座
1991/12/16 23:21:02	射手座
1992/03/07 07:21:13	山羊座
1992/06/12 03:32:03	射手座
1992/10/17 03:34:24	山羊座
1993/01/13 19:16:54	水瓶座
1993/04/14 23:51:34	魚座
1993/09/01 23:30:45	水瓶座
1993/12/17 04:44:17	魚座
1994/03/22 12:32:51	牡羊座
1994/06/13 18:16:42	牡牛座
1995/03/14 12:52:43	双子座
1995/05/08 01:15:44	蟹座
1995/06/29 12:46:16	獅子座

日時	星座名
1976/04/10 04:30:34	牡牛座
1976/06/09 23:20:43	双子座
1976/08/03 22:05:24	蟹座
1976/09/27 02:11:28	獅子座
1976/12/11 12:51:52	乙女座
1977/01/13 00:59:45	獅子座
1977/06/09 01:31:18	乙女座
1977/08/22 13:27:07	天秤座
1977/10/29 11:36:28	蠍座
1978/01/08 00:51:20	射手座
1978/11/12 08:36:44	山羊座
1979/02/01 01:33:13	水瓶座
1979/05/15 02:55:29	魚座
1979/07/20 15:20:58	水瓶座
1980/01/09 08:54:28	魚座
1980/04/08 23:36:53	牡羊座
1980/07/17 07:26:33	牡牛座
1980/10/10 02:45:26	牡羊座
1981/02/10 18:44:45	牡牛座
1981/04/13 02:44:11	双子座
1981/06/03 14:41:29	蟹座
1981/07/24 04:32:24	獅子座
1981/09/16 01:51:21	乙女座
1981/11/17 19:36:26	天秤座
1982/09/08 02:39:03	蠍座
1982/11/18 09:13:09	射手座
1983/01/29 00:43:00	山羊座
1983/12/19 10:16:52	水瓶座
1984/03/17 12:15:44	魚座
1985/02/24 13:20:17	牡羊座
1985/05/11 06:16:24	牡牛座
1985/07/19 14:05:26	双子座
1985/10/01 15:25:02	蟹座
1985/12/25 03:53:14	双子座

日時	星座名
1967/10/12 23:39:38	乙女座
1967/12/28 05:48:30	天秤座
1968/02/20 02:09:32	乙女座
1968/07/16 22:26:08	天秤座
1968/09/30 09:58:00	蠍座
1968/12/07 22:03:30	射手座
1969/02/22 01:31:23	山羊座
1969/07/07 16:40:24	射手座
1969/10/02 17:40:17	山羊座
1970/01/06 19:54:30	水瓶座
1970/04/06 11:56:46	魚座
1970/09/20 12:01:53	水瓶座
1970/12/05 05:11:42	魚座
1971/03/15 20:20:21	牡羊座
1971/06/03 23:04:23	牡牛座
1971/09/03 06:19:31	双子座
1971/11/09 09:29:09	牡牛座
1972/02/25 18:33:10	双子座
1972/04/24 18:38:57	蟹座
1972/06/17 23:01:32	獅子座
1972/08/13 12:54:08	乙女座
1972/10/13 16:42:52	天秤座
1972/12/23 16:19:44	蠍座
1973/05/20 19:26:53	天秤座
1973/07/17 19:41:40	蠍座
1973/10/18 08:11:26	射手座
1973/12/29 23:18:49	山羊座
1974/03/22 03:12:25	水瓶座
1974/07/30 09:55:05	山羊座
1974/11/14 16:31:23	水瓶座
1975/02/21 00:06:36	魚座
1975/06/02 21:08:16	牡羊座
1975/09/11 11:48:01	魚座
1976/01/25 14:33:01	牡羊座

日時	星座名
2014/10/19 22:09:20	蠍座
2014/12/28 00:21:41	射手座
2015/04/09 11:38:24	山羊座
2015/05/01 03:08:37	射手座
2015/10/31 20:04:52	山羊座
2016/01/23 04:02:01	水瓶座
2016/04/26 16:52:50	魚座
2016/08/12 16:05:58	水瓶座
2016/12/28 09:21:36	魚座
2017/03/30 13:45:40	牡羊座
2017/06/27 11:31:00	牡牛座
2017/11/16 12:02:07	牡羊座
2018/01/20 11:28:12	牡牛座
2018/03/30 10:31:13	双子座
2018/05/21 22:06:25	蟹座
2018/07/12 06:44:11	獅子座
2018/09/04 19:49:33	乙女座
2018/11/05 10:27:06	天秤座
2019/08/26 17:53:09	蠍座
2019/11/08 19:15:52	射手座
2020/01/18 19:30:44	山羊座
2020/04/30 09:20:45	水瓶座
2020/06/03 10:04:07	山羊座
2020/12/07 21:11:45	水瓶座
2021/03/08 06:04:34	魚座
2022/02/14 14:50:41	牡羊座
2022/04/30 17:47:06	牡牛座
2022/07/05 12:12:31	双子座
2022/09/06 13:58:48	蟹座
2023/05/03 01:56:25	獅子座
2023/07/10 15:51:59	乙女座
2023/09/14 01:35:21	天秤座
2023/11/19 18:00:33	蠍座
2024/02/06 17:04:54	射手座

日時	星座名
2004/09/27 22:32:05	乙女座
2004/12/03 03:34:56	天秤座
2005/04/01 11:58:50	乙女座
2005/06/27 08:02:38	天秤座
2005/09/19 15:08:51	蠍座
2005/11/27 23:31:49	射手座
2006/02/08 20:59:58	山羊座
2006/12/27 20:46:51	水瓶座
2007/03/26 08:14:58	魚座
2008/03/04 11:21:22	牡羊座
2008/05/20 22:54:24	牡牛座
2008/08/04 16:30:19	双子座
2009/04/06 15:26:29	蟹座
2009/06/04 11:24:23	獅子座
2009/08/02 14:28:49	乙女座
2009/10/03 20:44:54	天秤座
2009/12/11 14:57:06	蠍座
2010/10/07 23:10:03	射手座
2010/12/21 07:27:12	山羊座
2011/03/10 17:30:29	水瓶座
2011/08/24 22:26:42	山羊座
2011/10/27 12:29:40	水瓶座
2012/02/12 14:04:27	魚座
2012/05/18 13:16:20	牡羊座
2012/10/04 07:20:00	魚座
2013/01/11 02:05:21	牡羊座
2013/03/30 20:37:49	牡牛座
2013/05/29 12:06:57	双子座
2013/07/21 21:58:06	蟹座
2013/09/11 22:49:13	獅子座
2013/11/10 09:13:37	乙女座
2014/03/06 08:05:13	獅子座
2014/05/17 05:12:16	乙女座
2014/08/11 12:29:29	天秤座

日時	星座名
1995/08/23 22:53:43	乙女座
1995/10/24 00:13:11	天秤座
1996/01/08 07:26:50	蠍座
1996/04/16 08:10:16	天秤座
1996/08/08 11:32:10	蠍座
1996/10/27 21:04:22	射手座
1997/01/07 11:03:02	山羊座
1997/04/04 10:21:43	水瓶座
1997/07/07 17:47:30	山羊座
1997/11/26 13:28:14	水瓶座
1998/02/28 02:39:54	魚座
1998/06/20 12:12:48	牡羊座
1998/08/17 10:06:39	魚座
1999/02/04 11:50:19	牡羊座
1999/04/20 10:11:04	牡牛座
1999/06/22 06:41:02	双子座
1999/08/19 03:19:31	蟹座
1999/10/18 03:53:39	獅子座
2000/02/20 00:25:39	蟹座
2000/03/26 12:09:33	獅子座
2000/06/25 18:36:46	乙女座
2000/09/02 15:08:52	天秤座
2000/11/08 16:25:36	蠍座
2001/01/21 03:10:31	射手座
2001/06/21 15:40:02	蠍座
2001/08/17 09:19:55	射手座
2001/11/22 08:47:05	山羊座
2002/02/09 03:39:09	水瓶座
2003/01/17 15:14:49	魚座
2003/04/18 01:25:12	牡羊座
2004/02/25 15:31:21	牡牛座
2004/04/25 01:54:19	双子座
2004/06/15 14:07:41	蟹座
2004/08/05 00:50:21	獅子座

日時	星座名
2024/05/17 02:31:24	蠍座
2024/09/08 19:24:52	射手座
2024/12/01 07:35:07	山羊座
2025/02/17 04:24:17	水瓶座
2026/01/25 10:31:03	魚座
2026/04/26 14:06:49	牡羊座
2027/03/09 06:55:54	牡牛座
2027/05/07 02:12:23	双子座
2027/06/27 19:42:32	蟹座
2027/08/17 06:28:34	獅子座
2027/10/10 11:33:17	乙女座
2027/12/23 21:36:42	天秤座
2028/02/25 02:20:01	乙女座
2028/07/14 17:31:36	天秤座
2028/09/28 18:30:43	蠍座
2028/12/06 02:41:49	射手座
2029/02/19 03:15:50	山羊座
2029/07/13 22:56:13	射手座
2029/09/27 03:06:56	山羊座
2030/01/03 18:03:38	水瓶座
2030/04/02 12:35:05	魚座
2030/09/29 12:00:55	水瓶座
2030/11/27 08:44:59	魚座
2031/03/12 08:48:05	山羊座
2033/03/27 00:23:27	牡羊座
2031/05/30 23:18:50	牡牛座
2031/08/25 04:42:29	双子座
2031/11/22 06:36:30	牡牛座
2032/02/19 19:25:28	双子座
2032/04/21 12:27:17	蟹座
2032/06/15 13:14:21	獅子座
2032/08/11 15:57:26	乙女座
2032/10/12 02:51:47	天秤座
2032/12/21 21:15:10	蠍座

日時	星座名
2033/05/25 03:54:10	天秤座
2033/07/13 12:24:59	蠍座
2033/10/16 09:13:12	射手座
2033/12/27 20:13:16	山羊座
2034/03/18 16:18:34	水瓶座
2034/08/05 07:18:27	山羊座
2034/11/09 19:27:32	水瓶座
2035/02/17 21:24:49	魚座
2035/05/28 10:35:56	牡羊座
2035/09/18 10:12:23	魚座
2036/01/21 11:45:48	牡羊座
2036/04/07 01:10:27	牡牛座
2036/06/06 17:31:48	双子座
2036/07/31 10:47:44	蟹座
2036/09/23 04:23:12	獅子座
2036/11/30 22:25:31	乙女座
2037/01/26 02:29:13	獅子座
2037/06/04 23:33:45	乙女座
2037/08/19 23:40:11	天秤座
2037/10/27 01:21:04	蠍座
2038/01/04 23:57:52	射手座
2038/11/08 16:04:34	山羊座
2039/01/28 15:34:33	水瓶座
2039/05/07 07:20:51	魚座
2039/07/29 20:03:38	水瓶座
2040/01/04 23:15:59	魚座
2040/04/05 02:06:33	牡羊座
2040/07/09 04:35:06	牡牛座
2040/10/21 12:05:44	牡羊座

参考文献

DemeiraGeorge.Dou9lasBlocI1..Asier0idGoddesses.,ACBPublicaiions.1986.（青木良仁訳『アメリカ占星学教科書・第6巻小惑星占星学』魔女の家BOOKS）

　著者の豊富な神話学の知識を駆使した小惑星研究の決定版。16個の小惑星の天文暦も掲減されています。

J. LeeLehnlan.,TIleUltimaieAsier0idBook.,WhiifordPress.1998.

　小惑星占星術の先駆者レーマン博士の研究の集大成。神話だけでなく、歴史的な人物名や概念を表す名前のついた小惑星も扱われています。

MarihaLang-wescoii.'PattemsofBehavior：Astel'oids.'TreeI10use
Mounaiin,2001.

　著者は小惑星の独自の解釈で知られる卓越した占星家。60個もの小惑星を通じてホロスコープを分析していくワークブック形式のテキストです。

※本書の入手先「Martha Lang-Wescott」
〈http://marthalangwescott.com/〉（英語サイト）

Jacob Schwartz..Asteroid Name Encyclopedia..LlewellynPublicaiions.1995.

　4000個以上もの小惑星の名前の由来を解説している事典。著者は個人名小惑星をいち早く占星術に取り入れた研究家です。

松村潔著『完全マスター西洋占星術』説話社、2004年

　日本では数少ない本格的な占星術の入門書。芳垣宗久が書いた小惑星のコラムも掲載されています。

James R. Lewis.The Astrology Encyclopedia..Visible Ink Press.1994.
（鏡リュウジ監訳『占星術百科』原書房）

　占星術を本格的に学習するためには必携の事典で、小惑星に関する項目も大変豊富。

鏡リュウジ著『魂の西洋占星術』学研、1991年

　日本に初めて心理占星学を紹介した良書。欧米では多くの占星家が関心を寄せる小惑星キロンに関する解説もあります。

おわりに

本書は、私が2007年に出版した『愛の小惑星占星術』に新たな天文データを追加した新装版です。前著の出版からもう10年近くたったとのことで、時の流れは早いものだと驚いています。その間、天文学と宇宙開発における小惑星の研究も想像以上のスピードで進んでおり、本書にはそれらの分野における新しい科学的知見も盛り込むことができました。

占星術家による小惑星研究もまた、多くの人々によって粘り強く継続されています。特に近年では、神話とホロスコープをリンクさせながら人間心理を洞察する元型占星術（アーキタイパル・アストロロジー）のツールとして、小惑星や恒星があらたに脚光を浴びています。

また、20世紀後半に始まる伝統的占星術の復興運動の過程では、現代占星術が生み出したナンセンスの一つとして、特に新しい分野であった小惑星占星術がしばしばやり玉に挙げられましたが、21世紀にはまた違った流れも生じています。1980年代に小惑星占星術の大ブームを引き起こした『Asteroid Goddesses（小惑星の女神たち）』の著者デメトラ・ジョージもその主導者の一人で、彼女はヘレニズム時代の古典的占星術を研究の中心としつつ、ギリシア・ローマ系の神々の名を持つ数百個あまりの小惑星まで駆使したリーディングを展開しています。そのように新旧の叡智《えいち》を融合させたハイブリッド的なスタイルこそ、これからの占星術の主流となっていくのではないでしょうか。

私自身の研究としては、アマテラスやスサノオ、オオクニヌシといった日本神話の神々の名を持つ小惑星をホロスコープに導入し、実際のカウンセリングに活用する試みを続けています。古事記や日本書紀等に現れた神々は、日本人の深層意識に息づくユニークな元型（心的エネルギーのパターン）を象徴しており、記紀神話系の小惑星は明らかにその理解を助けてくれるのです。近い将来、その研究成果を皆様と共有させていただきたいと希望しています。

本書を手に取っていただき、小惑星占星術にご興味を持たれた皆様には、ぜひギリシア・ローマ神話や古事記、その他さまざまな民族の神話の原典にも触れていただきたいと思っています。それらの神々の物語には、私たち人間が人生上で経験するありとあらゆる心の動きが反映されており、読むたびに新しい発見と感動があるものです。神々に共感すること、そして知的に理解することは、小惑星占星術を学ぶ最善の方法となります。

最後に、本書の発行を企画していただいた説話社の高木利幸さん、小惑星の天文データを作成していただいたテレシスネットワーク株式会社様に、この場をお借りして御礼申し上げます。

射手座で新月の日に　芳垣宗久

芳垣 宗久
(よしがき・むねひさ)

1971年東京生まれ。占星術研究家。鍼灸治療家。ホロスコープを人間の創造力を引き出す思考ツールとしてとらえ、伝統にもジャンルにもこだわらない自由な研究を展開。特に小惑星占星術やアストロ・ローカリティー(地理占星術)といった近代的なテクニックに詳しく、近年ではルネサンス時代の魔術的占星術の世界にも参入。個人相談や原稿執筆のほか、セミナー・講演等も積極的に行っている。占星術スクール「ヘルメス学園」主催。共著に『説話社占い選書6 もっと深く知りたい! 12星座占い』(説話社)、『超開運 ダウジングでどんどん幸せになる本!』(芸文社)がある。
HP:YOKOHAMA BAYSIDE ASTROLOGER
http://www.i-m.co/Mune/yokohamabaysideastrologer/
Blog:YOKOHAMA BAYSIDE ASTROLOGER ~ Blog Version ~
http://astro-z.blogspot.jp/

説話社占い選書シリーズ創刊の辞

説話社は創業以来、占いや運命学を通じて
「安心できる情報」や「感動が得られる情報」
そして「元気になれる情報」をみなさまに提供し続けてきました。
「説話社占い選書シリーズ」は、占いの専門出版社の説話社が
「21 世紀に残したい占い」をテーマに創刊いたしました。
運命学の知恵の源である占いを、現代の生活や考え方に沿うよう、
よりわかりやすく、そしてコンパクトな形で編集してあります。

みなさまのお役に立てることを願っております。

2014 年　説話社

説話社占い選書 9
女神《めがみ》からの愛《あい》のメッセージ 小惑星占星術《しょうわくせいせんせいじゅつ》

発行日　2017 年 4 月 10 日　初版発行
著　者　芳垣 宗久
発行者　酒井 文人
発行所　株式会社説話社
〒169-8077　東京都新宿区西早稲田1-1-6
電話／03-3204-8288（販売）03-3204-5185（編集）
振替口座／00160-8-69378
URL http://www.setsuwasha.com/
小惑星運行表作成　テレシスネットワーク株式会社
デザイン　市川 さとみ
編集担当　高木 利幸
印刷・製本　日経印刷株式会社

ISBN 978-4-906828-32-6 C 2011

本書は 2007 年に刊行された『開運ブックス　愛の小惑星占星術』（説話社）に巻末の暦を追加をして再編集したものです。